渤海小吏

著

舍不得看完的中国史

秦并天下

台海出版社

图书在版编目（CIP）数据

舍不得看完的中国史 / 渤海小吏著 . -- 北京 : 台海出版社 , 2020.9（2024.11 重印）
ISBN 978-7-5168-2699-7

Ⅰ . ①舍… Ⅱ . ①渤… Ⅲ . ①中国历史—秦代—通俗读物 Ⅳ . ① K233.09

中国版本图书馆 CIP 数据核字（2020）第 154460 号

舍不得看完的中国史

著　　者：渤海小吏

责任编辑：俞滟荣　　　　　　　　　插　　画：桃 桃 尹 露

出版发行：台海出版社
地　　址：北京市东城区景山东街 20 号　邮政编码：100009
电　　话：010-64041652（发行，邮购）
传　　真：010-84045799（总编室）
网　　址：www.taimeng.org.cn/thcbs/default.htm
E-mail：thcbs@126.com

经　　销：全国各地新华书店
印　　刷：天津市新科印刷有限公司
本书如有破损、缺页、装订错误，请与本社联系调换

开　　本：710 毫米 × 1000 毫米　　　1/16
字　　数：333 千字　　　　　　　　　印张：20.5
版　　次：2020 年 9 月第 1 版　　　　印次：2024 年 11 月第 6 次印刷
书　　号：ISBN 978-7-5168-2699-7

定　　价：60.00 元

推荐序 1
与其看历史写了什么，不如看没写什么

　　读史越多，越难相信所谓的"天命攸归"和"人心所向"。历史既然由胜利者书写，史籍里的善恶美丑便难言客观中立。

　　《舍不得看完的中国史》系列作品好就好在跳出"得道多助""民心可用"的窠臼，回到历史现场，通过分析那些决定政权兴废的战役来还原真相，用幽默的语言和睿智的思想替读者提炼出治乱循环的根荄。

　　战争是典型的零和游戏，分为终结乱世的统一战争与打破和平的衰亡战争。

　　建政之初，由于战争的惨痛回忆历历在目，大部分人尚能珍惜来之不易的稳定局面，信奉"宁做治世犬，不为乱世人"。

　　但随着战争阴影渐行渐远，利益集团盘根错节，土地兼并日趋严重，贫富差距愈发悬殊，整个社会开始面临巨大的威胁。如果没有新的技术革命给经济增长提供动能，缓解"内卷"，则危机一触即发。此时，若统治集团为转移阶级矛盾煽动仇富情绪、民粹主义甚至种族对立，那么战争势必席卷重来。

　　衰亡战争之所以难以避免，在于因技术红利耗尽而经济进入下行周期时，官僚集团的膨胀速度反而会加快，因为赚钱的机会减少后就只能打存量的主意，进入旱涝保收的单位吃皇粮。由此带来的后果便是养官成本畸高，税赋与日俱增，社会加剧凋敝，增量遥不可及。

好战必亡，忘战必危。和平之所以弥足珍贵，盖因人类社会的绝大多数时期都处在战乱之中。而在全球经济震荡，政治格局嬗变的历史转捩点，我们需要从史书中汲取更切实的智慧。

比如为何安阳、新乡、鹤壁、濮阳与焦作这些城市明明地处黄河以北，却属于河南省？从经济角度看，黄河以南地区自古水灾频仍，饥荒不断，而以北的上述诸城自然条件却不错，划归一省可以相互周济，抵消影响；从军事角度看，这又是典型的"犬牙交错"式的划界原则，即让黄河天险消融在同一个行政区域内，防止地方割据。

再比如，历史上的王朝定都大多遵循一条不成文的法则：政治中心与经济中心必须分离。用东晋名臣王导的话说就是"古之帝王，不必以丰俭移都"。换言之，出于稳定国势和向外扩张的需要，在并不富饶的地区建都，以保证经济与文化的流动性，实现国家的协调发展，其实是一种常态。

又比如，另一条不成文的设都法则是"政治中心与军事中心必须重叠"。凡是违背的君主，几乎都逃不过血光之灾，典型的例子便是"安史之乱"和"靖难之役"。

究其原因，在于政治中心与军事中心一旦分离，身处后者的将帅若心怀异志，起兵相向，身处前者的君王立马就有大权旁落、帝位不保之虞。

由此不难理解中原文明的帝都为何会随边疆形势发生迁移——抵御外族的重镇，就是军事重心的所在。而军事重心的改变，必然带动政治中心的变化。

汉唐都长安、北宋都开封以及明朝都北京均属此理。

可见，都城选址必须从全局出发，审时度势地考虑到每一片区域的得失。按史地学家谭其骧的总结，首都的选择，其国防条件必须满足"制内"和"御外"两大功能，达成"内制"与"外拓"的统一。

由此出发，谭其骧进一步阐释北京何以历经元、明、清，迄今八百多年，成为国都的不二之选。

首先，在南北对立的格局中，由于北方有太行山与山西高地，战略纵深足够，"北伐"不可能毕其功于一役。而"南征"则只需攻克长江就行了，故京城必须位于占据绝对优势的北方。其次，唐宋以后，东北平原和蒙古高原的少数民族陆续崛起，导致地处东北、蒙古和中原地区枢纽位置的北京成为当仁不让的战略重心。最后，北京位于京杭大运河的顶端，交通便利，易于吸收南方的财富与漕粮。

由此观之，山川地理的背后是军事战略的演化，而战争作为政治的延续又是利益冲突的极端状态。因此，读书不读律，致君终无术；治史不知兵，为学终觉浅。

职是之故，或可说"人和不如地利，地利不如天时"。

一个广为人知的案例便是明朝若非遭遇"小冰期"（17世纪的全球气候危机，温度降低，灾害频发），可能不会骤亡。而由于气温和湿度的变化影响了牧草的生长，后金粮食减产，放马中原的动力也大大增强。

如此说来，似乎万般皆是命，半点不由人，但物理学中有个"熵增定律"，认为孤立系统总是趋于熵增，即"除非有外力做功，系统总是从有序走向无序"。

比如，房间无人清理，就会布满灰尘；组织缺乏管理，必然混乱倒闭。而宇宙作为封闭系统，缺乏外部能量的输入，也必然走向死寂。

同理，社会的发展进步，也需要个体贡献时间和精力，以对抗失序。对此，物理学家薛定谔曾引申道：生命以负熵为食。

食物是一种负熵，生命靠食物对抗死亡；学习是一种负熵，个体靠学习对抗无知；创作是一种负熵，艺术家靠作品否定野蛮，建构意义。

历史也是一种负熵，虽高岸为谷，深谷为陵，永不言弃的志士仁人在沧海横流中依旧前赴后继地做着"减熵"的努力，谱写了波澜壮阔的史诗。

他们的名字，值得铭记。

吕峥

中国作家协会会员、中国传媒大学阳明书院特聘教授

推荐序 2
秦殇

秦人的崛起与陨落，是华夏族历史上的不二传奇。

从公元前 10 世纪，被周孝王分封于今天甘肃一带的 "秦" 地作为周王的养马部族；到公元前 770 年，因为拥护周平王东迁立功，秦襄公因而被封为 "诸侯"，秦人开始崛起于西周历史；再到秦穆公 "开地千里，遂霸西戎"，成为 "春秋五霸" 之一，秦人在艰苦奋斗中逐渐崛起。

可以说，秦人的历史，本质上就是华夏先民不懈奋斗的重要组成部分，而从公元前 361 年秦孝公即位，起用卫国人公孙鞅（商鞅）入秦并主持变法开始，此后，秦国不断壮大，最终在秦王嬴政即位后，从公元前 230 年开始，到公元前 221 年，秦人最终用长达七百多年的厚积薄发，在战国末期耗时九年，完成了帝国一统，建立起了中华史上的第一帝国：秦朝。

渤海小吏的新书《舍不得看完的中国史》，其主线正是从韩赵魏 "三家分晋" 讲起，一直到 "秦并天下" 结束，其核心，正是以秦人为主线，讲述这些战国风云的鼎力之作。

这是一部好看、好玩又有趣的作品。

实际上，在战国时期，对于如何一统天下，诸子百家已经有了思考，在《孟子·梁惠王上》中，孟子就提出了 "不嗜杀人者能一之" 的观点，并且强调说："夫国君好仁，天下无敌。""仁人无敌于天下。"

孟子的核心，是主张以王道和"德"来一统天下，但遗憾的是，完成中国历史统一的，并非是儒家理想主义的王道，而是残酷血腥的战争。

而执行这场统一战争的胜利者，是秦人。

在《舍不得看完的中国史》一书中，渤海小吏为我们描述了战国时期的几个重要节点：从三家分晋、马陵之战、商鞅变法、合纵连横、秦并巴蜀、胡服骑射、伊阙之战、乐毅破齐、鄢郢之战、长平之战、嫪毐之乱到王翦灭楚，一部浩瀚的战国风云史和秦并天下的艰辛残酷历程，在有趣而不失严肃、通俗而不乏文理的叙述下，被渤海小吏以举重若轻的方式，抽丝剥茧地展现于读者面前。

这是一种酣畅淋漓的痛快阅读。

在痛快于历史的刀光剑影之外，反思秦人横扫六国之神速，而陨落又何其之快的叹息，也从未终止。

实际上，秦人在厚积薄发之下，仅用九年时间，就攻灭六国完成帝国一统；然而从公元前221年秦朝建立，到公元前206年秦朝灭亡，还不到十五年时间。

秦朝之兴也勃，其亡也忽。

这，正是我们读战国史和秦亡汉兴等诸多历史的魅力之所在，古往今来，如何通过读史"究天人之际，通古今之变"，是历史的无穷魅力和我们孜孜以求的不懈动力之所在，因为一切历史，都是当代史，我们无从逃脱历史的轨迹影响，所以我们希冀从历史的故事中，获取"读万卷书、行万里路"，打开生命格局的力量。

回归到秦人的崛起和败因，早在战国末期，荀子就曾经说："秦人其生民也狭隘，其使民也酷烈，劫之以势，隐之以厄，忸之以庆赏，鳍之以刑罚，使民所以要利于上者，非斗无由也。"

在荀子的时代，秦人横扫天下、谜之自信，但作为儒家的荀子，还是看出了秦人崛起蕴含的重大问题，秦人通过专制与苛政，役使百姓不断通过战争和扩张去掳掠谋利，从而为秦国不断开疆拓土。

从儒家的观点来说，作为法家和功利主义者的商鞅，实际上为秦国设计的，是一种实用主义至上的扩张战略，在法家的这种霸道面前，无论是儒家的王道与仁政，还是墨家的人道，抑或道家的天道，都将在战国时期，被法家的军国主义和霸道，碾压得粉身碎骨。

因此，秦国的一统天下，似乎顺理成章。

但秦人的苛政难以长久维持，大秦帝国建立不到十五年，历经二世，最终就在秦末各方起义的熊熊烈火中被彻底摧毁，此后，代秦而兴的西汉，放弃了严刑酷典的法家思想，转而在建国初期，推崇无为而治的道家思想，以便与民休息。

所以，晚唐文学家杜牧才会在《阿房宫赋》中哀婉地叹息道："族秦者，秦也，非天下也。"

从这个意义上说，秦并天下的历史，也是一部秦殇的历史，在战国的征战杀伐、兼并吞吐之中，我们看到的，不仅仅是秦并天下的过程，更是秦并天下背后所蕴含的意义非凡和故事解构的细节魅力之所在，而渤海小吏为我们呈现的，正是这样一部风云激荡的战国风云和秦人故事，相信诸位读者在《舍不得看完的中国史》的畅快阅读中，一定可以体会到，一种不同以往的历史结构、视野和感悟，而这也是我很乐意推荐《舍不得看完的中国史》这本书的原因。

让历史好看、好玩、有思想，《舍不得看完的中国史》的魅力，也将在字里行间一一展现，相信渤海小吏的文字，一定会让大家收获阅读的快感。

秦殇有道，是为序。

郑焕坚（最爱君）

2020 年 7 月 7 日于广州

推荐序 2　秦殇

自序

这是一套长长的系列书，我要讲一个横跨二千三百年的故事。

很早以前，我的心中就有个想法，想把中国历史完整地串联起来。

为什么要串联起来？

因为中国的历史实在是过瘾，成体系，因果循环地极具对称之美。不串起来，不足以体会出它的美感。只要是中国的历史，就会很好看。

中国的历史哪一个时间段，我们都不能够忽略。每段历史都有它的逻辑，都有它的传承。

但当我真的开始着手写作后，问题来了。

怎么写？怎么把这几千年的历史串起来？

用人物串联起来？

人物太单薄，无法对整体的史观产生框架效果。

用大事件串联起来？

事件太多了！跟人物一样，太散乱，也太缺乏核心性。

最后，我想到了一个载体，只有这个载体能够胜此重任，那就是战争。

自"三家分晋"到"鸦片战争"，**这两千多年的中国古代史从来没有出现过断档，每个历史时段都并非单独存在的。**

有前因，有后果，因果循环，极具对称之美。

最开始把串联历史的这个重任放在了战争身上，**是因为在我们**

的记忆里，往往所有对历史的记忆，归根结底，都是战争。

长平之战，秦搬开了统一天下的最后一块石头；

巨鹿之战，楚霸王一仗安排明白了秦王朝；

漠北之战，卫青、霍去病大漠封神，汉民族到达巅峰时刻；

赤壁之战，三国鼎立的局面出现；

淝水之战，前秦崩塌，后三国渐渐开启；

参合陂之战，北魏开始清盘北方；

秦王下洛阳，大唐雄起，玄武门祸根埋下；

澶渊之盟，宋辽共存开启了神奇的可持续发展之路；

靖康之变，女真首入中原；

死守襄阳，南宋成为世界的最后灯塔；

鄱阳湖大火，朱洪武杀了出来；

公元1644年，吴三桂关前易帜，清朝得到了唯一的机会。

…………

这一场场战争将我们对于历史的所有看法、印象、调侃、想象，全部浓缩。

在所有的兴衰，偶然，动机，谋略，经济，天灾，万事俱备下，导演出了这一场场改变历史的战争。

所谓战争，仅仅有战役吗？

战争的维度很广。

比如说禅让。王莽的全民投票，最终成了中国历史上最可怕的权力交接。

比如改革。王安石的改革，最终导演出了让北宋亡国的党争之乱。

比如政变。诸吕之变、巫蛊之祸、仲达赚曹爽，这些阴谋布局对于历史的影响绝不亚于任何一场腥风血雨。

这些，都将成为我们的讲述对象。

这一切的一切，最终也都会归向一个永恒的命题：历史的因果。

纵观几千年的中国历史，你就会发现。**如是因，如是果。**

商鞅打造的杀戮机器帮助秦并天下，秦也最终因为基因问题二世而亡！

秦昭王诈骗搞死楚怀王的时候绝对想不到，将来会成为楚人的天字号仇敌，楚虽三户，亡秦必楚！

项羽坑二十万降卒的时候不会想到，他和白起这两位顶级大咖会为后世树立一个典型，杀降不祥。

曹操盗墓摸金，司马得国奸险，太宗杀兄灭弟，宋祖淫亡国之妃，等等。他们最终都得到了他们的报应。

他们做出了选择，最终剧本也狠狠地抽了他们的脸。

出来混，肯定是要还的。路怎么走，都是自己挑的。

明白历史，为了啥？不是啥以史为鉴。

当年明月老师的《明朝那些事儿》最后写了段感慨："所有的错误，不管你读了多少史，你该犯的错，一样都不会少。"

因为人性使然。

读史读到最后，我们会明白，历史中有太多的不得已。

亡国之君不一定都混蛋，奸佞当道不见得就那么可恨，忠臣孝子也都得扒开来看。

总之，当初他们在做选择时，做那些决定家国兴衰黎民生死的事情时，有很多的不得已。

没有一个重大选择是轻松的。之所以会不得已，是因为大量的利益与危险交杂在一起。

读史到最后，是想让我们设身处地地体会到，如果未来你面对这种情况时，你会怎么选，以及选完后能看到结局走向。

我会把这两千多年来的风风雨雨的全部关键细节全部展现在您的面前，然后再告诉您，它对现下乃至百年后的整体影响。

路怎么走，还是需要您自己选。

在您看到这本书的时候，我已经写完三国时代了。

这些文章最初是在公众号上连载的，这其实是一种非常作死的发布方式。

因为一部分公众号的读者是看不习惯连载内容的，很多平台讲究的是流量、时政、八卦，短平快的内容生产方式，很多人一看，你这是连载的内容，甚至一个字都不看就跑了。但是咱们的这个系列作品却创造了个小小的奇迹。

我没花过一分钱用来打广告，从来没有用过黄色擦边球、流量八卦、裸露性感图，以及野史类的眼球段子，但这个专栏到我写这篇自序为止，已经有三十万读者了，知乎上像"长城这么矮究竟能拦住什么？""韩信的军事才能是真的还是吹出来的？""汉武帝为什么会听小人言而逼死自己的儿子刘据？"等回答已经全都突破了百万级的阅读量。

是因为我的写作水平真的那么高吗？我不否认我写得很努力，很认真。但为何"历史上昆阳之战有何评价？"的点赞量仅仅是五百人次，而以同样内容为蓝本的"刘秀近乎完美，为何在历史中存在感不高？"的点赞量却已经突破两万人次了呢？

很多时候我们不愿承认，运气对于我们的人生作用远远比我们想象得要大。

在您阅读本系列作品之前，我要说一些"受累不讨好"的话。

这世间对于你的一切厚爱，跟你的努力都没有太大关系。

为了写这个作品，我除了本职工作外每天几乎上了发条般地无缝对接各种工作：构思素材，优化大纲，查证史料去完成每周的两万字，四十张动图。从事文字工作的朋友会理解这个工作量是什么概念，中间的所有辛苦我也不提了，在这里我想说的是：

努力是我们应该做到的，这是我们中国人的优良品质之一。

老祖宗给我们留下的基因，就是让我们不浪费生命认真地活。

也正因为如此，中国这个文明国度才会屹立在世界上永远生生不息，永远能在经历苦难后站起来。

这片土地上从来都不缺乏努力的人。

而真正让每个人的努力价值产生区别的，是很多其他的维度。很多你通过努力却控制不了的维度，是那些天赋，健康，金钱，赞美，支持，鼓励，流量……那些上苍的恩赐。

你只是很幸运而已。

就像内容相同的两篇文章，一个只有几百的阅读量，另一个却有上百万的阅读量一样。

你的努力仅仅是上场参赛的资格，却不是你一定能成功的承诺。

明白了这些，我们就会接受很多命运无常，看淡很多无妄之灾。

说这些，是想表达一件事。

您购书、打赏、分享、宣传，我万分感谢您的恩情。因为我知道自己并没有那么好，您只是将偏爱送给了我，咱们之间冥冥之中有善缘。

非常感恩太多的朋友们留言说"要将这套书送给孩子"。

我认为这是对我最大的褒奖。

希望我能在不久的未来，交出一套让朋友们放心在孩子高考第二天后送给"他（她）"的"成人礼"。

也希望每一个朋友可以微笑自信地对孩子们说：

"中国的历史很美；

中国的历史很有逻辑；

它可以让你在未来的人生抉择中微笑从容；

因为我们此时此刻面对的人和事；

老祖宗曾经用他们的智慧与血泪做过深度诠释。"

祝我的每位读者诸事顺遂，喜乐安康。

小吏百拜于渤海之滨

自
序

目录

第四战

"合纵"与"连横"：诸子百家走四方的美好时代

第五战

秦并巴蜀：百年一遇的机会，你会怎么选？

第六战

"胡服骑射"：赵国崛起的关键三十年

「三家分晋」：韩赵魏崛起，自春秋来到战国

天上乌飞兔走，人间古往今来。

沉吟屈指数英才，多少是非成败。

富贵歌楼舞榭，凄凉废冢荒台。

万般回首化尘埃，只有青山不改。

——《总说·西江月》

壹：自春秋来到战国

两千多年的岁月，以一个故事开场吧。

话说当年周文王见到姜子牙后惊为天人，死活非要请他出山。姜子牙的谱比较大，非要文王拉车才肯走。

文王拉着姜子牙走了八百零八步后，一头栽倒在地。

姜子牙道："天数啊！你拉了我八百零八步，我就保你八百零八年的江山吧。"

这就是西周、东周八百年江山的浪漫来源。

其实细推算国祚，两周时期是从公元前 1046 年到公元前 256 年，西周亡于烽火戏诸侯，东周亡于秦并天下，加一块儿也没到八百年。

关于开场这个浪漫故事，还有很多详细的内容，比如姜太公比较沉，文王先是往西拉了三百零一步，然后栽倒在地。爬起来后，他可能是把脑子摔昏了，又往东拉了五百零七步，然后再摔了一个跟头，这回他死活没有爬起来。

这一西一东分别寓意西周、东周。

这种故事听听就好，因为后面还会有很多，比如刘邦怒斩大蛇、汉武帝他妈梦阳入腹，等等。

真深究起来，姜太公保的这八百年，从量上看，将将算是足了，但并不保质。因为周王朝谈得上具备较强影响力与控制力的时期，也就是西周的那将近三百年和东周刚开始那会儿。整个王朝在后期基本上就已经谈不上什么控制力了，而且影响力越来越小，名义上还是所谓的"天下共主"，但早已没人拿它当回事了。

整个两周时期的这八百年，就像是一条默默的、缓缓的、匀速的、向下的抛物线，出道即巅峰，缓释八百年。

是周朝出了啥问题吗？

按说每个朝代由盛转衰，很多都是人祸所致。以周为例，如流传度很广的烽火戏诸侯，周幽王为了哄美人褒姒高兴，没事就玩火搞大阅兵，最后玩砸了。

其实，两周最终的衰落，跟人祸还真没多大关系，周幽王"作"不"作"，整个两周的向下大曲线都不会受到多大的影响。

周王朝之所以会"王小二过年"，并不是因为历代周天子做错了什么，而是存在制度性问题。

周朝的制度，决定了它从建立的那一天起，就会逐渐走向式微。

用今天很时髦的一句话说就是："他不行，只是因为太老了。"

这个制度，我们很熟悉，叫作"封建"。

当年周武王灭殷商后分封天下。周武王把自己这份家业叫作"天下"。他把"天下"分成了一千多块地，兄弟、功臣、先代贵族或亲戚各拿一块，这帮拿地的人叫作诸侯，分到的每一块地叫作一个"邦国"。

诸侯回到自己的邦国，将自己的那一块地再进行切割，并分封给自己的亲戚或臣下，这帮从诸侯手中拿地的人叫作大夫。分给大夫们的每一小块土地叫作"采邑"，简称"家"。

后人总会提到一个词"家国天下"，就类似这三个层级的关系。

我们还听过这样一句话："修身，齐家，治国，平天下。"

这句话的意思就是，你得修炼自己的能力，然后去采邑锻炼，水平够了去治理邦国，变成"大神"后再去治理天下。这个儒家弟子的修行对照表，说的就是这回事。

周朝的国家制度叫作"封邦建国"，更深刻地说，这是一种"层级承包制"。

天子是"总包"，总工程叫"天下"。"总包"拿下天下后，将具体的开发工作又分给了一个个"分公司"，也就是诸侯们。诸侯们"承包"邦国，但分公司的负责人也是不干活的，具体的工作要靠一个个"包工头"，也就是大夫来进行执行。大夫"承包"采邑，也就是"家"。大夫们再往下分给家臣，也就是"士"。"士"作为基层公务员，控制最底层的平民老百姓。

虽然这种制度后来会"变老"，但这种层层落实的承包制度，在三千多年前简直就是最伟大的制度。

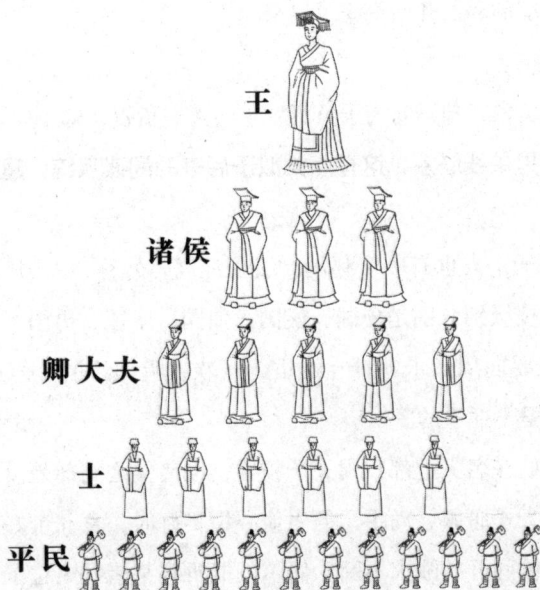

王

诸侯

卿大夫

士

平民

在生产力极度低下的那个年代，"封建"制度的伟大在于，它突破了当时人们的想象，将当时松散的个体组成了一个能够产生合力的整体。

这就好比今天我们算好几亿的加减法都不叫事，但当初推导出来 1+1=2 的那个人才是伟大可贵的。

我们的老祖先们早早地就明白了一个道理：人的认知能力与精力有限，一个人不可能单线控制一万个人，所以想要获得权力，必须进行分权。

后来，这个道理在 20 世纪 90 年代被牛津大学的人类学家罗宾·邓巴证实。

大名鼎鼎的邓巴用数字告诉我们，**人的智力允许一个人拥有的稳定社交网络是148人。**

过了这个数，你的脑子就该烧了。

大规模的统治与社会协作从封建制度的确立后才出现了可能，华夏大地上，文明之光开始越来越频繁地碰撞与显现。

当时，人类社会的框架刚刚开始尝试着构建，那种一竿子插到底的统治技巧还没有被摸索出来。

在那个"刀耕火种"的年代，封建制度顺应了时代的发展，全国像一个整体一样，层层负责，全方位立体三百六十度地环绕在周天子身边。但在不断的演化过程中，封建制度的弱点开始暴露了出来。

环绕并非团结。

大夫向诸侯负责，却不向天子负责，士向大夫负责，却不向诸侯负责。

每一层级都是单线联系，这有点类似于后来的间谍系统，超越一层，你的手就伸不到。

开始，周天子本人也有一个邦国，级别最高，号称"王国"，是整个天下唯一的一个。下面按级别分别是公国、侯国、伯国、子国、男国，一堆国。这堆国的诸侯，定期是要向周天子朝拜、纳贡、服软、听训话的。但这堆国内的家务事，周天子一般是不插手的。

同样，诸侯们在名义上都归周天子领导，但诸侯之间却是没有任何义务关系的。诸侯不敢和天子瞪眼、动手，但当他心情不好时，拿几个好欺负的诸侯开刀还是可以的！邦国间开始战火不断，偶尔就能听到某诸侯灭亡了某诸侯的消息传来，而一再欺负人成功的诸侯则变得越来越膘肥体壮。

开始周王国最牛，占地最广、军队最多，但一百年后呢？两百年后呢？就像侏罗纪公园中非常著名的那句台词："生命会自己寻找出路。"

扩张，就是生命体的原动力。

刚刚分封之时，诸侯们都还很客气，很多还是亲戚弟兄，但两三代之后就都开始纷纷寻找出路。生命的弱肉强食法则开始运转，比如齐灭了十四国；鲁灭了十三国；秦灭了十四国；晋干掉了二十五国；楚最暴力，灭了六十多国。

经过了三百多年的演化，到了东周的时候，中华大地上早已不是一千多个诸侯了，而是变成几十个，很多强大的邦国开始出现。例如，齐、秦、楚、晋等。

此时的周天子名义上虽然还是天下的共主，但实际上早已成了摆设。

东周时期一般还被划分为两个阶段，就是我们耳熟能详的春秋时期与战国时期。

这两个阶段有着完全不同的主旋律。

春秋的主旋律是"争霸"，战国的主旋律则是"兼并"。

春秋时期，大国们最爱干的事情是当霸主——你们都得服我。

这就有点类似于兴师动众去平事，声势很重要，一通骂之后，有时根本就打不起来，对方一服软就完了。总体来说，春秋很可爱，很多事情并没有做绝。

当然，之所以不做绝，并不是因为什么仁义礼智信，而是因为能力达不到。

后来，社会进步了，能力就达到了。

到了战国时期，很多事就都开始做绝了。当霸主这种事是不流行了，打半天就为了让你喊我声大哥？我得骑你脖子上让你喊爷爷，因为我的能力达到了嘛！

做霸主很不务实，大国们也不再需要那么多小弟了，把小弟们的国土彻底并入自己的国家会感觉更爽。

越来越多的国家被灭，其实有一种循环在里面。

因为竞争越来越激烈，你不主动吞并他国，别人就先下嘴了，别人吃的块头越来越大，将来的你迟早也会变成别人的盘中餐。

春秋自战国的转换方式，普遍来说，公认事件是为韩赵魏三家分晋和田氏代齐。以几个家族的篡位进行开场，确实比较好记，也更容易分割。但如果说为啥历史的发展会从"争霸"转向"兼并"，这其实有着更深层次的原因。

这个原因在于社会生产力的升级，也就是我们刚刚说的所谓"能力"。

社会生产力是咋升级的？

耕作技术和冶金技术的升级成为推动整个时代向前走的关键突破点。

先来说耕作技术。春秋末期，公元前 6 世纪左右，中国发明了当时世界农业史上最划时代的种植技术——垄耕种植法。

什么叫垄耕种植法呢？

咱们的老祖先们在种地前将土地先耕一遍，高的那行叫作垄，垄与垄之间叫作沟，再将农作物种在垄上，这样粮食产量比平地粮食产量要高出一大截。

为啥这样种粮食比平地种的产量高呢？

第一个原因：垄台土层厚，土壤空隙度大，**不易板结，利于作物根系生长**。

第二个原因：保证每株庄稼都能自由呼吸，不至于挤一块。**这样光照较均匀且通风性好**，既能够更好地进行光合作用，还避免挤一块儿捂烂了。

第三个原因：垄与沟有高低差后，浇水直接往沟里浇就行，根会直接从沟中吸水，**不仅利于水分吸收，在多雨的季节还能方便排水防涝**。

第四个原因：垄和沟之间每季之间要进行一次互换，垄就变成沟，沟就变成垄，**相当于土地进行了轮休**，地力也在一定程度上得以恢复。

第五个原因：垄耕的地表面积比平地耕种面积要增加 20% 至 30%，昼间土温比平地增高 2—3 摄氏度，**昼夜温差大更利于光合产物糖分的积累**，新疆的哈密瓜就非常甜。

总之，这么一项技术改动，让作物的光合作用增加，土地使用率增加，灾害损失降低了。一进一出，在同样的劳动输出下，粮食的净产量大幅度提高。

不要认为这没有什么，欧洲的农民直到 17 世纪才意识到，原来粮食还可以这样种。

从 0 到 1 也许就存在一层窗户纸，但捅破它也许要等上千年。

后面我们讲到的马蹄铁、马镫等，很多改变时代的技术革命都是这样进行的。

古代中国对于西方碾压性的领先，其实主要体现在两个方面：

第一，就是我们单位劳动输出下，产出能量的效率。

中国不仅发明了垄耕种植法，还知道用牛去耕田，牛不但有力气，吃得少，粪还养地；

西方则一直平地扎堆种地，用马耕田，马的力气小，吃得多，粪还烧地。

这一出一进，就省出了能多供几个人的能量，然后我们把这些聚集后的能量变成越来越多的人口，出兵时几万、几十万的大手笔，以及**整合民众力量时登峰造极的行政技术**。

第二，就是我们对于能量的利用不断突破极限，随后享受到了巨大的科技成果。代表事项就是火的使用，也就是前面提到的第二项伟大突破——冶金技术。

伟大的祖先们摸索发明了"生铁冶炼技术"。最早被冶炼的金属，是青铜。我们的祖先发现，在纯铜中加入锡或铅合金后，就产生了一种强度更高且熔点低的青铜，熔点变为了八百摄氏度。

强度高，意味着它经得起频繁使用；熔点低，意味着通过液化，我们可以制作出各种各样的容器和工具。

但是，这个温度，离熔化铁还差得很远。随着岁月流转，渐渐地，工匠们在冶炼的升级中发现了铁。最早的铁，是春秋初期的"块炼铁"，是矿石在八百摄氏度至一千摄氏度时由木炭还原得到的。

这种铁已经要比青铜的坚硬度更高了，但它仍有个很大的弊端，就是无法批量生产。

这种铁要在窑炉中炼制，但炼完之后，铁却不能从炉中流出，要想取出来必须得破坏炉膛，砸了模具才能把铁取出来，有点儿像杀鸡取卵。

每一块铁的诞生都是以牺牲一个模具为代价的。这也就客观导致了当时的铁无法批量生产，无法让广大劳动人民群众享受到更多的获得感，享受到科技所带来的改革成果。

但到了春秋后期，我们的技术升级了。工匠们加高了炉身，炉内上升的气流与矿石接触的时间延长，能量利用率有了重大提高。鼓风技术和燃烧强度也被强化，气压开始增大，气体穿透能力进一步增强。

冶铁的温度因此发生了重大突破，生铁在一千一百五十摄氏度至一千三百摄氏度的状态下被冶炼了出来。

不要小瞧上调了的三百摄氏度，有的时候九十分到一百分的差距完全是数量级级别的。它标志着炼出的铁出炉时是液态的，而且可以浇注成型。

之后，冶铁再也不用杀鸡取卵了，而且**可以被浇筑成型意味着铁器的样式开始花式创新**，从而应用到了大范围的生产与战斗当中。

技术的升级使得铁制品可以批量生产，这也意味着铁的价格可以降下来，更意味着铁开始变为了惠民利器，走进千家万户。

而且，新一代的铁不仅产量激增，而且质量也提高了，含碳量高，质地坚硬，异常扛造，无论是耕地还是砍人，那都是相当好用的。

当铁完成了从产量到质量上的双丰收后，华夏大地开始风云突变。

铁的最大作用，先是在于农。

最早的劳动人民是使用石器耕作，对土地翻耕的深度、耕作的效率都很低，所以产量也上不去。

黄河流域的中原地区最早成为人类大规模聚集地的重要原因就是土质松软，易于耕作，拿着石头就能纵横千里。非黄河流域的地方，就没法待了，因为拿石头也很难砸动。

铁制农具的大规模出现，完美地解决了耕作难的问题，不仅过去的黄河流域土地能更多地产出粮食，它还标志着过去的很多荒地也能够被开垦了。

很多过去的边缘之国开始大获其利，像秦、楚等荒蛮之地，开始大规模地拓宽疆土；很多过去并不接壤的国家慢慢开始变得鸡犬相闻，摩擦也多了起来。

垄耕的跨时代种植技术配合着铁器的广泛铺开，双剑合璧使农耕人均产量与农产品总量开始大增。由此，养活的人口也越来越多。人口越来越多，则需要的土地也就越来越多。

铁的冶炼技术升级就好似一个巨大的"蝴蝶效应"，当历史的车轮推到春秋末期时，越来越大的土地压力，迫使诸侯们不断地开动战争机器。

最开始铁器普及的地方获得了巨大的优势，高温度的冶铁技术对低温度的青铜技术出现了杀伤性的巨大碾压。

冲上去就是一顿狂揍。

所以，**各国也纷纷开始通过各种各样的取经与窃取方式，升级自己的冶炼技术。战争的规模更是开始呈几何数升级。**

从春秋时代的三万人纵横天下，到战国时代只能算是个仪仗队的阵势。战国时，赵国二十万大军攻中山，秦国白起长平大战坑赵国四十五万人，王翦率领六十万大军灭楚，越来越大的用兵手笔开始登上历史舞台。

自此，小国逐渐被大国兼并，大国疆域辽阔、人口膨胀、军事理论逐渐成熟，装备训练机制更加完备，其军队之庞大、战斗之惨烈，标志着美好的春秋时代即将作古，实用至上的惨烈战国时代正式拉开帷幕。

我们的故事就从两周八百年的最大国家分裂事件讲起。

贰：分家前夜，晋国六卿

提到中国的文化脊梁之地，我们的第一反应会是山东。山东的历史文化与自身底蕴是一方面，孔老夫子的偶像指数也起到了很大的作用。但实际上，中国的脊梁之地还应该再加上一个地方——山西。

现在提到山西，除了煤和煤老板以外，很少再会有什么谈资，**但历史上的山西，却丰富、厚重，坚韧得多。**

历史上的山西，经历并担当了整个中华民族的几乎所有的重大风雨，并在一系列重大转舵关头起到了决定性的作用。

山西的历史典故数不胜数，帝王将相的太多功业也从这里建立，**但它之所以被称为"晋"，还是因为历史上曾经的一个国家，它的影响力与历史意义实在是太非同寻常。它成为几千年来这片土地上毫无争议的最大咖，春秋时期的第一大国——晋国。**

晋国最大的历史功绩，在于在中华文明最开始萌发兴起之时，起到了保护火种的巨大作用。

没有晋，也许我们的祖先就该茹毛饮血了。除了齐桓公短暂挑过一段时间大梁外，在整个春秋时期，晋国几乎是以一己之力代表着华夏正统，以"中神通"之姿独挑东夷（齐）、西戎（秦）、南蛮（楚）、北狄（游牧民族）。

尊王攘夷，安定天下。

可以这么说，如果没有晋，华夏文明或许早已灭亡，历史也要重新改写。

毕竟世界上太多的文明都是死在了野蛮人手中，华夏文明刚萌芽时还禁不起风吹雨打，晋国可以说是中华文明"门神"编制的 001 号。

扫码回复1，即可查阅高清地图

晋国的疆域、人口以及生产力，几乎涵盖了当时华夏大地的精华所在，据有今天的山西全境、河北西部、河南西北部、陕西东部和山东西部，国力之强，强到了它解体后的三个国家仍然全部位居"战国七雄"之列。

不过，这么牛的晋国到了春秋末期，也仅仅只是看上去很美好而已，因为它的主人晋侯早已失去了对它的控制。

晋侯是咋失去控制的呢？同样源于我们前文说到的封建制度。

周之所以会式微，是因为被诸侯们架空了。同样，诸侯也有可能被手下的大夫们架空。

晋国王室被架空，很重要的原因是因为自家人的缘故。

晋国因为自家亲戚间夺权者的血腥历史过多，比如非常著名的五霸之一的晋文公重耳，就是因为自家打成了一锅粥而逃亡在外十九年。

晋文公即位后，由于自己的一生就是被自家人各种迫害的活历史，这段惨痛的经历太过于刻骨铭心，所以他开始对自己家族的祸起萧墙严加防范。

他觉得，自己的家人是没有好东西的，也就是从那开始，晋国的执政官就变成了异姓贵族。这个执政官，有点儿类似于后来的宰相，属于主抓全面工作的，**为了防范权力被稀释，一般都是由各国的王室成员担任的。**

晋文公这么一搞，自家虽然不血腥了，但这些异姓的执政官们一代代演化下来，却变成了势力极其强大的一个个利益集团。

这个利益集团，称为"卿"。

到了春秋末年，晋侯其实已然很像汉献帝
（189—220年在位）了，但曹操却不止一个。

就在"三家分晋"前不久，这场权力的游戏主角
还是六家，他们分别是智氏、中行氏、范氏、韩氏、
魏氏、赵氏，六家并立，史称"晋国六卿"。

六卿的势力范围犬牙交错，你中有我，我中有
你，极其乱乎，晋国的直辖土地已经可怜得几乎看不
到了。

这"六卿"，今天我们绝大多数人是不曾听说的，
最终我们看到并熟知的是"三家分晋"。智家、范家
和中行家都没能挺到战国的到来。

扫码回复2，即可查阅高清地图

这三家过早地离开了历史舞台，还要从老赵家的
掌门人赵鞅的一个阴招开始。

晋国在当时除了六卿外，还有一些小势力，比如
后来赵国的国都邯郸，就是在邯郸氏的手中。

邯郸氏原本和赵氏是同宗兄弟，因为当年赵氏的
一支被分到了邯郸，所以改叫了邯郸氏。

虽然几代之前还是兄弟，但你既然改了姓，而且
邯郸是一块大肥肉，赵鞅就顾不上亲戚不亲戚了。

别怪兄弟不是人，只怪邯郸太迷人。

不过甭管多迷人，你也不能明抢，明抢就坏规矩
了。你得找个借口，才能名正言顺地把想要的东西抢
过来，可恨如黄世仁也没有上来就抢白毛女嘛！总得
等你还不起租子的时候，我才好说"地主家也没有余
粮"啊。

对于邯郸，赵鞅一直很不地道地动着心思，直到
后来忍不住了，他做了一个局。

三年前，赵鞅曾经带兵围卫国，吓得卫国进贡了
五百户人口。赵鞅把这五百户人口作为诈骗的鱼饵，

第一战

『三家分晋』：韩赵魏崛起，自春秋来到战国

013

一竿子甩向了邯郸氏。

过了一段时间，赵鞅找到了邯郸氏的族长邯郸午说："还我那五百家，赶紧的！"

邯郸午表示没问题，但回过头来邯郸午的宗族就不干了。

邯郸氏让猪油蒙了心，他们认为老赵家家大业大，在根上又是同宗，老大哥不会在乎这点儿经济援助的，这五百户的人口随后黑不提白不提地就过去了。

贪小便宜吃大亏，这个道理永远不过时。无论你在什么位置，都要修炼自己，让自己变得大气起来，因为"心穷"的成本才是最高的。而且，猎豹千万别占狮子的便宜。

随后，突然有一天，赵鞅实行了闪电抓捕行动，将邯郸午抓住囚禁在了晋阳，并派使者告诉邯郸氏：这货贪小便宜说话不算话，我作为族长要杀了他，你们赶紧商量一下准备立谁当下一任族长，速速给我报上来。

邯郸氏拿赵鞅当老大哥，觉得大哥会把自己当成个孩子，但没想到自己很傻很天真，人家老大哥翻脸了，还把族长抓走宰了。

邯郸午的儿子邯郸稷愤怒下决定造反！不再拿赵鞅当邯郸氏的大族长了。

赵鞅等的就是这个结果。赵军很快开到了邯郸，邯郸氏风雨飘摇。

危难时刻，邯郸稷有个亲娘舅，叫中行寅，是六卿中的中行氏掌门人。关键时刻，邯郸稷找到了娘家人。眼看自己不出手，这外甥就完了，中行寅答应拉他一把。

不过，中行寅答应后又怕自己干不过赵家，于是又拉来了"战略合作伙伴"——六卿中的范家过来帮架。

中行氏、范氏以及邯郸氏的三国联军不仅打退了赵国的"侵略军"，还一路展开了追击，赵军大败，赵鞅率残部逃回大本营晋阳（今山西太原）。

初战得手，中行氏与范氏打算趁此机会团灭赵氏，尽起大兵将晋阳团团围住。

晋阳风云第一部，即将上演。

赵鞅比较尴尬，眼瞅着被人家反攻了，本来是他做的局，但他自己这个庄家却面临着被清盘的危险。报应来得如此之快，赵鞅的大脑在飞速地运转着。

搞了一辈子阴谋诡计的赵鞅开始从利益入手，再次寻找自己的盟友，他派谋士找到了势力最大的智家，并进行了如下分析：

第一，中行氏与范氏被灭后，他们的地盘离智氏的控制范围最近，瓜分采邑时，智氏的利益可以最大化。

第二，作为赵氏同宗，赵氏被灭后，邯郸氏会替代赵氏被中行氏与范氏扶植为六卿之一，人家在战火中结交，斗争中成长，到时你智家可就不再一家独大了。

第三，魏和那两家本就有仇，你智氏实力最强，只要你出兵救我，韩、魏两家作为传统骑墙派必然跟上，咱四家灭两家那还叫事儿吗？！

瞅瞅，这才是求人办事时的教科书级案例。

一般来说，求人办事时该咋张嘴呢？

你得有利益吧。要不人家凭啥帮你？

你得有威胁吧。你要不帮我，你会有啥损失，我会咋报复你，得吓唬他吧？

你得有可行性吧。你要嚷嚷上九天揽月，下五洋捉鳖，人家准给你轰出来。

我们如果打算说服别人，谈任何事都要从这三个角度出发，对方永远在乎的是自己的利益。只要帮他算明白了，你不用玩命劝他，最好也甭提什么交情，那样你反而容易受伤害。

智家在没太费劲的思索后，觉得将牌桌上由"打六家"变为"搓麻将"的时机到了，六卿确实太拥挤，淘汰两家的时刻到来了。

智家随后协同韩家、魏家带着精兵来到了晋侯面前，说中行家和范家不地道，人家赵家的内部矛盾，他们却想干掉老赵，我们哥仨要伸张正义。

晋侯很知趣地在讨贼檄文上盖了大印，正式文件一搞定，三家人马开始朝晋阳开来。

眼看人家那三家过来帮架了，此时的中行氏与范氏都比较郁闷，摆在他们面前的有三个选择：

第一个选择，急攻晋阳，在援军到来前将生米煮成熟饭，然后有话好好说，赵地五家分。但晋阳这炮楼明显不那么容易打，这属于下策。

第二个选择，分化瓦解，对三家联军进行分别游说，许以重利。这个可以尝试，有一定的可操作性，这属于中策。

第三个选择，退回本土，收缩防守，积攒实力，他日再战。这属于上策。六家对峙近百年了，平衡不是那么容易被打破的，局势处于下风，就要及时止损。

这三个对策其实完全可以先分别进行着第一个和第二个，苗头不对再进行第三个撤退战略。但此二氏却选择了第四个策略——跟他开战，打不死他的！

晋国第一次"内战"正式开打。随着时间的推移，四打二的优势着实明显，中行氏与范氏遭遇四卿大军重创，逃到自家采邑时损失惨重，精锐尽丧。随后就是八年的继续混战，主要剧情就是智家和赵家对二氏的持续追杀，后来中行氏的大本营朝歌被攻破，二氏开始逃亡。他们逃到了外甥邯郸稷处，但邯郸城这次没能挺住，邯郸氏最终被赵氏吞并。

随后，二氏再次展示出强大的逃跑功底，又从重重包围中窜出，潜逃至齐国。

真正的政治家无疑明白"斩草要除根"这句用无数的鲜血换来的金句。第二年，赵鞅陈兵十万于齐边界讨要"国贼"。

齐国的做法很不明智，因为两个失势的他国政治犯而与赵鞅妄动刀兵，结果大败。由此也可以看出，晋国的综合实力有多强，其中的一卿就可以正面硬刚东方第一强国。

公元前473年，智、赵、韩、魏尽分范、中行故地。

晋出公大怒，我是领导，咋连口汤都没我的？！于是给齐、鲁打招呼，希望山东的兄弟们能主持公道。结果，没等山东方面来人，四卿直接各出一支小分队打跑了晋出公。晋出公在逃往齐国的路上就气死了，四家又立了晋哀公。

此时，牌桌上还剩下智、韩、赵、魏四家。

说句题外话，范家这一支中有一支改姓为刘，自齐国开始新的生活。这支范家的别姓中，后来出来了一个神奇的街道居委会治安保障主任。

这个"刘主任"，后来给一个民族冠了名字，并永远地改变了世界的历史进程。

叁：决定家族命运的接班人选拔

此时，晋国权力游戏的大玩家还有四家，其中智氏最强，魏、赵体量相当，韩最单薄。

这场淘汰赛，还没有完。一般按照"强者恒强"的淘汰规律，最终一统江湖的应该是实力最强的智氏。

因为强者一旦占据了有利条件，可以打的牌就太多了，它总是可以靠着自己的庞大身躯去欺负人，恐吓、交好、暴力，可用的招数非常多。

弱小者则往往比较可怜，生存成本也比较高，比如恐吓、暴力就不能用，只能在诸强之间游走，在夹缝之中求存。

但最终的结果我们都知道，最强的智氏永远地离开了历史舞台。历史上罕见地出现了一群弱势力干翻了领头羊的现象。

东周的历史拐点，源于两个家族的接班人选拔。智氏的宗主智申和赵氏的宗主赵鞅，这哥儿俩都已经很老了，接班人的问题必须提上日程。关于立接班人的问题，二人采取了截然不同的办法。

先来说智氏。智申有两个选择，长子智宵，次子智瑶。

长子智宵是个普通人，无太多过人之处，但宗族大佬们比较拥护、看好他。

次子智瑶，不是个普通人，他有五个闪闪发光的大优点：

优点一：外貌好，身高貌俊，仪表堂堂。

优点二：武功高，精于骑射，力能驾车。

优点三：口才棒，能言善辩，通晓诸能。

优点四：文笔佳，才思泉涌，文章流利。

优点五：有主意，坚决果断，勇猛刚毅。

智瑶的任一条优点单独拎出来，都足以扬名立万，要是在今天也是了不得的人物，或许可以当个明星，实力片、动作片、感情戏全能接，还可以当个金牌律师或特约评论员，大嘴一张，钱就来了。这种"高光"复合型人才，放哪儿都是棵摇钱树，但在那个血腥的竞争年代，作为一个掌门人，只有个体的超强优势是不够的，只能算是添头，有没有其实无所谓。

一个政权的继承人有三个基础是极其重要的：

第一，要清楚地认识你自己。

知道自己的优点、缺点，能够控制自己的情绪与欲望，对别人家的地盘知道克制贪欲；最好离女人远点儿，别看谁家的媳妇都是自己的；知道手里只有两块钱，胸怀五百万只是个梦，是梦就只能想想，不能当真。

第二，要清楚地认识别人。

要知道手下的人都是要防范的，也都是要尊重的；知道他们的长处，适合干什么，知道他们的短处，知道如何遮盖它们；了解他们的利益需求，该出手时不抠搜，人家喊你声主公，你就得有个大哥的范儿。

始终要谨记：工作都是手下人干的。

第三，要知道自家有几斤几两。

知道自家的实力，更要清楚别人家的实力；强的要联合，摇尾巴，弱的要扶持，或作为吞并目标；明白因地制宜，面对不同的对手，要用不同的策略，永远壮大自己；无论怎样都不要打光底牌，不要逮谁咬谁，要永远让自己留在权力的牌桌上。

尤其在乱世，这三个基本点是每家都应该时刻放在脑子里的。

尤其在立储这件大事上，上述这三点应该永远排在最前面考虑。

智申打算立有五个大优点的次子智瑶，不过这个孩子却并没有牢固树立"三个基础"。

智老爷子忽略了智瑶有一个最大的缺点：自视太高、刻薄寡恩。

同宗的大佬们对智申的打算非常不满，他的族弟智果就非常明确地与他进行了详细的剖析："智瑶这孩子满身的能耐，却毫无容人之量，自己太牛，谁的话也听不进去，谁能和他和平相处？大哥你要是立他，咱智氏家族就完了！"

自己的孩子自己爱，**看不出自家孩子的缺点是天底下父母的通病，但同族长辈们看待族里孩子，其实往往是很有一套的。**

这里也为我们提了个醒，在看待自家孩子的问题时，多问问老师和自家的伯伯大爷是很靠谱的，他们往往会提出比较客观的想法与建议，纠正我们对孩子的溺爱、偏见。

智申已经被智瑶优秀的基因冲昏了头脑，兄弟的话他没听进去，正式立智瑶为继承人。

他的族弟智果很有性格，随即向政府的太史登记，脱离智氏宗族，另立族谱，改姓"辅"。

因为还没发生的、仅仅有一定可能性的灾难，就不惜放弃自己很牛的氏族身份，可见他大爷是多么的了解他这个大侄儿。

智氏说完再说赵氏。赵鞅也有两个儿子，长子赵伯鲁，次子赵无恤。

这两个儿子看着都差不多，没看见谁有绝对优势。鉴于此，赵鞅又发挥了他工于心计、精于算计的手段，只是这回用在了他的儿子们身上。

赵鞅先是将一段训诫的话刻在了竹简上，又把两个儿子叫来，告诉他们，这是你爹这辈子的心得，要切记在心。然后，黑不提白不提，再也没有了下文。

三年后，赵鞅开始收网，把两个儿子叫来，都给老子背背老子的那段话。

赵伯鲁当场傻眼。赵无恤却潇洒地背出，甚至当场从袖子中拿出了那块竹简。

赵无恤胜出，继承族长。

有的人会说，这算什么？就拿这标准选接班人，不是胡来吗？这能看得出什么呀？万一就是凑巧呢？万一赵无恤就是个草包，只会天天记得他爹的指示呢？

没那么简单。

其实这相当科学，里面大有学问。

接下来给大家分析一下赵鞅"背书选储"的合理性。

第一，站在赵鞅的角度，我说的话孩子们会不会记得，我的政策将来孩子们会不会贯彻，这很重要。政策的平稳性、战略的连贯性，往往是坚持数代才会出来效果的。

第二，通往权力的道路注定充满荆棘，每一个参选者都应该提着十二分的小心，每日如履薄冰，只有不断通过每天都可能出现的随时考验，才有可能继续参赛。

这看起来很辛苦，就像进了权力战场上的军校，只有通过了魔鬼训练，将来才能坦然面对云谲波诡的政治环境和瞬息万变的周边形势。

谨慎与小心，是权力游戏最重要的生存技能。

一场考试布局三年，考三年前让你背的东西，这种方式很有效果。

第三，站在孩子们的角度，他们应该最明白自己的爹是个什么样的人。

你们家老爷子是个有名的爱做局、爱算计人的人啊！

当初既然布了局，就一定会成局，你所要做的就是时刻准备着破局，自己的爹自己都不了解，你将来怎么控制一个个人精样的家臣？

除此之外，我们仍然能从史料中挖掘出一些很有意思的故事，比如赵无恤在他老爹身边安插了间谍。

我们来回顾一下赵无恤的精彩表演：流利背出，还当场拿出了那块竹简。

要知道春秋时的竹简，很大很笨重，那时候是没有裤兜的，随身的东西只能往袖子里放。如果这1000多天的时间里，赵无恤天天甩着这么个大袖子东奔西走，他不容易，衣服袖子更不容易。

唯一比较合理的解释，就是他早早得到了消息。

权力的运作精髓在于信息的掌握，赵无恤深得精髓。

从上述的几条分析中可以看出，赵无恤的胜出，其实是必然的，更是赵家的最优解。

两个接班人选出来了，两个家族的未来也将在这两个年轻的掌门人手下定调。他们各自挑了怎样的路呢？

智申和赵鞅像说好了一样，几乎是前后脚地离开了人世。两个新舵手在同一个时间段闪亮登场，他们的家族大船将要驶向何方呢？

智瑶登台后，迅速开始了战略扩张。他东面伐齐，南面两次伐郑，北上灭掉了中山属国仇由。一系列扩张战斗打下来，地盘扩张不少，看来当年他老爹这个接班人选得没问题啊。但很多事情，是需要将时间轴拉长来看的。

智瑶这个舵手，是个玩赛艇的。他并不知道，权力的游戏向来是帆船拉力赛。

甭管是吃东西还是吞地盘，你都需要时间去进行消化，一味地扩张并不符合食物消化的规律。

智瑶不仅以霹雳手段开展各种开打，还很快就展现了他的诸多缺点。有一次，他领着另外三家去伐卫，不仅和赵无恤在战场上闹翻了，战后与韩氏、魏氏的宗主搞聚会时，自视甚高的他还戏弄了韩氏的宗主韩虎和韩家的总管段规。

态度放浪，说话很不规矩。他认为自己很风趣，结果弄得老韩家上不来下不去的。

这就是损人不利己的孩子气行为。事后，他的族人对他进行警告：侮辱了别人就要有所准备，如果不进行防备，灾难就要降临。

智瑶则充分展现出了他的辩才："我就是灾难，我不去给别人带来灾难就很不错了，谁敢给我带来灾难？"

对外打了一圈后，他觉得智家现在太牛了，那三卿着实碍眼，自己得琢磨下一统晋国了。

不过，智瑶虽然狂，但他并不傻，他不像慈禧太后敢一口气对十一国宣战，那三家他得一个一个地收拾。

那怎么能让那哥儿仨排队让你揍呢？

这难不倒智瑶。我想搞你，理由跟办法总是不缺的。

智瑶先是嚷嚷晋侯太可怜了，自己要捐给晋侯一个万户大县重振大晋雄风。姿态表完后，智瑶很快又陆续找了另外的三家。注意，这小子很聪明，他并没有拉着大伙开四方会谈，而是一家一家地过去谈。

他先找的是最弱的老韩家。

韩家掌门韩虎气得想开战，你爱发扬风格你随便，凭啥你做慈善却把我家电视机抱走了！

不过，他的总管段规说："这小子性情刚愎，我们不如先顺从他，他尝到了甜头后，势必会如法炮制地再去别家索要，我们再伺机而动。"

韩虎作为老牌政治家，压住火气，采纳了段规的建议。

老韩家服软了，智瑶又向魏驹张了口，索要一个万户大县。

魏驹的身边也有明白人，魏相任章也分析了智瑶的性格，认为欲先取之，必先予之，欲使其灭亡，必让其疯狂。魏家也让出了地。

再次得手的智瑶将手伸向了赵无恤。

赵无恤其实是智瑶的第一目标，因为这哥儿俩之前就不对付。智瑶满世界咬人的时候，赵无恤总是出工不出力，俩人已经红脸出汗很多次了；智瑶还曾当众羞辱过赵无恤，你爹当年咋选了你这么个东西接班？这跟骂街没啥区别了。

赵无恤一听智瑶索地的消息就火了，他没有忍耐，选择了雄起，严词拒绝，并准备应战。

这道选择题，赵无恤没有做对。

其实，他应该选择忍耐，给智瑶甜头。智瑶控制不了自己的欲望，肯定还会干出更离谱的事儿，到时候再约上一同吃过智瑶亏的韩、魏二氏向他开炮。

赵无恤还是年轻，如果是他爹，一定不会选择此时与智瑶翻脸。不过，他还是想起了他爹临死前的那句交代："关键时刻，只能相信晋阳。"

赵鞅早早地就把晋阳当作了赵氏末日来临时的方舟。

当初，赵鞅派手下尹铎治理晋阳时，尹铎问赵鞅是拿晋阳当现金奶牛，还是当养老保险？（以为茧丝乎？抑为保障乎？）

赵鞅大笔一挥，这是养老账户，不能动！

赵鞅死前再三叮嘱赵无恤：他日有难，不要考虑尹铎年轻、晋阳遥远，一定要回去！

赵无恤走前，曾经和手下们讨论过未来。大家的首选是长子城，理由是城墙高大完整，扛造。

赵无恤说："百姓们刚帮我修完城，这会儿又帮我守城，没人会和我同心的。"

大家又说："邯郸城里仓库充实，咱打持久战。"

赵无恤说："我拿邯郸薅羊毛，人家交了重税，不会和我同心的。"

最后，赵无恤拍板："只有晋阳！"

晋阳作为老根据地，民心附，城池坚，更重要的是当年六卿混战时就共同经历过风雨。

最好不过结发妻，一起经过事儿的两口子，是一个家庭最宝贵的财富。

还在质疑赵鞅当年让赵无恤背自己的语录吗？

赵无恤在关键判断上想起了老爹的遗言嘱托。

这就吻合了我们前面所说的乱世生存基本点之一：知道自己的实力有几斤几两。

赵无恤挑选了最适合自己进行战略性决战的战场。

晋阳风云之第二回合最后开打。

肆：水灌晋阳，韩魏反戈

智瑶在赵无恤翻脸后第一时间对赵家宣战，然后派出了使者向韩、魏两家借兵，说："咱这都是为了国家，赵无恤这小子不上道，你们看着办！"

韩、魏二氏都是老狐狸，他们答应了智瑶的借兵请求，共同伐赵。

出工不一定要出力，无论智、赵两家谁赢谁输，都能削弱对手的实力，到时自己再伺机而动。智瑶灭了赵家就分赵家的采邑，智瑶败了就合伙打劫智氏。更主要的是，这二位宗主想要亲自去看看这两家掌门人各自的成色。

晋国第三次全面"内战"开打，三家大军包围了晋阳，智瑶下令猛攻晋阳城。

事实印证了赵无恤的选择，老根据地的百姓的觉悟就是不一样，晋阳军民上下同仇敌忾，让智瑶的军马吃了大亏。智瑶甚至用上了当时最先进的攻城利器——攻城塔，结果被赵无恤发明的火箭给烧了个干干净净。

攻城设施被损毁后，智瑶下令让士兵们蚁附攻城，但损失极其惨重。鏖战三月，攻城军往复多次，晋阳仍然屹立不倒，攻城陷入了僵局。

三家随后开始围困晋阳，高低饿死你，结果过去了一年多，人家晋阳城中的全民营养状况仍然达标。爷儿们在这混了上百年了，那么好打的吗！

这时候，老天爷选择帮智瑶一把，天降大雨。

其实，下雨两头都被浇。之所以说老天帮了智瑶，是因为晋阳城外有条大河，大名鼎鼎的汾水从旁边流过，但晋阳的地势比较悲催，比较低。

智瑶掘开了汾水，滔滔的汾水怒号着将晋阳变成了泽国。

在苍茫的"人造湖"上，狂风卷集着乌云，在乌云和"人造湖"之间，有一个赵无恤，像黑色的闪电，在高傲地骂着街。

水势在离城墙还有三版（六尺）的时候终于停下了脚步，没有漫灌进城。虽然如此，但此时城中的水已没过膝盖了，晋阳城岌岌可危。

晋阳变成泽国的最大影响，在于城内没有了干木柴可以生火，所有的水井都被污染了，城中的粮草开始腐烂变质，在潮湿的环境下，传染病也开始横行。

无粮，无水，瘟疫肆虐。赵氏彻底面临着生死存亡的巨大考验。

城外的高地上，即将胜利的智瑶则喜不自胜，望着一叶孤舟般的晋阳城，自得地笑道："今天我才知道，水可以使人亡国呀！"

说者虽然无心，但听者有意。韩虎与魏驹陷入了沉思：依这位爷的性格，赵氏倒下后，就该轮到我们了。而且，更重要的是，汾水也可以灌安邑（魏氏根据地），绛水也可以灌平阳（韩氏根据地）。

这两只老狐狸的心思被人看出来了。智家的谋士疵对智瑶说："韩、魏两家会反！"

智瑶问："你喝多了？"

疵说："正常来讲，三家合力攻赵，赵家马上就要灭亡，但韩、魏两家宗主却不喜反忧，这不是要反，还是什么！"

第二天，智瑶把疵的话告诉了韩、魏二位宗主。

那两只老狐狸当然有无数个理由辩解，反问那位大哥光会相面吗？会批"八字"吗？能给我们算算吗？怎么这么逗呢！

过了一会儿，疵又过来对智瑶说："领导，你怎么把我的话告诉那俩人了呢？"

智瑶这次惊了："你真会看相？怎么这都知道？"

疵说："那哥儿俩刚才意味深长地看了我一眼，然后快速离去了，他们这是知道我看穿他们的心思了。"

智瑶仍然觉得没有人敢冒犯、背叛自己，毕竟他自打生下来就当别人的阎王，根本就没挨过别人的打。

陷入了绝境的赵无恤，翻开了最后的底牌，派出了自己的密使张孟谈，秘见韩虎与魏驹，决定做最后的尝试。

张孟谈见到韩虎与魏驹后，晓以利弊，希望两家临阵倒戈，共灭智瑶。

张孟谈的所有说辞基本上就是一个核心：智瑶这小子不讲任何规矩，如果赵家完了就该轮到你们了！

韩、魏两家联想到前期智瑶的无理索地，再加上智氏的强大实力，非常同意张孟谈的说法：智瑶这小子是个祸首，必须铲除。

达成共识后，三家约定了共同发兵的时间。

赵无恤在得知魏、韩两家反水的消息后，心中仍然是没有把握的。

因为嘴上答应的东西永远只能听听，万一魏、韩两家还是倒向智瑶，那么共同出兵时，他的最后一搏将变成羊入虎口。

但他没有选择，他只能赌，因为他已经没有任何回旋的余地，此时的他一定后悔当初应该多忍耐一下。

年轻，总要付出代价，但有的代价实在太过高昂。

年轻人，诸事要三思。

约定当夜，韩、魏两家先是杀掉了看守"人造湖"堤坝的智氏兵卒，随后战斗队改为工程队，掘开了围困晋阳的湖堤，原本淹晋阳的大水朝着智军方向漫灌而去。对于水攻颇有心得的智瑶却将部队驻扎在了低处。

黑夜中，大水袭来，智军大乱。

赵军随后倾巢动动，五万赵军划着数千竹筏齐出晋阳城，扑向智瑶的大营。

赵军划着木筏子痛打落水狗，在喊杀声中，韩军与魏军也加入了战局，共同扑向了智军。智瑶的强宗大族、霸主之梦，在三家的水攻夜袭下灰飞烟灭。

四族中实力最强的智氏在晋阳之战中被灭，随后智家二百余口被杀，智氏的采邑被瓜分。

所谓的"三家分晋"，其实不如叫"三家分智"，因为晋侯早就失去了控制力，分的早就不是他的地了。

扫码回复 3，即可查阅高清地图

第一战　"三家分晋"：韩赵魏崛起，自春秋来到战国山西大地上，由六卿并立，再到四国对峙，最终三足鼎立。赵、智两代人自导自演了这一出历史中极其重要的戏份；魏、韩两家骑墙吃瓜，也都顺应时势做出了最优的选择。

至此，晋国三足鼎立的局面正式确立。

周威烈王二十三年（公元前403年），今天主角的三位后人韩虔、魏斯、赵籍派使者面见周天子，求其册封。周天子遂封三氏为侯爵，自此韩、赵、魏三家正式分晋，支摊单过。

这三个国家由于地处天下之中，所以成为后面整个战国历史中最重要的战场。

所谓战国的历史主线，就是"三晋扛强秦"。

又过了十年，齐国大夫田和废齐康公，灭齐国公族，自立为齐国国君。至此，在中华大地上有七个强国并立，西秦、东齐、北燕、南楚，中间韩、赵、魏。

战国时代，正式拉开帷幕。

马陵之战：战略方向错误导致的魏盛转衰

壹：魏国手中曾经抓了一把多么好的牌

战国初年，如果你问我，谁最有可能一统天下，我的答案是魏。

你可能会说：魏？没听说这哥们有什么故事啊！强秦呢？

实际上，强秦这个时候连前三名都排不上。

文化被鄙视，国力很差劲，军队打不赢。

秦在当时的国际地位很尴尬，属于牛人不愿意效力，诸强看不上的边缘之国，龟缩在关中地区。"龟缩"这个词并非搞笑，笔者斟酌了很久，觉得只有这个词最贴切，因为它在战国初年被魏国踩着脖子，连气喘得都费劲。

强秦的故事，我们还要等等再讲，因为眼下真的乏善可陈，它还在等一个人，这个人不到，秦国就得蔫着。

战国初年的超级大国，手里的牌最好的就是魏。

因为这时的魏，用句很时髦的话讲，人家有四个优势，即**政治优势、军事优势、经济优势和地理优势。**

将魏的各种自信推向顶点的是魏文侯。

魏文侯是我们刚刚讲过的"三家分晋"的魏驹的孙子，在他的统治下，东制齐楚，西挫秦国，内修政治，外和赵韩，此时，没有任何一股势力敢不买魏国的账。

下面我们来详细地阐述一下魏的优势。

政治优势

当年电影《天下无贼》中有句台词特别火："21 世纪什么最贵？"

"人才。"

这其实是句废话，放在哪个年代都是人才最贵，但对于老板们来说，贵从来都不是问题。

问题是，你怎么知道这个人是不是人才呢？所谓千里马常有，而伯乐不常有，这匹马你怎么就能看出来它能禁得起千里的路途呢？

这就是本事了。

魏文侯不但很会识人，而且会用人，还是个招募大师。

他的领导班子阵容很强大，吴起、李悝、任座、魏成、乐羊、西门豹（小学课文中怒怼巫师的反迷信斗士），每个都身负大才。魏国在这一群大才的调理下，国力蒸蒸日上。

刚刚说的这一大票人都很牛，但这堆夜空中最亮的星，有一颗星星璀璨得十分耀眼。没有他，魏国就谈不上强大，甚至连日后的秦国都有可能永远无法强大。

这颗星星，他叫李悝。

他干了一件事，而且这件事折腾得还比较大——变法。

历史上的变法绝大多数都无法成功，而且变法者大部分难得善终，但人家李悝却全部搞定，既成功又善终。这在历史上是极其罕见的。

因为但凡变法，总是要动人家利益的，你动人财路，人家往往就要动你的生路。几千年来的变法，想要成功，必须天时、地利、人和与大运气齐聚，否则都没戏。

李悝的水平高是一方面，**命好是最重要的另一方面。**

两千年历史看下来，我们就会发现，**太多的功败垂成归根结底就是因为有大才而无大运。**

作为变法的总规划师，**李悝的这套变法可以说是战国变法之祖，包括后面的商鞅变法、吴起变法，其实都是承袭这个变法框架。**

李悝根据当时魏国的情况，为魏国打通了四条经络。

第一，打通人才经络，废除世袭制度，开始根据能力选拔官员，取消旧贵族的世袭俸禄。

打压吃饭不干活儿的贵族，牛人们才能有空间；将选拔制度化，才能延揽天下英才，比如特别能打的吴起，就是因为在卫国不受待见，所以跑来了。

第二，打通了土地经络，正式废除周王朝的"井田制"，废除原本"井田制"的土地界线，鼓励老百姓垦荒，允许土地私有买卖。

废除"井田制"在当时是具有划时代意义的，那么我们来科普一下，所谓"井田制"究竟是怎么回事。

自夏、商开始，中国大地上的土地分配制度就是井田制。所谓井田制，是指把一块耕地划分为类似于"井"字的九份方田，周围有经界，中间有水沟，阡陌纵横，像一个"井"字。每块地的耕种面积大约是一百亩，九块地中间的那一块是公田，所有收成上交，周边的八块为私田，收成中的一部分是可以归自己的。每天干活儿时，农民要先把公田里的活儿干完，才能干私活儿。

但我们在第一战中讲了，社会生产力上去后，很多老旧制度就行不通了。

首先是因为过去的生产力差，人口少，所以可以在广大的土地上搞这种"井田制"，后来，由于铁器渐渐普及后，过去的很多边边角角，甚至荒地都可以进行耕作了，大量的不上税的私地就开始出现了。

与此同时，因为所谓"公田"的产出是完全上交的，所以这块地是得不到农民的汗水的。井田制的形式已经不适应这个时代了，干成什么样都不是自己的，只有私田才能激发农民的热情。

废除了早已名存实亡的井田制，鼓励老百姓开荒，传统奴隶主贵族的经济统治被打破，土地这个最重要的生产资料才被激活。

李悝还下了一番功夫，将国家境内所有的土地进行测评，估算出了国家土地产量，并以此制定出了合理的税收政策。你家地好，你就多交点儿，别跟我哭穷，我知道你小子有几亩地。

这个工作看起来很不起眼，但它具有极其重大的意义。

李悝的土地测评，帮助魏文侯摸清了家底。

换句话说，一年能收多少粮食，有多少户口等，这个国家的国家动员能力被算成了一个个可靠的数字，呈到了魏文侯的办公桌前。

例如，每年能收一千万石粮食，能养十万军队打半年的仗，能盖两座宫殿，娶五十个娘娘，魏文侯心中就有数了，不抓瞎了。

国家也只有摸清了家底后，才能知道有多大锅下多少米。

李悝给魏王算了这么一笔账，一般一家五口耕田百亩，一年能收一百五十石粮食，交 10% 的税后还有一百三十五石，每个月每人吃一点五石，一家人一年需要九十石粮食，还剩下四十五石的盈余，要是算上穿衣、祭祀、疾病、丧葬等事项，农民每年还是会入不敷出，所以必须要劝农啊！

这在让魏王明白农民有多么不容易的同时，也给他划了一个底线，**每年每户百亩之家最多征六十石粮食，老百姓就算不给祖宗烧纸，自己一家人每年还是要吃九十石粮食的，再多征老百姓就活不下去了。**

不仅如此，李悝还跟魏王说，一般百里之地，要是勤奋努力种的话，每年能多收一百八十万石粮食；要是不好好耕种，就少出一百八十万石粮食，这一出一进可谓天差地别。所以，一定要鼓励生产，找土地多要出来这三百六十万石粮食。

在这之前，所有的数据全都是两眼一抹黑，高层不知道国家的动员能力有多少，要么总想蛇吞象，满世界开咬，要么就守着金库借钱花。

好的制度是具有普遍意义的，李悝的整套土地改革，后来就被商鞅几乎全盘抄走了。

好的制度是统治的根基。

可以说，中国之所以后面会发展成世界上最大的封建主义国家，这套土改制度是根本蓝图。没有这套改革，就谈不上后面的全民征税，也就更谈不上那套文官系统了。

第三，李悝打通了魏国的法制经络，完备法制建设，建立魏律，出台《法经》。

《法经》对于国家法令、政府职能、官员升迁奖惩、军功奖励都做出了完备的规定。

李悝的法典不仅在魏国历史上属于头一遭，它在整个中国历史上，都是具有开天辟地性质的。

它奠定了中国历史上的诸多方方面面的建制，在历史上产生了重大而深远的影响。例如，后来秦国的商鞅变法，基本上大体的框架全都是"借鉴"李悝变法的模式，只不过稍加改动，变成了战争机器升级版。

第四，李悝打通了魏国的军事经络，他改革了军事制度，建立"武卒"制，对军队的士兵进行考核，奖励优秀者。

"武卒"类似于今天的特种兵，待遇极高，一经认证先分得百亩土地，同时解除奴隶身份，再免除"武卒"全家的徭役和田宅税。

将军功细化分级，分为"上功""次功"。根据不同的军功，政府给予不同的奖励，大功者甚至家属子女也有重赏，这也是有史以来最早的"军功章上有我的一半，也有你的另一半"。

"武卒"如狼似虎，军功全民拥戴，李悝在制度上给出了不能再优厚的配合。李悝的一整套变法改革帮助魏国在制度上确立起了远超那个时代的先进性，但没有人才，再好的戏也出不来；全国再尚武，大将是草包也不管用。

李悝设计的军事制度的具体落实者是另一个"大神"。

军事优势

战国初年"第一战神"——吴起。

吴起有两大功勋：

其一，他的战略眼光独到。他向魏文侯建议了黄河以西地区的重要性，向西吞并了秦国五百多里的土地，**并控制了崤函地区**，将秦国压缩在了华山以西的无**险可守地带**。关于这一战略的伟大之处，我们会在"地理优势"中详细阐释。

其二，他训练出了"魏武卒特种部队"。一个武卒，身披三重甲，持戈佩剑，操十二石的弩，带五十支箭，携带三天口粮（连盔甲带装备大约五十斤左右），半天能急行百里（相当于现在的四十公里左右）。

这种水平随便拎出来一个就可以参加现在的奥运会"铁人三项"运动。吴起率领着这支特种兵部队，创下了大战七十二场，全胜六十四场，剩下八场不分胜负的奇功伟绩。这在当时基本上是逮着谁灭谁的节奏。

不过就算那么能打，没钱的话，再好的戏也出不来。但这根本就不叫事儿，人家魏国的经济实力不是一般的强。

经济优势

"三家分晋"时，由于老赵家在消灭智氏的战争中牺牲最多、贡献最大、原始股最多，所以昔日智氏之地，相对于韩、魏二氏，赵氏多分了一部分，总的疆域也以赵氏最为广大。

不过，有的时候，地大不见得物博。赵家虽然地盘最大，但在经济上，却被魏国远远地甩在了身后。

韩国就更别提了，除了冶铁业算是亮点，剩下什么都不值一提。

在当时，魏国可以说真的是"天朝上国"，几乎所有资源皆能自给，而且这其中有三项关键资源。

第一项关键资源——肥沃的土地。

在这个时代，所谓的"肥沃"，**不仅要能高产，还需要适合种某些高需求的产物，才算得上是好地。**

三晋中，韩、赵两家的土地较为贫瘠，物产欠缺，比如著名的挑拨离间者张仪先生就曾经说过："韩地险恶，五谷所生，非麦即豆，一年不收，老百姓就得吃糟糠，地方不满九百里，两年的积粮储备都没有。"

这话说得很不厚道，拿豆包不当干粮。

看到这里，大家可能会疑问：麦和豆咋了？为啥生长这两种作物的土地要被称为"其地险恶"呢？

无论在哪朝哪代，老百姓们都是不挑食的，张仪所指的"险恶"，**主要是指麦和豆在用于军粮方面很尴尬。**

下面，我们需要科普一下军粮是怎样炼成的。

先来回答一下刚才的问题，麦和豆为什么"险恶"？

首先，营养价值不高。

可能会有人问，豆子的蛋白质含量不是非常高吗？麦子还"险恶"？也没见你少吃大馒头，真是没挨过饿。

这里我们就要说一下当时军中的烹饪方法了。

在那个时代，军粮做法实际就是煮粥，直到宋朝以前，一般炊具还都是陶器，极少有铁锅。

后来，在生产力的不断发展下，慢慢出现了类似于压缩饼干的水分极少的干粮，但将士们也不能总吃干的，那些东西是维持不了战斗力的，只能做急行军时的干粮。

既然炊事班的家伙是陶器，那么军粮最适合的就是煮粥，而不是炒菜。这就很难为豆子了。

因为根据那个时候的伙食水平与烹饪技巧，是绝对没办法让十万大军每人熬出一碗精品豆饭的，一般来说能做熟就不错了。而且，当时也没有高压锅，可燃物往往是就地取材，要给几万人做顿饭，也没工夫让你精熬细炖，不然饭还没熟，大部队都开拔了，所以做饭都是将就着做的。

打仗说到底，就是打后勤仗，弄熟这一碗饭是重中之重。

其次，豆子和麦子一旦不熟，里面的蛋白质吸收起来就会大打折扣，而且副作用还很大，容易跑肚拉稀。

有实验精神的同学们可以尝试吃一大碗半熟的豆，再喝上一大碗水，看看下午屋里还能不能待人。

豆子在军中的作用主要是做成酱，补充微量元素，但你总不能一开饭就一人一勺大酱吧。

那刚才我们说的大馒头呢？

馒头，还要等上几百年才会出现，因为在那个时代石磨还没有被普及。没有磨，就谈不上将麦子转化成面粉。

哪怕有了石磨，加工后的豆与麦也是极其不容易储存的。你无法带着一袋袋面粉和一车车豆腐大老远地去打仗，还没出村豆腐就馊了；到了饭点儿，也不可能全军变炊事员一起和面，路上再下点儿雨就全白瞎了。

战士们呼唤好做熟、易吸收的"快餐"。

那么在那个时代，士兵们都吃啥呢？

小米为王。

小米是真真正正的五谷之王，这个古老的农作物活跃了上千年，为我们华夏民族的生根发芽做出了不可磨灭的伟大贡献。

小米在古代被叫作"粟"或"稷"，五谷之一（另外四谷是稻、黍、麦、菽，用现在叫法就是大米、黄米、小麦、豆子）。

小米能够脱颖而出，主要在于以下三个方面：

第一，具有良好的存储性。

据唐代文献记载，积粟可以储藏九年，而稻米只能储藏五年。粟米的保质期几乎是稻米的两倍，实际上粟米的贮藏时间可能更长一些。

据《旧唐书·马周列传》记载，直到隋灭亡二十年后的唐贞观十一年，前者留在长安府库中的小米仍未用尽（所谓"贞观之治"，其实占了隋朝很大的便宜，讲到唐朝时我们会细说）。

小米保质期长的这一优点在军事上意义重大，因为古代运输条件落后，而且还没有防腐剂，边远地区的驻军难免遭遇长期无法补给的情况。

容易保存，几乎超越了军粮的所有要素，成为诸项评比中不能删掉的那个最高优势。

第二，营养丰富，易加工。

如果在所有主食中进行评比，谁的营养最丰富？小米将轻松干掉"五谷丰登"中的那"四谷"，荣登榜首，人家外号可叫"代参汤"。

现如今我国北方的很多女同志在生产后，还约定俗成地将红糖煮小米作为身体恢复时期必备的一道补品。

《本草纲目》中，李时珍医师亲切地说道："小米治反胃热痢，煮粥食，益丹田，补虚损，开肠胃。"

战士们一路奔波辛苦了，一锅热乎乎、软糯糯的小米粥，绝对比一锅嚼不烂的豆子饭要强多了。

正所谓"营养，易煮，还实惠，我们几千年来一直用它"。

第三，种植广泛。

隋唐以前，中国的政治、经济中心都在黄河流域，而当地恰是小米的传统主产区。

约六千年前，小米开始在中原一带大面积推广；到了商朝时，小米已成为北方农耕民族的主食。

只有当一种作物在民间广泛种植且达到盈余状态时，这种粮食才有可能成为军粮，这点很重要。

以现在经济学的思维来说：**一统江湖后的规模扩大，边际成本便会下降。**

例如，大米在当时由于受生产条件的限制，尚未实现大量种植。这种作物太耗费水资源，中国北方又普遍缺水，所以价格很贵。

据记载，秦汉时期，一斗大米的价钱可以买二点五斗小米，吃大米在当时绝对是奢侈的行为。

小米大受热捧，其实还有着更深层次的税收原因。

一个国家在运营中，税收成本是个很重要的课题。

税能不能收上来，收多少，怎么收，收完了怎么放，这都是很专业的问题，今后我们会细讲。

简要来说，**一种被广泛认可种植的作物大大地降低了税收的困难。**当一个村全征收小米时，就比一个村征收乱七八糟一大堆东西要好，也合算得多。

归根结底，省心。

所以，很多规律与共识虽然看起来很普通，但深究起来，却是由一代代人经过自然选择与磕碰摸索后，得出来的智慧结晶。

小米，就是那个时代最璀璨的结晶。

魏国的土地不仅高产，还非常适合种小米，天赐的土地帮助魏国天然就绕开了军粮这个每个国家都重中之重却头痛的大问题。

魏国不仅地好，其他的优势还在后面。

第二项关键资源——盐。

盐在今天看上去只是一味平淡无奇的调味品，而且人们对它的印象还不太好，干什么都得低盐，有的人还一直跟血压打擂台。

不过，在古代，盐却曾经是决定国家生死和富强的关键，并且整整决定了数千年。

可以这么说，盐对于农业社会的价值，并不亚于石油对工业社会的价值。

首先，盐相当于古代的冰箱。

盐不仅是调味剂，在古时候，也是保存菜、肉、鱼、奶的最重要的防腐原料。

副食往往都容易腐烂变质，不像谷类一样可以长期保存，但如果用盐腌制后，就大不一样了，腌成的咸菜、火腿、咸鱼、奶酪等加工品，保存时间就延长到了数月，甚至数年。

在那个年代，蛋白质来之不易，所以要省着点儿吃。古代的百姓也因此经常需要拿粮食去交换盐，来制作腌制食品。

腌制食品除了可以让老百姓长期自用外，更重要的是有了盐，军人的辎重补给便能更丰富一些，商人就能够实现远距离的食品贸易，相当于古代版的冷链物流。

其次，盐是刚需品。

自从一万多年前，人类的生活方式从狩猎逐渐转变为农耕，也就和盐正式扯上了再也撕不开的关系。

过去，人类是不需要盐的，因为吃的是打来的动物和采摘的果子，这基本上满足了人类身体的盐分需求。

不过，一旦定居农耕后就不行了，因为主体食物来源变成粮食了，而粮食中是没有盐分的，人不能再像以前一样通过每顿吃动物来补充盐分，只能在吃饭的时候额外放盐。因此，盐成了不可或缺的日用品。

盐是古代的"大宝"，你真得天天见。没它，你真的活不了。

在古代自给自足的农业社会里，一个人要满足温饱需求，大部分可以靠自己来解决，但唯独盐的问题很难靠自己解决。因为地里是种不出盐的，而且盐的产地也很有限。

这也就意味着绝大多数的人想要吃盐，必须依赖商人的供应。

盐也因此开辟了它的商业帝国，**成为整个社会的黏合剂。**

逐利的商人们通过盐的交换，把大量孤立的社会系统相互连接了起来。在古代，内陆的人吃不到海鱼，但是海边人做成咸鱼就可以运往内陆；农业地区的人吃不到北方草原的奶制品，但是用盐可以加工成奶酪运往南方；中原腹地的人也可以把各种肉类和蔬菜做成肉干和咸菜运往四方。

商人的远距离贸易运输过程，无意间构建了复杂的物流交换网络。

千万不要小看这一点，频繁地贸易交换可以极大促进工商业的繁荣。工商业对社会进步的推动力要远远强于单纯的农业经济，自给自足只能成为井底之蛙。

百姓缺这少那活不起，才会出现闯关东、走西口、下南洋。

贸易不仅可以创造大量财富，更重要的是可以全面激发社会的活力。

第一，它促进思想的交流。

第二，它加快物种的交换。

第三，它倒逼商业的升级。

第四，它加速制度和科学技术的创新。

从而，实现国家系统的全面升级。

在历史上，从丝绸之路开始到后来的香料贸易、大航海时代，再到现在的改革开放和全球一体化，无一例外都激发了社会的大幅度进步。所以，今天的"一带一路"倡议，值得我们兴奋与期待。

在那个年代，盛产盐就相当于盛产石油。

粮、盐、布、铁、畜是古代贸易的主体，盐是其中第二大宗的商品，所以在古代，**盛产盐的地方就非常适合发展工商业，这些地区在经济上也远比单纯的农业地区发达。**

齐国之所以在春秋战国八百年间一直很牛，不是没有原因的。

齐国人借助鱼盐之利，借助古济水这条黄金水道，最早在华夏大地上建立起了大范围的贸易系统，向外出口鱼、盐、布匹，从中原腹地进口大量粮食、物产，而齐国都城临淄也因为贸易，崛起为东方第一大都市。

到春秋中期齐桓公时，临淄的人口便达到了二十万人，战国中期达到了三十五万人，到了汉武帝时则达到了五十万人。这个数量级在当时几乎就是全世界最大的城市，没有之一。

说完了盐的好处，就要说一下盐的政治意义了。

盐的产地非常集中，所以便于垄断管理。

政府在慢慢地摸索后发现，只要控制了盐的供应和价格，就可以向所有消费者征收食品消费税，而且盐是代价最低的征税手段。

举个例子，政府可以跑到一千个老百姓家里每户征收一元的税，也可以从一个盐商身上征收一千元的税，**虽然征税总额一样，但征税成本却有天壤之别。**

前者需要维护多大规模的公务员队伍？每个公务员需要跑多少路才能征到税？这还没涉及贪污腐败的问题。所以，这又涉及我们在说小米时提到的税收成本的问题了。

找盐贩子征税，明显比找老百姓征粮要轻松得多。

盐不仅能垄断，而且这个东西还特别不起眼。因为每个人的盐消耗量比较少，即使价格涨一倍，人们对价格也不敏感。

就好比香菜一百块钱一斤，喝汤时加点儿它你仍然不会觉得心疼。

最重要的是，**盐税可以隐藏在很多商品背后，绝大多数人不会意识到自己买了一条咸鱼，政府已经通过盐进行了征税。**

通过这种隐形的征税手段，盐还起到了发票的作用！

最早将征盐税变成富国手段的是管仲，在他的统治下，齐桓公成了春秋首霸。

将征盐税发挥到登峰造极的，是汉武帝，这位皇帝的故事占据"强汉开疆"季一半的篇幅，太能折腾了。

我们来说一下魏国的盐。

魏国虽然不靠海，但在它的大本营河东之地，有好几块大盐池。河东之盐储量巨大，加工也方便，是当时中原内陆的最大产盐地，有着广阔的贸易市场。

当时的中原大地，提到盐，基本就两家：山东老齐家的海盐和中原老魏家的卤盐。所以，这两家是当时的经济双强，那五家都得靠边。

因为盐，就这么牛！

第三项重要资源——铁。

这个不用笔者详细解释，打仗你不能扛着棍子上去，种地你不能还拿石头生砍，铁天然就具有国防与民生的双重属性。

当时，魏国的中条山脉是我国冶铁的发源地之一，河东的铜矿资源在当时也名声在外。

高端的技术，丰富的储量，让魏国在农具、兵器上又天然地优于他国。

铁和盐一样，也容易被垄断，而且涨价你也不心疼，一把菜刀能用好多年，贵点儿就贵点儿吧。

盐与铁，因为其天然的刚需性与易垄断性和不起眼的征税效果，成了统治者的最爱。

后来，有一个劲爆的男人，靠着盐和铁将整个天下几乎榨成了没有一滴油水的粉末，并靠着它们取得了完胜。

通过他，"国企"第一次登上了历史舞台，从此再也没离开过。这个劲爆男子叫刘彻，后面有大篇幅讲述他的故事。

吃的、花的、用的，撑起了魏国当时强大的经济自信心。

制度好、有钱花，这还不足以说明魏国的强大，你要是看到了魏国那块地的地形，你就该明白为啥他是战国初期的老大了。

地理优势

魏国的国土比较复杂，分为河东、河西、河内、河外四块区域。

魏国的地图看上去并不大，但人家占据的都是"重要位置"。

在这里要科普一下，古代所说的"河"，基本上指的就是黄河。别的河要么叫水，要么叫江。母亲河嘛，"河"就成了专属词汇。

一条黄河，将魏国分成了四块地方。我们逐一来看。

河东地区的主体主要在今天山西南部的运城盆地，首都安邑坐落于此（今山西运城）。在之前我们说的经济优势中，盐铁之利主要得自此地。

魏国的军事地势也十分有利，东连上党地区，西面黄河天险，北面隔阻晋阳，南面直通中原咽喉，进可攻，退可守。春秋之时，河东地区便是晋国的政治、经济中心，后来成为魏国的大本营。

河西地区就是黄河左边和秦国接壤的那一块，分为南北两部，北部为上郡，即今天陕西延安地区；南部为渭水以北的少梁等地，即今天陕西韩城市。

这块地比较穷，是吴起主导打下来的。

虽然穷，但**河西之地的重要性在于，它让魏国独享了黄河之险。**

是以黄河为界还是把黄河作为自己的内河，这两者有着本质上的区别。

独占黄河，你的军事力量就可以随意穿插于两

扫码回复 4，即可查阅高清地图

第二战　马陵之战：战略方向错误导致的魏盛转衰

岸；而如果以黄河为界，在那个年代，人家如果把渡口一堵，要想前往对岸就只能望河兴叹了。

河内地区就是韩国右边的那一块地，包括今天的河南焦作、新乡、安阳，以及河北邯郸以南的临漳、魏县等地。

这块土地土壤肥沃，百姓文明程度较高，但地理位置着实险恶，周边与赵、齐、卫、郑、宋等国接壤，且无险可守，属于"四战之地"。

最终就是这块地，成了魏国有毒的蜜糖。

以上三块地区都不错，但真正算得上得魏国"地理优势之精华"的，是河外地区，也就是黄河南边的那一小块地方。这块地地方最小，却最重要。

因为它拥有着两道在后世一千年内都被称为华夏最重要的地理通道——豫西通道和豫北通道。

豫西通道从今天的华山、潼关向东，一条线经过洛阳，一直走到成皋（虎牢关），才进入无险可守的"四战之地"——豫东平原。

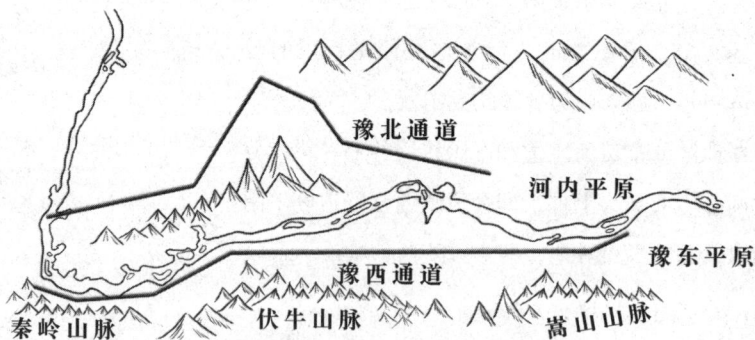

豫北通道由今天的陕西大荔，东渡黄河蒲坂津，沿中条山北麓东行，穿过太行山南麓与黄河北岸间的狭长走廊，进入河内平原。

豫西通道是黄河以南联通东西的最主要交通线，豫北通道是东西跨越太行山脉的最省力途径。

战国时期，主要国家的争夺地区基本上可分为关中、山西、河北、中原这四大板块。

这四大块地域，将在很长一段时间内左右着中华大地的兴衰。

而自古以来，能够连接起关中、山西、河北、中原这四大板块的关键交通线，基本上只有上面的这两条路线。

无论你多牛，想要东西两头来往，只能走豫西和豫北这两条道。为什么呢？

别的路不是不能走，而是你如果走的话，大概还没走到那儿，就饿死了，或者摔死了、淹死了，反正难得善终。

今天高速公路遍地，交通便利；而当年的路却难走得很，一旦遇到了山川大泽就基本断交了。几万人的部队，就更加无法走陡峭的道路。

我们总以为军队很牛，振臂一呼成千上万，大军一过寸草不生。

但实际上军队很脆弱，军粮、士气、疫病、阴雨等因素都会影响到战斗力。一个环节出问题，就有可能出现哗变或叛逃。

从古至今，行军途中的非战斗减员，通常是大于战斗减员的。

扫码回复 5，即可查阅高清地图

第二战 马陵之战：战略方向错误导致的魏盛转衰

贰：兵家必争之地

我们看现在的地图，各种各样的交通线基本上已经画满了，从 A 地到 B 地有好多种走法，而且开车快的话，一天一千多公里就出去了，从北京到西安，再到南京，基本上就一天的工夫。

但是，在两千多年前，可选择的交通方式却并不多。

我们中华大地看着非常大，但除了东北平原、华北平原、关中平原这三块平地以外，剩下的路况基本上就没有让人省心的。（长江中下游平原虽然也是平原，但水网纵横，路况同样是到了三国后才渐渐改善的。）

战国时代的主要战场基本就在华北平原与关中平原间展开，剩下的东北和南方还未走向历史舞台的中央。它们还有至少五百年的候场时间（跟孙悟空的刑期一样）。

这四个板块，是战国时代的主旋律。

此时的关键交通线，就是刚才我们所说的豫西、豫北两条通道。

秦国为了这两条关键通道打了上百年。

在华北平原的西面太行山脉拔地而起，然后整个山西地区就是千沟万壑状，南面的秦岭、伏牛山、嵩山连成一片。

关中平原的南面，秦岭巍峨耸立，飞鸟不过，再加上黄河恰到好处的一个大直角，**连接东西的主要道路，就只剩屈指可数的豫西、豫北这两条主干道了。**

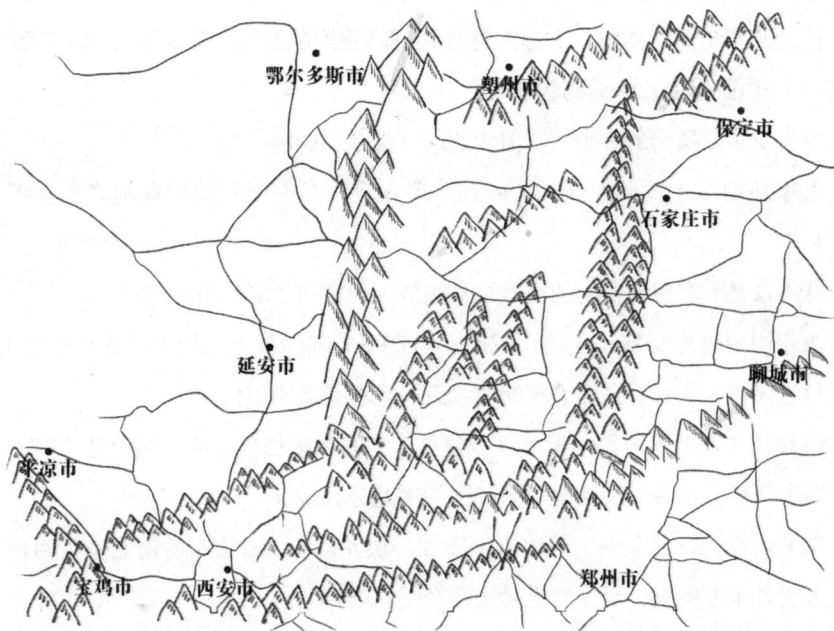

鄂尔多斯市　　　朔州市　　　　　　保定市

石家庄市

延安市　　　　　　　　　　　　　聊城市

平凉市

宝鸡市　　西安市　　　　　　　郑州市

这两条路最平整宽阔，阻碍最少，而且过三门峡后，可以借助黄河之力。

　　如果路狭窄颠簸，物资损耗就会严重，速度就会受影响，粮草与部队间就非常容易脱节。

　　有的地方看着很近，就隔着两座山，但望山跑死马，这两座山没一个月的时间你过得去？有时候看着很远，好几百里，但道路要是坦途，三五天也就赶到了。

　　在冷兵器时代，装备技术水平低下，机动作战能力很差，无论是攀越、徒涉、舟济，还是架桥，**山脉、河流的阻断对部队的行军与补给，都是非常大的难题。**

　　总之，路不好走，你的战略投放能力就会很弱。

　　如果通天大道宽又阔，大部队就可以顺利开进，粮草辎重也可以跟上队伍，这就非常容易达到每个统治者梦寐以求的效果——指哪儿打哪儿。

　　例如，陕西与山西间最大的天险，便是黄河。

　　黄河看起来很长，但不是哪里都可以作为渡口进行突破的。整个山西与陕西的黄河西线从天而降，力冲万钧，著名的壶口之险，更是飞鸟罕至。

　　黄河在禹门口（陕西韩城段黄河峡谷）开始猛出峡谷，一展数十里之宽，如海如潮，深浅莫测，自古至今就是军渡大忌。

在当时整个黄河西线，靠谱的适合大部队渡河的渡口，只有蒲津渡（陕西大荔县东），也就是豫北通道的起手式。

黄河虽然是我们的母亲河，但我们的"母亲"的脾气却一直不好。

大家还记得《黄河大合唱》吗？"风在吼！马在叫！黄河在咆哮！黄河在咆哮！"

这不仅是形容我们当时的民族抗日热情，而黄河也真的是在咆哮。

当年国力强弱悬殊，飞机、战舰、坦克齐上阵的日本人使出了吃奶的劲儿，也没打进陕西一步，就是因为黄河西线天险实在是名不虚传。

秦岭，这条山脉绵延一千五百多公里，它的巍峨伟岸致使一座山脉的南北两边是两种气候，秦岭—淮河也成为我国的南北分界线。

秦岭的面积，比关中、汉中俩平原加一块儿都大，自古秦岭南北就是两种气候，人类基本上不去，至今野生动物都在受它的益。

如果感兴趣，建议大家买一张我国的立体地图，看着那个立体的脉络，很多交通上的地理问题就迎刃而解了；再用手摸摸，你就能体会到秦岭是如何横断南北的。

被秦岭、黄河拱卫的关中平原，被称为"四塞之地"，意思就是有四个关隘，你把这四个关守住了，谁也进不来。它们分别是：萧关、散关、武关、函谷关。

这四关中最重要的一关，是被称为关中咽喉的函谷关。

函谷关西据高原，东临绝涧，南接秦岭，北塞黄河，是东去洛阳、西达长安的咽喉。古有诗云："天开函谷壮关中，万谷惊尘向北空""双峰高耸大河旁，自古函谷一战场"。

函谷关作为兵家必争之地，为战国第一雄关，没有之一。

函谷关在哪儿？

函谷关之秦关位于今天河南省灵宝市北十五公里处的王垛村，汉关距三门峡市约七十五公里，地处"长安古道"，紧靠黄河岸边。

函谷关位处洛阳至西安故道中间的崤山至潼关段，多在涧谷之中，深险如函，故称函谷。此关关城东西长七点五公里，关道仅容一车通行，"一夫当关，万夫莫开"，这句话最早就是从这里来的。

结合我们前面所说的秦岭与黄河，我们就会明白，天险是动不了脑筋的，如果你想从中原大地往东打，这块地方是必须攻克的难关；如果你想出关中逐鹿中原，这个地区也是你必须要面对的最大的一道坎儿。

这道函谷关，此时牢牢地掌握在魏国的手中。

不仅如此，豫西通道和豫北通道最值钱的西半段，此时也全在魏国手里。

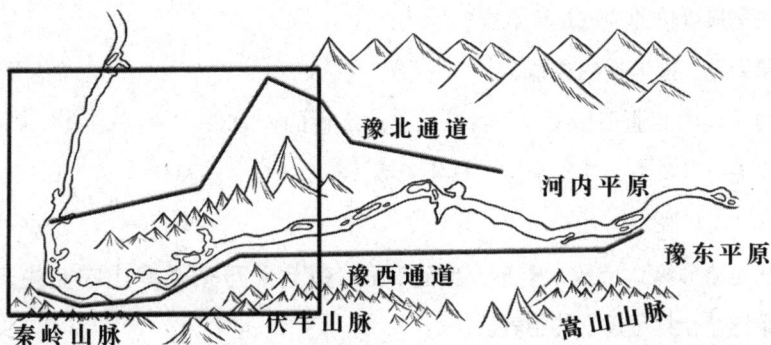

为啥这两条道最值钱的是西半段呢？

因为三门峡的黄河天险！

黄河的航道到了三门峡后，黄河水流突然九十度大转向，与此同时，还有鬼门岛、神门岛、人门岛之三岛突然出现。

黄河到了三门峡不仅水流湍急，而且鬼、神、人三门凶险，大船根本无法

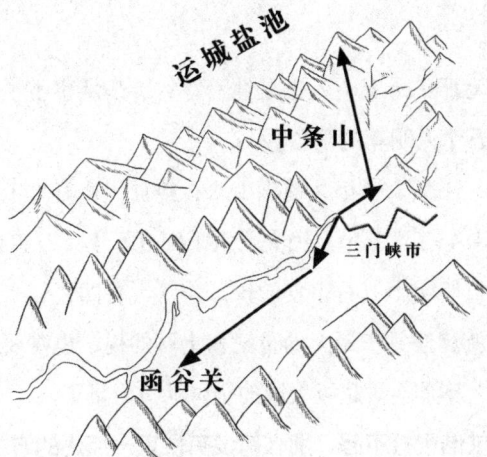

航行。

所以，如果自东向西入侵的话，水路走到三门峡就必须要上岸了。从北面上岸要走难走的中条山，从南面登陆就要面对不远处的超级天险函谷关。

并不是说少了一条水路之后，就必须与函谷关的陆地要塞死磕，才显得这条路重要。

而是你将失去一个成本极低的运粮方式。

战争最可怕的地方是什么呢？

是后勤，是运粮的成本。

同时代的专业书籍《孙子兵法》是这么说的："凡兴师十万，出征千里，百姓之费，公家之奉，日费千金，内外骚动，怠于道路，不得操事者，七十万家。"

什么意思呢？

就是给你算了个数，**十万人出征千里，有七十万家要停止农业生产来专门供给这个士兵征途上的给养。**

当时的一户人家均有五口人，也就是十万人出征，需要三百五十万人运粮。为什么会有这么大的成本呢？

因为运粮的人和牲畜在路上也要吃饭，还要准备好返程的口粮。

打个比方，一个民夫推小推车装五百斤粮食，他自己去的时候吃二百四十斤粮食，到了前线只能交二十斤粮食，因为他返程的时候还要再吃二百四十斤粮食。为了供养前线这二十斤粮食，好好的四百八十斤粮食就这么被吃了。所以，一个民夫能送到前线的粮草是极其有限的，三十五个运粮的民夫，才能供得起一个前线士兵的粮食。

这还没完，因为那三十五个人也是纯亏空的，是从事不了耕作的，**还需要再有人来供养这三十五个人明年的粮食。**

前面我们算过，一个人一年大约吃十八石粮食，粗略算十万人出征，一年的总成本是（十万战士＋三百五十万民夫）六千四百八十万石粮食。

按照一户人家每年交十五石粮食的税，需要再有四百三十二万户，才能供养这十万士兵打仗；就算按每年最大的量征六十石的税，也需要一百零八万户。这个动员水平，基本上算是当时超级大国的全国动员力量了。

所以，这样的仗谁也打不起，那么有没有便宜一点儿的方式呢？

有，水路！

例如，后面秦国自巴蜀沿江而下打楚国，日行三百余里（下水而浮，一日行三百余里），一船装五十人和供养这五十人的三月之粮（舫船载卒，一舫载五十人，与三月之粮）。

水路运输解决了运粮最大的四个问题：

第一个问题，船不吃饭。 船不像民夫和牛马一样需要消耗粮食。

第二个问题，船装得多。 一艘船大约是一百头牛的运输量。

第三个问题，船速度快。 顺水是陆运的十倍，逆水是陆运的二点五倍。

第四个问题，船损耗低。 一艘船只要不触礁，就能一直跑下去；一辆车要是推百里，就会损坏十分之七。

后面我们讲到所有的战争，都需要考虑到水路运输线。

黄河的中下游作为交通输血管道，相对来说还是比较靠谱的。但是，**自黄河往西走到三门峡后，水路就再也走不动了。**

只能上岸从陆路往前走，一百里外就是战国第一雄关函谷关。而函谷关由于"一夫当关，万夫莫开"，所以这个关口放很少的士兵，就能堵死这个缺口。就按一万人来守函谷关计算，每年就需要消耗十八万石粮食。

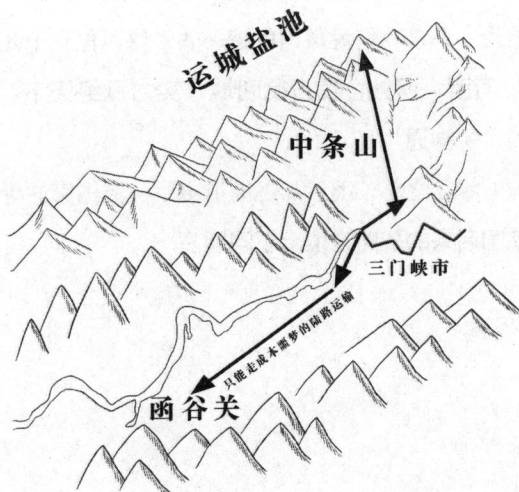

运城盐池

中条山

三门峡市

只能走成本极高的陆路运输

函谷关

这只需要当地一点二万户百姓交税就可以养活，**因为没有运输距离的消耗，就地可以取粮。**

但是，想打下一万人守卫的函谷关，保守估计需要十万人。

单算这十万人自三门峡到函谷关的一百里运粮成本，就算只按千里运粮的二十分之一成本来算，也需要二十五万户来进行供养。

守方和攻方的成本达到了一比二十！

所以，后来秦国为啥凭借函谷关傲视关东六国那么多年呢？

因为函谷关不仅天险难打，别的国家也根本打不起这个仗！

秦国只需要很少的一点儿兵力就能够起到防御的作用，人家在不打仗的年份就可以实现全员大生产，盈余的粮食逐渐增多，生孩子、养战士的速度也快，国力的差距就这么一点点儿地出来了。

因为三门峡的存在，豫西、豫北两段要道的战略优势就全部属于魏国。换句话说，魏国不仅基本不担心东面诸国入侵自己的河东、河西、河外三块国土，还能轻松地打开关中的大门，使八百里秦川门户洞开。后来，秦国拼了命也要占据崤函地区，原因就在于此。

这块地区，最开始就是魏国牢牢占据的。秦国最有名的函谷关，其实早先是人家魏国的。

此时的秦国，像是脖子被人系了一根绳索，随时有断气的可能，真的是大气也不敢喘，相当难受。开篇我们说秦国龟缩一隅，原因也在于此。

河东、河内、河西、河外，魏占此四地，实力冠绝天下，地形塞天下之咽喉，是真真正正的"中神通"。

但这个"战国七雄"之首，随后却逐渐退出了一流国家的行列。

原因在于，魏国后来的战略定位出了问题。

叁：一步错，步步错

魏国的政治、军事、经济、地理的四个优势，再加上魏文侯、魏武侯两代统治者励精图治，把魏国经营得蒸蒸日上，成为战国初期的第一大国。

不过，仅仅几十年后，传到魏惠王时，这个强大的政权却迅速地衰败了。具有诸多优势的魏国没有打好手中的好牌，这是为什么呢？

有的说法是魏国没有和周边的邻居搞好关系，导致诸多国家联合来对付他；有的说法是魏国连年征战、穷兵黩武导致国力虚耗；有的说法是魏国马陵大败后，让秦国钻了空子，尽失河西之地。

说法有很多种，但都不是根本原因。

真正的原因，在于没有一个明白人来帮魏国写一篇《隆中对》。

魏国从一开始，战略方向就错了。

魏国的梦想一直是逐鹿中原，所以它的眼光始终瞄准着中原之地。

魏国的战略方向一直在瞄准河内地区，对左边的河西、河外、河东地区却并没有下大功夫。为什么？

因为河内地区拓展的成本低、收益高。

河内地区属于中原，有四大好处：

第一，土壤肥沃丰饶，粮食产量高。

第二，地势平坦，便于部队投放。

第三，中原当时的国家大多是一些中小诸侯，力量不强，用兵损失较少，收益却较大。

第四，这块地方自古是中华之正统，中华民族的发祥地，政治上的意义也比

较高。

在经济、成本与政治的三料美味下，魏国终究没有能够扛得住诱惑。

魏国自"三家分晋"后，除了早期在吴起的建议下向西开拓，后面一直用武的地方，基本都放在了中原，**也就是在地形中最差劲的河内之地。**

河内之地本来只是魏国最小的一块领土，但在魏国君臣一代代的耕耘下，渐渐成为最大的一块。

这一片经济强区好是好，但问题就在于谁都知道它好。

追"女神"的你们一定得想好了，**除非你有比"女神"高一个数量级的护城河优势**，否则还是尽量离"女神"远些吧，活得轻松点儿吧。

魏国的河内地区被齐、楚、韩、赵四大国包围，还有卫、宋等小国，标准的"四战之地"。

最可怕的是，这片地方无险可守，打下来容易，但谁打你同样也是长驱直入。

没有项羽、曹操那样的武力做保障，古往今来在中原地区建立的政权就没有能站住脚的。

这块"蛋糕"虽然美味，但却有毒，咽下去之后，每年还要花大量的成本去"解毒"，这就糟糕了。

在西边，你在函谷关放上万的人，就能将秦国堵得死活喘不上气来，同时**根本不用担心东面的任何一个国家过来威胁你。你可以踏踏实实地运用河东地区的经济、土地优势，配合河西、河外地区的地理优势，不断用兵关中地区。**

在东边，中原的"四战之地"，魏国投入举国军力，却仍然力不从心、风声鹤唳。

中原地区不仅没有天险可以依赖，而且水路众多，**人家进攻方的成本比你防守方的高不了多少。**扔一万人就能堵死一个方向的好买卖再也没有了！就算十万人防守都捉襟见肘。

此时，这两者的成本完全不可同日而语。

后面，我们要讲的两场导致魏国国力衰弱的大战，全都是在这个战略背景下走向失败的。

历史给了魏国一个很好的机会，它的战略投放角度如果放在西边的关中平原，中国的历史也许就将彻底改写。

再来看一下关中的地形吧，有几条咽喉要道，中间是一片大平原。关中地区肯定比中原那些小国难啃，但只要你打下来，它的收益就会源源不断地体现出来。

第一，关中平原的耕地质量虽然比不上中原地区，但它面积巨大，是提供粮草的战略大后方。

第二，维护成本低。关中又称"四塞之地"，萧关、散关、武关、函谷关，这四个关占住了，外面的势力就休想伸进手来。尤其豫西、豫北两条要道都在魏国手上，关东诸侯也根本冲不进来。

人家秦国后面就是这么节省成本，一代一代赢下来的。

之所以说历史给了魏国一个很好的机会，在于此时占据关中平原的秦国，其实是很有可能被拿下的。

秦国有三个可伐的原因：

第一，魏国控有崤函、河西之地，秦国无险可守。

第二，秦国此时的统治集团内部斗争激烈，政局不稳，频频出现废立国君的动乱。

第三，秦在外交上处于孤立状态。华夏诸侯多持鄙视它的态度；此时秦国又与传统盟友楚国关系冷淡，楚国当时也在中原投入大量兵力，无力援助秦国。

如果当时魏国能够一鼓作气地将战略眼光从东转向西的话，历史会是怎样的走向，真就另当别论了。

秦国的独特地势以及关中的黄土地在等来一个人后，**开始展现出它的巨大战争能量，**这片鞭笞天下的神奇土地成了魏国最心碎的一次错过。

天予不取，必受其咎。战略错了，无论多少次战术的成功，都无法予以弥补。

后来，魏国在中原大地上一路狂奔，开拓的土地超过了河东本土，整个魏国的政治中心也逐渐向中原地区转移。直到名将庞涓遇到被他弄瘸了的师兄孙膑。

魏文侯是个明白人，就是创造"四个优势"的那位，与韩、赵这老三晋的关系处得一直不错。所以，文侯时代，在攻略中原的时候成本就控制得特别低，因为没有后顾之忧。

不过，他不在了以后，他的儿子魏武侯就没那么明白了。

魏武侯很不明智地把宝押在了赵国的王储之争上，他只看到了收益，却没有估算到赌输了之后付出的代价。

竞争对手赵敬侯在上位后开始找魏国的麻烦，赵、魏两家之间出现裂痕，而且越来越大。

如是因，如是果，魏武侯卒了以后就遭了报应，他的两个儿子也在争王位上大打出手。赵国趁魏国内乱，联合韩国将魏国打了个大败，并将魏国首都安邑围了起来，准备将魏国一分两半，然后扶植这俩儿子一人一半，搞一个"东魏"，一个"西魏"。

没想到的是，后来的魏惠王出人意料地拿下了争权的兄弟俩，迅速统一了魏国政坛，挫败了韩、赵的阴谋。

转过年来，魏惠王报仇于韩、赵，一败赵于浊阳，再败韩于马陵，算是出了一口恶气。

又过了几年，韩、赵两家又卷土重来，但这次又被魏国击败（魏国实力是真强）。

魏惠王主政了十多年，一直没怎么过过踏实的日子。当年他爷爷的战略后果开始显现时，他突然觉得四面八方都是敌人，虽然总是打胜仗，但国力却一天天越来越衰落。他决定再也不能这样活！

他锁定了一个目标，准备倾国讨伐，毕其功于一役，这个目标就是积怨多年的赵国。

为了消灭赵国，他分别找了韩昭侯、秦孝公、齐威王，在进行充分的沟通后，三方分别对于不帮偏手这一问题达成了共识，共同承诺："只看架，不帮架。"

魏惠王在取得外交承诺后，开始兴兵伐赵，直逼赵国国都邯郸。邯郸在魏国的大兵猛攻下岌岌可危，赵国开始四处求援。

"没有永远的朋友，只有永恒的利益。"

二千二百年之后，英国首相帕默斯顿轻描淡写而又振聋发聩地说出了这句外交史上的至理名言。

魏惠王以为自己搞定了其他三家大佬，但其实有一位大佬，根本就没拿自己的承诺当回事。

"你俩要是互咬一嘴毛，那随便咬，你都快把他咬死了哪行？我得拉偏手去！"齐威王看到赵国要断气后，决定伸出援手。

齐国这个国家很有意思，从"经济大师"管仲富国强兵之后，坐拥鱼盐之利，背靠大海拥有地利，它一直是战国政坛上的重要力量。

最神奇的是，这个国家比英国人提出"大陆均势"早了两千年，它提出了春秋战国版的"中原均势"，即"中原地域不能出现一个强大的政权威胁我的统治"。

从这点上就可以理解，为什么齐国会与魏国反目而救赵国。

战争只是战略的延伸，齐国就是一个在战略上非常拎得清的国家。

齐军出发后，用军师孙膑的计策，不发兵赵地，而是攻打魏国的陪都、河内重镇——大梁。

这是中国战争史上的第一次"攻敌所必救"，也就是著名的"围魏救赵"。

"围魏救赵"的名头挺响，但实际上孙膑的计策并没有起到多大的作用。因为齐国在出兵大梁的时候，赵国那边的邯郸守将已经投降了，赵国并没有得救。

主将庞涓拿下了赵国第一大城，按说该得胜还朝了，此时他只要回防大梁，就什么事都不会发生。但是，当得知齐军中有被他害惨的一个人后，他被愤怒冲昏了头脑。这个人，是被他害过的师兄孙膑。

他害了人家，他还愤怒？这段情仇还得展开说。

第二战　马陵之战：战略方向错误导致的魏盛转衰

肆：魏盛转衰的关键性之战

庞涓与孙膑本是同门师兄弟，师从鬼谷子，庞涓先是在魏国当了大官，开始时念着同门情谊，便推荐孙膑同仕魏国。不过，后来庞涓发现孙膑比他的本事大，悲剧就开场了。他并没有"管鲍之交"那样的胸襟，而是做局陷害了孙膑。

他先是派人诬告孙膑谋反，然后又在魏王那里苦苦求情。魏王最后饶了孙膑，但挖掉了孙膑的膝盖骨。

庞涓假惺惺的原因是希望孙膑能为自己默写出老师鬼谷子的《兵法》。因为那篇《兵法》，鬼谷子并没有传给他。

孙膑开始挺感动的，但在写了一半后，突然想明白了是怎么回事，开始装疯卖傻，甚至吃屎喝尿，并瞅准了机会，在一个齐国客卿的帮助下逃回了祖国。

对面的人不死，庞涓干的这些缺德事就会被越来越多的人知道，而且都是同门师兄弟，凭什么你的本事比我大？！庞涓没有丝毫的愧疚之情，他所想的只是尽快弄死他的这位师兄。

庞涓的心态其实为我们敲响了警钟。

当一个人害了你，你可以原谅他，但是一定要从此远离他。

因为施暴者往往最为仇视受害人，受害人会时刻提醒他们自己有多丑陋。不要相信良心会被发现。

良心被拷打后，最直接的反应往往是怒火中烧、一了百了。

齐军知道庞涓回军后，将部队退至本国境内的桂陵，选定阳晋道上的有利地形，居高临下，以逸待劳。

孙膑知道，庞涓一定会来。

魏军在驰援百里后，庞涓没有回军大梁，而是不顾士卒疲累，选择进入齐地与齐军主力决战。

用《孙子兵法》中的一句话来说就是——**"不知战之地，不知战之时"**。战场的主动权一直是被齐军掌握，庞涓不知进退，在桂陵被师兄打个大败而归。

此战最大的意义在于，它打破了魏国不可战胜的神话。

此时的魏国，已经几十年未逢一败了。桂陵之战后，魏强独大的局面开始出现松动，韩国在当年就征伐了一直被魏保护的周天子，从而扩大了地盘。

两年后，魏国的河西重镇固阳又被秦国拿下。韩国这时又启用了名相申不害，国势渐强。

此时，魏国渐渐地感到了来自南方韩国的威胁，魏惠王又坐不住了。

魏惠王决定灭掉韩国，打通河东地区与河内地区之间的通道。

中间的韩国就如同一个三居室的客厅一样，将魏国的这两个卧室给隔开了。

魏惠王又做了如下的国际准备，先是将桂陵之战夺来的邯郸还给了赵国，并与赵成侯会盟于漳水之上；然后又与秦孝公会盟于彤（今长安附近），你攻我固阳的事我也不追究了，咱们携手共同开创美好明天吧。

这次魏惠王没有找齐国，他知道齐威王不靠谱。

按理来说，这个战略确实没错，不过他又忘了在大梁做准备了。

桂陵之战的十三年后，魏兵伐韩，直攻韩都（今新郑），欲灭其国。韩侯想到了十三年前的那段往事，他知道该找谁张嘴，当年老赵家就是找的齐国，遂也

扫码回复6，即可查阅高清地图

第二战　马陵之战：战略方向错误导致的魏盛转衰

遣使求救于齐。

齐国还是"中原均势"的老思路，齐威王召开出兵前的作战会议时就一再强调："不能让韩国亡，韩国被魏国吞并后魏惠王就该上天了，马上发兵营救！"

就在这时，孙膑站出来，说："先等等。"

接着，孙膑发表了一番高明的见解："救是要救的，但不能现在去救。魏国这番是奔着灭国去的，举全国精锐，气焰很是嚣张。现在，我们过去，魏军一定调头先跟我们开干，我们也不一定打得过魏军。我们应该让韩、魏先打，待魏军兵疲师老后，我们再出兵相助。"

"中原均势"的国家的政治家都比较成熟，成本论最有市场。齐国高层一致同意了这个方案，并派出密使前往韩国，表示"你一定要挺住，我们正叫人呢，小弟太多召集起来得费点儿功夫，咱跟老魏家拼了"。

韩国在得到齐国的承诺后，决定不与魏国谈和，竭尽举国之力抗魏。

韩国虽然玩了命，但实力上的巨大差距不是拼命就能解决的。韩、魏随后的五场大战，韩国都一败涂地，眼看就要被灭国了。韩国一咬牙一跺脚，决定承诺今后举国听命于齐国，当齐国的小弟，再次遣使求救："大哥你再不来，我就死了。"

眼看火候差不多了，齐出兵伐魏，像上次一样，又一次兵锋直指大梁，围魏救韩。

魏惠王很愤怒，又是齐国！他很不冷静地放弃了韩地的优势成果，举全国之兵调头伐齐，以太子申为上将军，庞涓为将，准备与齐决一死战。上次是庞涓的脑子进水了，这回领导的脑子也进水了。

齐国在向大梁前进，听到了魏王举全国之兵志在决战的消息，孙膑再一次展现出了他冷静的头脑，提出了建议："他们三晋之兵悍勇，向来看不起我们齐国士兵，认为我们是胆小鬼。我们应该因势利导，向后撤退，骄魏军之气，诱魏军深入。"

还是同样的配方，还是同样的味道。孙膑再次选择了诱惑庞涓，但这一次他的手法更高明，他运用了"减灶法"。

所谓"减灶法"，即今天埋锅造饭用十万灶，明天用五万灶，后天用两万灶。背后散发出的信号是：庞涓啊，齐国人尿了，都跑了，连吃饭的人都没了，再不往前追就都跑没了，你什么都逮不着了。

庞涓看到了他师兄的信号后，又上钩了。

永远不要被情绪左右自己的头脑，永远也不要得罪了解你的人。

魏惠王如果没有被情绪左右，他就应该分兵驻守大梁，一口气吞掉已经奄奄一息的韩国，至少不要下达与齐国决战的命令。

庞涓如果没有被情绪左右，他就应该仔细地分辨出减灶后巨大的反差中透出的阴谋。

了解你的人最知道你是怎么回事，你的种种弱点在他的面前暴露无遗。

庞涓的自大让他弃舍步军，尽起骑兵精锐，日夜兼程地追击齐军。孙膑则在马陵，为这位师弟和他的魏军精锐选好了坟场。

马陵在今天山东省莘县马陵村，有山陵、涧谷，很是深峻，而且道路狭长，多有阻碍。

孙膑在此选了一万多善射者夹道埋伏，并将一大树砍白，上书：庞涓死于此树下。他还设定暗号，日暮见大树下火举，万弩齐发。

庞涓所率兵追至马陵，见道旁大树砍白处有字，点亮火烛准备看。在一片昏暗中，火的光亮成为齐军总攻的信号。

高高的山坡下，万弩齐发，魏军大乱，自相践踏。

大败亏输的庞涓拔剑自刎。齐军携胜势追击，遇到魏国太子申后面所率的步军，再次大败之，还俘虏了这位魏国太子。

孙膑此战是一整套组合拳战术。不直捣大梁，就不能让庞涓回兵；不后退示弱，就不能在马陵设伏；不减灶骄敌，就不能使庞涓骄而冒进。三者联合如环，环环相扣，此战也成就了孙膑的千古之名。

魏之大败，败于庞涓之骄，败于惠王之怒；更深一层次，败于数十年前的"西拒东进"的战略方针。

东边的中原之地，标准的"庙小妖风大，池浅王八多"，竞争太厉害，一片大红海。

西边的关中之地，除了秦国，压根儿就没竞争对手，而且秦国连防盗门都没有，破门随便端，你说你早干什么去了。

马陵之战，虽然战方是魏国与齐国，但实际却是秦国与中原大地关系的历史转折点。

此战之后，"魏武卒"精锐尽失，魏国国力大衰。

秦、齐、赵三国于次年共同伐魏，魏尽失河西之地、崤函之固。

秦国自此终于挣脱了一直系在脖子上的锁链，囊括了河西、关中全域，并将函谷关牢牢攥在了自己的手中，渐成高屋建瓴之势。

东方关隘已破，猛虎已出牢笼。

自此之后，三晋失去了崤函地区这个掩护中原最有力的武器。

中原遂日以防秦人侵为事，一百二十余年后，皆亡于秦。祸之始，马陵之战也。

《孙子兵法》有云：主不可怒而兴师，将不可愠而致战。

两千多年前的魏惠王与庞涓用血的教训再次书写了这句话，不可不做警示啊！

魏国自此役后，江河日下，历史的主动权转交给了另一个国家。

一个当初本与魏国不可同日而语的国家，而这个国家之所以改变命运，得益于魏国为它送去了一个可怕的人才。

这个人的种种政令，彻底改变了中华民族的历史走向，甚至有的政令沿用至今。

这个人的名字叫商鞅。

商鞅变法：
秦并天下的战争机器，开动了

壹：孝公求贤

历史是少数人书写的，还是多数人书写的？

这是一个哲学问题，或者这个问题可以这么说，创造历史的是滚滚向前的人民洪流呢，还是极少数的人中之灵呢？

永远要肯定，并首先要承认的是：历史永远是人民书写的。

不过更要明白，**历史的进程极少数人亦功不可没。**

两周八百年，战国时代相互绞杀了近三百年，主战场的中原豪强群起，文化武功灿烂非凡，但最终的胜利者却是前面六百多年几乎没人搭理、没人看得上的秦国。

这其实很出乎人们的意料。

人们后来进行过各种分析，有的说秦国那块地好，"四塞之国"，关中大粮仓；有的说秦国占天时、地利，西北是乾卦；也有的说秦国老百姓基因猛，天生就是战士；等等。这些都是原因之一。

但秦国最终一统天下，是和一个人密不可分的。

秦国得到了这个人，真的可以说是"得一人而兴邦"。

而这个人，却并非本国英才。

当时的秦国，属于文化荒漠，本土的人才质量水平比较低。但幸运的是，秦国终于等来了自己的那颗星。

魏惠王忧心忡忡地去见一个人，因为他的宰相公叔痤快不行了。

赶至相府，魏惠王看到公叔痤奄奄一息，悲从中来："人夭寿有命，谁能不死，但你过早地离开我和人民，以后国家大事我和谁磋商？"

公叔痤说："咱们的缘分就到这儿了，有什么事儿下辈子再说吧。不过，您的苦恼我替您忧愁过，我的随从官公孙鞅年纪虽轻，却胸有奇才，可替我帮您治理天下。"

魏惠王有点儿蒙，安排人也没有这样明目张胆的呀！你应该在现有班子成员中给我推荐一个嘛！哪儿跟哪儿啊，你就让我相信一个既不认识，又地位卑贱的小年轻，他懂得治理国家？就因为是你的跟班？

不过，老公叔为魏国做了一辈子贡献了，临终安排点儿事儿也不能硬驳其面子，魏惠王有些为难。

老宰相一辈子阅人无数，他已经从惠王的表情中读懂了含义。当惠王还在沉吟时，公叔痤请退了惠王身边的随从，对他说："大王如果不打算用他，请马上杀掉他，此人若投敌国，他日必成魏国大患。"

魏惠王更蒙了，觉得老宰相真是病糊涂了，刚让我用公孙鞅，又让我杀他，这是什么情况？于是他支吾了几句，便起身告辞。

魏惠王走后，老宰相马上找来了公孙鞅。

老公叔用尽最后的几口气说："对不起，小鞅，我是国家宰相，国事为重，刚才我向国君推荐你，但国君没反应，所以我劝国君杀了你，怕你将来去了他国危害我邦，现在先公后私，我劝你快跑吧。"

公孙鞅笑道："他不肯听您的话用我，又怎么会听您的话杀我呢？"

这句话暴露出了公孙鞅还是年轻，你怎么知道最后一句话惠王没听进去？国君杀个人还得表现出来？连流氓当久了都可能是绅士，何况一国之主呢！再说，万一两边都拎得清的宰相告诉你逃跑后，再次以国事为重让惠王派人追杀你呢？

在已经有迹可循的生死关头迅速采取行动，是每一个优秀政治家的必备素质。
高手都是通过蛛丝马迹得出判断且迅速行动的。

由此看，公孙鞅尚需历练。

不过，稚嫩的公孙鞅很幸运，或者说命不该绝，上天注定要让他演完他的剧本，魏国没有人在意他的这条命。公孙鞅在魏国又碰了一年运气，连饭都快没得吃了。

树挪死，人挪活，饥饿的公孙鞅来到了秦国，见到了据说是对人才很饥渴的秦孝公。

为啥说秦孝公风传对人才很饥渴？

因为前两年，在他刚刚继位之时便颁布了一道求贤令。

大意如下：从前我祖宗穆公（"春秋五霸"之一）时，往东边痛打了晋国，将国境推到了黄河，往西边赶走了比我们文化还低的戎狄。当年东边的诸侯们都很拿我们当回事，承认我们的水平，那时的关中大地多么美好呀！后来，这几位继任者不是很给祖宗争脸，国家内忧外患，东边的魏国夺去了我们的河西之地，实在是愧对先祖。我爸爸即位后，迁都整军，欲恢复穆公时期的荣光，无奈创业未半而先王崩殂，他过早地离开了秦国人民。一想到我那伟大父亲的大志向，我就痛心疾首，睡不着。现在，谁能够有奇计妙策来强我大秦者，寡人有重赏！多好的地咱都舍得分出去！

这道《求贤令》，几乎成为秦国最后的呐喊了，因为拿在秦孝公手中的这副牌确实够烂的。

也不能怪秦孝公郁闷，国家一直强大不起来，东边的所有战略要冲都是魏国的，整个东线无险可守，魏国随随便便就能推进来，卧榻之侧一群强人酣睡。而且最关键的是，众多诸侯全都瞧不上它。

经过几位先王的"努力"，秦国此时已经成为二流国家了，很多高级别的国际峰会，中原各诸侯都不带它玩。

秦孝公是一个有尊严的人，从他的《求贤令》中也看得出来，他一直在提他那位有出息的祖宗秦穆公，他想重振家业。你们再开国际峰会不能不带我玩！

上天往往眷顾有志气的人，给秦孝公派来了魏国的落魄知识分子兼不安定因素公孙鞅。

秦孝公和公孙鞅这对改变历史的组合，终于会面了。

不过一开始，公孙鞅让秦孝公很不满意。

秦孝公觉得你们魏国的知识分子也就这点儿本事，因为头两次见面，公孙鞅说了一堆仁政、德政的场面话，孝公很不感兴趣。什么仁政、德政！你们魏国再往西推，就到我们家门口了！我要的是立竿见影！

摸准了秦孝公脉的公孙鞅回去改了PPT，第三次上来就给秦孝公镇住了，他提出了一个叫作"霸道"的大框架行政方案。

总结起来，就是他要搞改革，而且是大破大立、牛气冲天的大手笔！

你不是想恢复祖宗的荣光吗？有胆子跟我来吗？

秦孝公很开心：我要的就是这种毁灭一切的风情。公孙鞅扔出了蓝图后，秦孝公很满意这个方案，于是拿出来打算听听百官的意见。

毫无悬念的，公孙鞅的"霸道"方案一登场，就像往茅坑里丢了一颗炸弹，分量十足，百官骚然。

几乎所有人都揪住了把大家恶心坏了的公孙鞅，各种声讨，"霸道"更是被斥为胡说八道。

但公孙鞅却在征求意见会后，私下给秦孝公打了一针强心剂。

下面的谈话值得我们背下来，将来肯定得到。

他是这么说的：

就寻常人而言，他们的能力只能看到眼下的事儿，面对伟大的突破时，他们一上来不可能热心投入。（**先是说明庸人们的眼界有局限。**）

他们会有闲言碎语，他们会冷嘲热讽。可是等丰硕成果显现后，他们又会欢天喜地地第一个冲上去"摘桃"。（**人性丑陋，人们的意见是不值得当回事的。**）

真正品格高贵的人，绝对不会随波逐流；建立不世功业的人，绝不会征求每一个人的意见。（**牛人自己得有主意。**）

只要能使国家富强受益，不一定要遵循传统。（**痛打旧势力的脸。**）

普通人只习惯于他们的那种生活方式，所谓的专家们的建议往往局限性很大，这两种人，让他们在具体职位上处理刻板事务是上选，但千万不能跟他们讨论大政方针。（**庸人懒惰，书生误国。**）

平凡人实践执行，贤明人变法改革，智慧人指出方向。（**您智慧，我贤明，剩下都一帮完蛋玩意儿。**）

这一通说下来，秦孝公下定了决心：谁说也没用了，就你了，你看着来吧！

贰：商鞅可怕的逻辑链条

公孙鞅没有让秦孝公失望，他大刀阔斧地开展了他的改革——史称"商鞅变法"。（他后来被封到商地，所以又叫商鞅。）

来看一下商鞅的逻辑链条吧：

划分成分。

商鞅说，有五种人是"坏分子"，完全属于国家的蛀虫，这种人多了国家就完了。

第一种，那些空谈游说的人多了，老百姓们就容易被引导得爱瞎逛、喜欢胡说八道，从而轻蔑君主。（事《诗》《书》谈说之士，则民游而轻其君。）

第二种，那些隐逸江湖、貌似很高深的人多了，老百姓们就会被引导得疏远君主，还爱妄议国家大政方针。（事处士，则民远而非其上。）

第三种，那些好勇斗狠的人多了，老百姓们就会被引导得天天争强好胜，不拿官府的话当回事。（事勇士，则民竞而轻其禁。）

第四种，那些有手艺的人多了，老百姓的心就飘了，还爱满世界迁徙干买卖去。（技艺之士用，则民剽而易徙。）

第五种，做买卖的人多了，他们有钱又有闲，就会成立自己的社团去影响君主的决策。（商贾之士佚且利，则民缘而议其上。）

这五种人多了，田地就荒了，咱们国家就完了。为什么这么说呢？

因为爱胡说的人靠的是他那张嘴；貌似很高深的人靠的是他那颗心；爱斗狠的人凭的是自己的激素；手艺人靠的是自己的那双巧手；商人靠的是他的脑子和资本。

这五种人都有一个特点：**可以靠自己生存。**所以，你作为统治者根本抓不住这五种人！

这五种人**安身立命的资本能够随身携带，所以人家四海为家，满世界乱窜，稍微不顺心，人家就移民了；这帮人多了，连尧舜都治不好。**（故天下一宅，而圜身资。民资重于身，而偏托势于外。挟重资，归偏家，尧、舜之所难也。）

这五种人**不仅您逮不着、控制不了，他们还会像病毒一样把您能控制的人也发展成他们这样的。**

对于统治者来讲，什么最重要呢？

一个是农，一个是兵。

农要在地上种植，兵要靠国家组织，这俩是您可以抓得住的。

但是，现在因为那五种"坏分子"，弄得老百姓们都不想种地、打仗了。

现在这个风气太坏了，人人都在张着大嘴博富贵，往低买高卖的方向去经商，从事农耕的人越来越少，辛辛苦苦地耕作反而养着这帮社会的蛀虫。

螟虫春生秋死，每次一闹灾，老百姓都要好几年没饭吃，现在却一个人种地供一百人吃饭，这帮蛀虫比真的害虫对国家的危害还要大啊！（今夫螟、螣、蚼蠋春生秋死，一出而民数年不食，今一人耕而百人食之，此其为螟、螣、蚼蠋亦大矣。）

像《诗》《书》这种书，就算每乡一捆、每家一本，对治理国家也一点儿用处都没有！（虽有《诗》《书》，乡一束，家一员，犹无益于治也。）

听我的吧，消灭那五种人，把所有人都变成农民吧！

如果一百人从事耕作，一个人闲着，这个国家就能称霸天下；十个人从事农耕，一个人闲着，这个国家就会强大；有一半人从事农耕，有一半人闲着，这个国家就危险了。（百人农、一人居者王；十人农、一人居者强；半农半居者危。）

专注务农有四大好处：

第一个好处，老百姓专心务农就朴实，朴实就方便被奴役。（归心于农，则民朴而可正也，纷纷则易使也。）

第二个好处，专心务农的老百姓就踏实诚信，就能被动员去帮你守城作战。（信可以守战也。）

第三个好处，专心务农，就不会有什么欺诈之事儿，因为没什么可骗的，就会把土地看得比天大，您就能随时随地抓到他们。（壹则少诈而重居。）

第四个好处，专心务农就方便进行明确、规范的赏罚，方便随时调动，帮您去别的国家打仗。（壹则可以赏罚进也，壹则可以外用也。）

老百姓要是看到信口开河就可以有工作，看到投机倒把就可以发财，看到经商就能够糊口，那他们肯定不去辛苦种地，谁不愿意来钱快、干活儿少啊！（见言谈游士事君之可以尊身也、商贾之可以富家也、技艺之足以口也。民见此三者之便且利也，则必避农。）

老百姓不种地，就爱满世界乱窜，你就逮不着他；你逮不着他，就没办法让他帮你守城和打仗。（**则民轻其居，轻其居，则必不为上守战也。**）

作为君主，怎么能让百姓们过他们想要的生活呢，怎么能让他们轻松地过日子呢？

在百姓的一生中，没有比干农活更苦的了，所以"轻制"是不能奴役他们的。（民之内事，莫苦于农，**故轻治不可以使之。**）

什么叫轻治呢？就是农民穷，商人富；粮食贱，金子值钱。

不禁止商业和手工业，永远会让百姓们眼红，因为种田最辛苦，还获利少。（末事不禁，则技巧之人利，而游食者众之谓也，故农之用力最苦，而赢利少，不如商贾、技巧之人。）

那怎么让这帮把老百姓们变成"农奴"的"坏分子"变少呢？

重税嘛！重税下让他们觉得还不如去种粮食，不就完了嘛！（不农之征必多，市利之租必重，食贵，籴食不利，而又加重征，则民不得无去其商贾、技巧而事地利矣。）

这样人不就都回到种地上了嘛！（故民之力尽在于地利矣。）

您不就能逮着他们了嘛！

那么问题来了，怎么保证让境内所有的待宰羔羊全都乖乖地回去种地呢？

法律！严刑峻法！不听话就弄死他！

您得加重刑罚，慎用赏赐。

对于胆小的人，使用刑罚来让他们参与作战，断了他们的退路；对于勇敢的人，使用奖赏的办法，他们就会不怕死了。

而且，经过我的测算是有比例的：

称王天下的国家 90% 的刑罚，10% 的赏赐。（王者刑九赏一。）

强大的国家 70% 的刑罚，30% 的赏赐。（强国刑七赏三。）

弱国的刑罚和赏赐一般各 50%。（削国刑五赏五。）

而且，不光刑罚多就行了，咱还得刑罚狠呢！

必须得是小罪重刑，弄得他们一点儿错都不敢犯，这国家才能强大。（行刑重轻，刑去事成，国强。）

重罪重罚，轻罪轻罚，这种刑罚老百姓永远都会犯错，这国家就完蛋了。（重重而轻轻，刑至事生，国削。）

光重刑罚一个人就够了吗？那怎么成！

必须株连他们的父母、妻子、儿女，这样老百姓就彻底不敢犯法了。（罪死不赦，刑及三族，重刑，连其罪，则民不敢试。）

所以说像砍头、砍脚、脸上刺字，这哪里是伤害民众啊，而是疼爱他们，防止他们犯罪啊！（夫先王之禁，刺杀，断人之足，黥人之面，非求伤民也，以禁奸止过也。）

我不想做什么评价，所以列出了些原文，希望那些梦回大秦、偶像是商鞅的朋友，可以设身处地地品品这个"伟大"的人。不要总大义凛然地用两千年前百姓的苦难血泪慷慨，问自己一个问题：这事儿要是搁你的身上，你还觉不觉得商鞅伟大？

我们再来回顾一下商鞅的逻辑链条：

第一，先划成分，明确敌人。这五种人是国家的败类，必须要消灭。

第二，明确中心，什么是最重要。一个是农，一个是战。老百姓都去种地，你就控制得住他们，随后就能征调他们去帮你扩大土地和保卫政权。

第三，怎样消灭那五种人，并且让老百姓乖乖地给你当"农奴"呢？严刑峻法，然后时不时地给个枣吃。比例都给你算出来了，打九棒子给一个枣。

第四，什么叫重刑呢？就是打击力度必须得狠，最轻是砍脚；然后打击面积要广，必须把三族给牵连进来。

总之，让百姓的犯错成本无限扩大化，这样才好奴役他们。

在这个链条下，商鞅开始了富国强兵的改革，针对变法做了很多事。但细致总结后，基本可以归为两大类，一个是土改，一个是军改。

叁：土改，自分封，到郡县

先说土改。

土改的第一件事是，所有的领土不再分封。

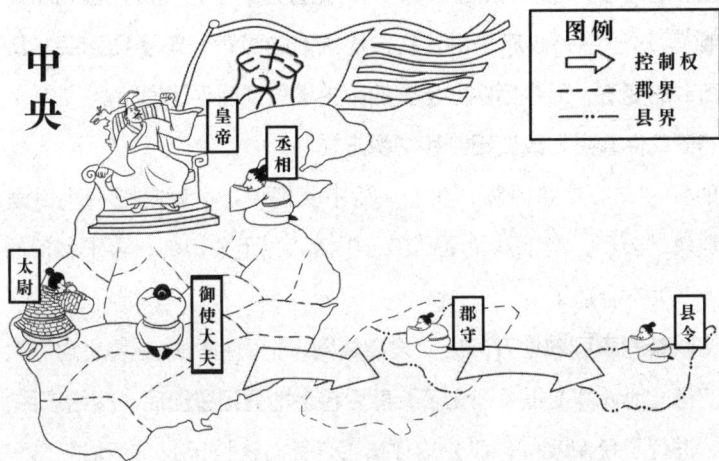

中央

图例

⇒ 控制权
---- 郡界
—— 县界

皇帝

丞相

太尉

御史大夫

郡守

县令

现在我们有些历史老师将先秦到清末这段时期的制度统称为封建制度，这其实是不准确的。因为在公孙鞅大刀阔斧的改革后，封建制度就渐渐土崩瓦解了，取而代之的是绵延了两千多年的郡县制。

早就没有封邦建国了，土地都变成了国家直属，你是地方官，而不再是地方王。

商鞅将整个秦国的领土划分为三十一个县，每个地方设立了县令与县丞官职。这种变化在于过去领主们统领一切，而今后没有领主们的事儿了。

领主们最多对自己封国内的财产有话语权，人事权就别再想了。

现在人都是国家的了。现管变成县长了，而县长们只能管理百姓，领国家的工资，百姓们被征税的对象、服役权的服务对象统一变为国家，跟领主不再有关系了。而且，今后攻下的新领土通通直接设立为新的郡县，国家直接派县官上任。

这样就直接导致了过去的领主变为了地主，过去有武装力量的一个个小帮派变为一个个包租婆。

还记得之前我们说过周朝的分封制度最大的弊端，以及后来天下打成一团的原因是什么吗？就是因为我小弟的小弟不是我的小弟。

郡县制完美地修补了这个漏洞，今后的所有人力资源全部成为国家的了。分封制改郡县制后，变成了：在我的地盘，你就听中央的，只要是个人，就是我的小弟。

这一改变，意义极其深远，深刻地影响了今后两千多年的中国历史、政治格局。

这一制度历经了两千多年的风风雨雨，充分证明了它的成熟性和稳定性。所谓"郡县制"，对于中央政府来讲，它方便统治的吸管一竿子插到底。从更深层次上讲，商鞅的变法，为今后中国历史的中央集权制铺平了道路。

土改的第二件事是，改变田制和纳税方式。

过去的普遍方法是井田制，在上一战中我们说过，就是把一块田画成九宫格，中间那块是公田，剩下八块是私田，干活儿先干公田的，再干私田的。这样对于统治者就太不合适了。

商鞅将所有的秦国农地开阡陌，设道路网，把农村分成一块块均等大小的土地，这就使得土地计算变得可视化了，**然后将土地登记造册后，授给农民。**

随后，进行了税制改革，我分给你田了，针对这块田我每年估算出一个收获量，你要给我交多少粮食、交多少草料。你多种少种我不管，自负盈亏。（入顷刍稿，以其受田之数，无垦不垦，顷入刍三石、稿二石。）

到了日子不交粮，按照大秦的律法就要砍脚。**所以就倒逼着所有农民拼了命地干活儿。**

土地造册，分授农民，将老百姓都控制到土地上之后，商鞅进行了划时代的高科技改革。

肆：户籍制度，谁都别想跑

这个制度太牛了，**就是用这个制度，将整个国家的家底彻底算明白了。**

户籍不仅对秦国人口进行了普查，而且商鞅还做了进一步的限定，**到岁数必须分户单过，限制人们随便旅游，出村要看路条，不许私人开旅馆。**

此时，秦国的天空飘扬着五个字：谁都别想跑！

商鞅将秦国的政权结构设计为了郡、县、乡、亭、里、什伍的金字塔结构。

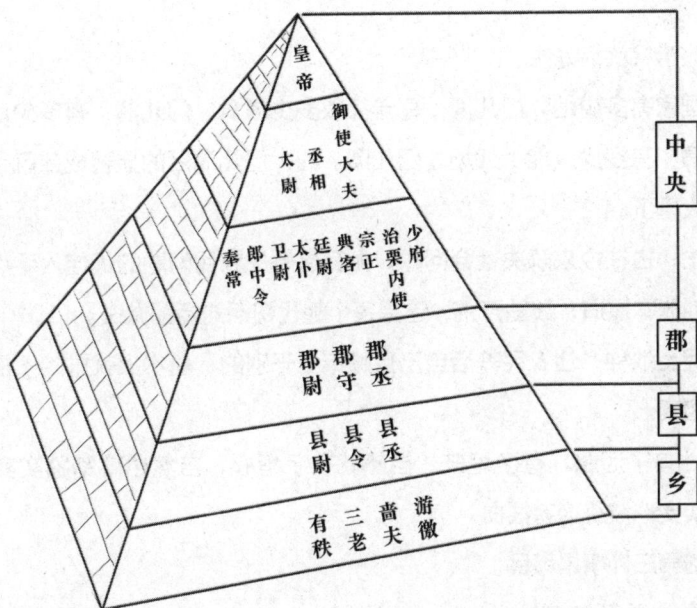

教科书中只讲到乡一级，咱们说些更基层的，上面的这些高级建筑在后面刘邦入咸阳时会系统讲。

五家为一伍，领导是伍长；十家为一什，领导是什长；百家为一里，领导是里长；十里为一亭，领导是亭长；十亭为一乡，领导是乡长；十乡为一县，领导是县令或县长（万户为令，小于万户为长）；十县为一郡，领导是郡守。

上面都是主管领导，领导的身边还有一堆副手。

县有丞、尉、斗食、佐史等吏；乡有秩、啬夫（负责司法和赋税）、游徼（辖区治安）；亭有求盗（负责治安）、亭父（负责后勤）各一人。

上述岗位下面还有各种细分，**总之层层负责、层层落实，哪一个环节出了问题就一条线地追查下去，然后严刑峻法！**

商鞅的户籍改革产生了什么伟大意义呢？

从此，秦国有了一套国家操作系统。

之前，土地在士大夫们手上，打仗修水利，找谁要钱都费劲，不光钱要不上来，最可恨的是，**谁家有多少家底儿，国君都不清楚。**

国家危难之时，国君最忧的就是能动员上来多少力量去平这件事？找谁去动员？

现在改革后就都方便了。

整个国家有多少地，门儿清；每年都收多少粮食，门儿清；有多少户人口耕种，门儿清；有多少人能上战场，门儿清。四大门儿清后的显著成效就是可以集中力量办大事了。

实际上，古往今来解决社会问题，尤其是解决农民问题的最佳入手点就是土地。将土地账本厘清，鼓励开荒，这是每个朝代初期的标配做法。

给农民土地种，让农民养活自己且顾不上干别的，基本上就排除了最大的社会不安定因素。

老百姓有了活路，有了恒产，自然就有了恒心，自然也就踏踏实实地当顺民，老老实实地被统治者抽血。

土改的第三件事是移民。

这件事做得很有大局观。当时，秦国人口密度最高的地区，不是现在北、上、广、深，而是以现在的河南地区为中心画圆，半径涵盖山西、河北、山东、江苏的土地，而且越靠近河南，人口密度就越高。

秦国以东的人口要比西边的人口多很多。看到东边的地不够种，而西边的地却都荒着，商鞅大笔一挥，对西部进行大开发。都给我移民！跑得快的有地种，谁种了就归谁。

秦国的广大底层人民沸腾了，大量的无产者因此踏上了西进的道路。而且，秦国不光搞国内分流，还在国际上招徕非法移民。

由于韩、赵、魏地处中原，且开发较早，所以人口底子好，地少人多。秦国瞄准这一点大肆宣传，鼓励非法偷渡，只要来了就给地、给优惠政策，从而大量的三晋公民变成了"西大荒"的建设者。

这事儿商鞅是怎么和领导沟通的呢？

凡是各诸侯国来归附的人，您应该立刻免除他们三代的徭役和赋税，让他们不用参战；如果他们去咱们国内的那些岭坡、土山、沼泽的地方去开荒，不仅没有徭役，还十年不收税。

咱们招徕三晋的人专门给咱进行生产，咱们再派咱本国的士兵去攻打他们的国家，咱们春天包围他们的农田，夏天吃他们的存粮，秋天抢他们的麦子，冬天挖他们藏的粮食，靠武力夺他们的国土，以郡县政策巩固他们的后裔，简直太美好了。（王以此春围其农，夏食其食，秋取其刈，冬陈其宝，以大武摇其本，以广文安其嗣。）

这种精明到了极致的人只要一现世，天下必然将掀起腥风血雨！

土改的最后一件事是统一度量标准。

这个有必要单独说吗？很有必要。

统一度量有两个重点应用：**利于征税、废除货币。**

过去的度量标准有很多种，比如张村是碗，李村是锅，王村是瓶，这在征税时就很不方便。每个村都得解释，每个村都得换算，特别费劲，不符合商鞅又急又暴力的性格。

商鞅再次粗暴地定标准，都给我统一！我看谁再跟我说废话！

商鞅对货币始终抱有敌视的态度，用他的话说："金生而粟死，粟死而金生。"

在他的眼里，这两种东西是有你没我的状态，老百姓们干上买卖就不好好种地，满脑子小算计，没法糊弄。

商鞅在统一度量后废除了秦国的货币，百姓间的交换变成了以物易物，经济发展一朝回到了之前。但不得不说，**这种政策确实能在短时间内聚集国力，让人民变为没有选择的农民。**

废封改县、土地授田、荒地移民、统一度量，商鞅用这四招系统性的全方位组合拳，将秦国由一瓶五百毫升的矿泉水变成了一瓶二点五升的大可乐，并为统治者匹配了**户籍制度和各层官吏**这个一插到底的大吸管，随吸随有。

伍：军改，全民皆兵的杀戮机器

接下来的军改，将完美地和土改契合成为一个整体，将秦国打造成了一个杀戮机器。

军改的第一件事：**明确赏罚标准，进行爵位奖励，设计二十级军爵制。这二十级军爵的获取手段极具排他性，晋级方法只有一个：杀敌。**

今后在战场上，每杀一个人，就拿脑袋回来领赏，除了脑袋什么也不认，每砍一个敌首，升一级。这就是"首级"一词的由来。

今后再立了军功，有地、有奴隶、有赏赐，而且非常好量化，也不糊弄人，拿脑袋来就有赏。所以，今后秦国人再上战场，看见敌人根本就顾不上害怕，光剩兴奋了。你的脑袋就是我的宝贝，今天高低宰了你。

爵位不好获得，只有上战场这一条途径，任凭你过去是什么贵族，全都不好使。此时，谁的胳膊粗能砍脑袋，谁就是老大。

这样一来，固有的利益集团被极大地削弱了。贵族大佬们传了好多辈的爵位，到这时非得让人家去砍人，你又不是不知道人家砍不动人。所以，贵族大佬们都恨死了商鞅。

军爵制度的开创，抹平了贱民与贵族的差距，谁都可以通过砍人来改变命运。"万般皆下品，唯有砍人高。"

通过拼命得来的爵位，还可以享有以下好处：

第一，你将来如果犯事了，爵位可以抵罪。

第二，国家的住房、衣服，都有分级，不是有钱就能享受的，你还得有资格。

想刷存在感、想穿好衣服、想住大房子，必须拿军功来换，再没有第二条路能够满足你的虚荣心。

而且，商鞅想得很远，**爵位不可世袭**，这非常好地解决了几十年后的军功集团问题。

例如，魏国的"魏武卒"，刚刚组建后战力惊人，逮谁灭谁。但几十年后，"魏武卒"变成了"魏武大爷"，这群高待遇的老士兵和他们的家族反而成了国家的巨大负担。

不过，商鞅还是加了一个晋级爵位的小补丁：**虽然你自然死亡爵位就没了，但是如果你战死沙场，就不一样了！只要死在战场上，你的儿子就可以继承你的爵位。**

什么意思呢？

就是逼着你在战场上不怕死啊。

这一增补条款更加激发了秦军的视死如归精神，我砍死你，我就赚了；我要是被你砍死了，我的儿子还能继承我的待遇，将来接着砍你和你的儿子。

一般大战之后，全军要把所获敌人的首级示众三天并加以核实。三天公示无误后，按功赏士兵爵位和待遇。县里的地方官员如果三天后没有落实奖励登记，他就会被撤职、判重刑。

秦国领导人坚决保证将士们的**利益不受损，兵役制度被延伸到了更广泛的地区、更底层的民众之中。**

国家的军备力量瞬间被扩大，并都摆在了纸面上。

有多少人，能用多少人，后备力量多少人，统治者一目了然。在那个时代，统治者心中有数绝对是最大的军事优势。

军改的第二件事：明确了具体的兵役制度。男子的年龄到了二十岁，国家就得给分地，让他种三年。三年后，他就应该攒出一年的粮食了，然后二十三岁时带着人和粮食为国家服役去。

正规服役期为两年，第一年上前线打仗，第二年当宫廷的卫士。服役期满后，如果你还活着，退回乡里恢复良民身份；有特殊事情时再进行征调，征调也会规定期限进行轮调，不会只可着你这一只羊薅羊毛。

如果这一大通折腾下来，你居然很幸运地活到了五十六岁，那么你就再也不用害怕国家的兵役制度了。

估计商鞅搞过人口普查，他知道秦国人普遍都活不过五十五岁。

军改的第三件事：连坐制度。

军制中，五人为一伍，一人逃跑，其余四个人都要受刑，想不受刑就得拿一颗首级来免罪。每五人设有"屯长"，一百人设有一"将"，屯长和将打仗必须得玩命，拿不到敌军的脑袋回来就得死；但是如果将官战死了，手下人也要受刑，这又逼着手下这帮当兵的去玩命保护自己的长官。万一长官实在没保住，没关系，还有最后一条路，接着杀敌，回来拿着敌军的脑袋就能免罪了。

商鞅这脑瓜子真是绝了！

秦国攻城时最吓人，很多小分队，每队分十八人陷阵兵，最先冲上去的记头功，最后上去的记末等功，有两次末等功就完蛋了。

每个陷阵分队如果能斩得敌人五颗首级，这个队的每个士兵就获得爵位一级；如果腿肚子软了、尿了，就在千人围观下遭受脸上刺字的侮辱。

在日常生活中，各地也严格落实连坐制度，将五家编为一伍，采取连坐法。对于反政府的行为，告密者记视同取得首级一个的功劳；藏奸者，五家一同连坐。

藏奸者的下场很惨，最惨的死法叫"五马分尸"。在当时，每个村的老百姓几乎都被这种死法震慑过，不过天道好轮回，最后商鞅自己也感受了一把。

私自斗殴者也会遭到严厉的刑罚，惩罚程度保证你下次再看见本国人民只会拥抱。

商鞅的思维是，要打架到国外打去，你们都是农民，都要给我老老实实地种地，激素去战场或卧室里释放，要么给我杀敌，要么给我生娃，谁敢打架就办谁！

土改与军改让秦国百姓变成了只有两种人：农民与军人。前者富国，后者强兵。

在商鞅看来，人人种地，粮食就多；粮食多，养活的人就越多；养活的人越多，种地的和打仗的人就越多；打仗的人越多，抢的地就越多；地越多，粮食就越多……周而复始。

他有一个著名的论调：要让所有的国民始终处于贫困线上，最好家里根本没有多余的粮食。

民愚则易控，民智则国乱。

让他们每天傻乎乎地光顾着干活儿，这样最好统治。

这种极端的功利主义变法，将秦国变成了杀戮机器，也为今后中国古代历代政权的重农抑商，以及政权对商业的蔑视和制度打压的风气，开了个非常不好的头。

陆：叹息的结局

在商鞅变法后，秦国强大了，而且不是小强，是大强。看一下战果吧。

秦孝公四年（公元前 358 年），败韩军于西山（山西商南县以北）。

秦孝公八年（公元前 354 年），占领魏国少梁（陕西韩城西南），打韩国占领安陵、山氏，插入魏韩交界地带。

秦孝公十年（公元前 352 年），围魏旧都安邑。

秦孝公十一年（公元前 351 年），占领魏国西北国境最重要的战略据点——固阳（陕西米脂）。同年，修建武关（"关中四塞"之一），为秦楚间必经咽喉。

秦孝公十九年（公元前 343 年），周王国四十一任周显王封秦孝公为"西部封国盟约长"，一扫当年被斥不得会盟之耻。

商鞅不光下马能管民，上马还可以治军，他曾多次带队伍上前线征伐。孝公十年围安邑、十一年西拔固阳等精彩战例，就是出自他手。

总体来说，商鞅这人是个全才，但对于这个人的评价维度应该更丰富一些。

太史公司马迁在给他作传的时候是这么评价他的：

商鞅这个人天性刻薄。（商君，其天资刻薄人也。）

商鞅这个人没有什么感情、寡恩。（商君之少恩矣。）

我读过他的著作，结合他的为人，发现他最后在秦国臭大街不是没有原因的。（余尝读商君开塞耕战书，与其人行事相类。卒受恶名于秦，有以也夫！）

这些算是很客气的评论了，并非说他变法这件事，而是说他的为人。

有才无德一直是他一生的背书与脚注。

无论是对待百姓、对待同仁，还是对待敌人，极端的结果主义导致他为了达

到目的，对待每一个人、每一件事都无所不用其极。

举个例子，他人生中的最后一场大胜仗，就是他卑劣人格体现的集大成者。

秦孝公二十二年（公元前 340 年），商鞅伐魏。

前一年，魏国刚刚经历马陵大败，商鞅建议孝公：趁它病，要它命，打劫要趁早。

孝公觉得很对，遂同意发兵，商鞅是总司令。魏国派出的将领，是魏国公子卬。

商鞅和公子卬是好朋友，两人在魏国时曾经在老宰相公叔痤那里共过事。商鞅觉得曾经的这份同仁之情可以利用，于是派人送去了一封信。信上大意是：从前在魏国时，我们是好朋友，如今我们却成了敌对的两军统帅。虽然我奉的是国君的严令，但我的内心却极不愿意打这场仗，希望我们能进行谈判，用和平手段解决两国的问题，然后举杯痛饮，各自班师，你说这样多好。

魏国公子卬如果仔细想想这几年魏国西边的领土都是谁挑头抢走的，就知道商鞅这小子没有什么好心眼儿，而且大兵都派出来了，不打出点儿成绩，砍点儿脑袋回家，秦国的将士们也不干啊。不过，这位魏公子却没有想那么多，还是决定去。

因为战国时期，虽然已经礼崩乐坏了，**但整个社会对于信义的重视程度仍然很强。**

当时一个人的信义是等同于生命的，一个大人物说过的话是不用立字据的，一口唾沫一个钉，没有谁拿信义开玩笑。

虽然兵不厌诈，但却从没有人拿自己的名誉当儿戏。你在战场上怎么无所不用其极都行，但是从未有任何一个人为了获得胜利，敢在外交文书上骗人的。

不过，商鞅无所谓，在他那里什么东西都可以是儿戏；他是个没有底线的家伙，在他的眼里什么都可以利用。

魏国公子卬去了以后两人把酒言欢，指天互誓为兄弟之国。在酒会上，商鞅伏兵突起，控制住了魏公子。然后，秦国的特种兵混入了回国的魏公子队伍中，商鞅再让大军掩后。

魏国守将看到自家人回来，没有防备。随后，秦国特种兵开始大开杀戒，魏军大乱。秦大军随即冲杀，魏军大败。

魏惠王得到消息后，肝胆俱裂，尽割河西七百里土地求和，并悔恨自己当初不听老宰相之言。谁知道这个商鞅的破坏力这么大啊！可惜没有如果，谁让当年你没用这个人或者没杀这个人呢。

自此黄河天险，秦、魏两国共享。商鞅因战功，受封于商地，又号商君，公孙鞅变成了商鞅。

说一下改名字这事儿，其实最早改姓这事并不算是什么大事儿，往往为了显示自己的封地或者官位，就把名字改了。例如，公孙鞅改名为商鞅，马家的姓就是赵奢的赵姓改过去的。后来，姓就不能随意改动了，祖宗给的哪能说改就改！人再改姓基本上就是为了避难躲仇了。

姓不能动了，于是一些混成功的人物就开始在姓后面加上老家，表示他代表了自己的家乡，比如张居正叫"张江陵"，李鸿章叫"李合肥"。

有句话叫作"不是不报，时候未到"。

商鞅这个大地主还没高兴几年，他的大限马上就到了，因为他失去了存在的意义。

他之所以能满世界得罪人，能干掉任何与他意见不合的人，在于他身后的秦孝公。这个人是他存在的真正意义。

秦孝公二十四年（公元前 338 年），孝公逝世，秦惠王上台。新秦王的老师们被商鞅割掉过鼻子，全秦国的贵族旧势力们全都被商鞅得罪过，几乎是同仇敌忾般地想要弄死他。

新领导刚刚上位，就发布了全国通缉商鞅的命令。商鞅开始逃亡。

他最开始逃亡到魏国。他阴了人家的太子，侵占了人家上千里的土地，他居然还好意思去。魏惠王恨死了他，不给他签证盖章，拒绝他进入国境。

他在逃亡的路途中无法住旅店，因为他当年设置的法律规定，没有文件不得住店。他的亡命天涯之路处处被自己当年的所作所为打脸。

最终万般无奈下，他逃往自己的封地商地，然后被干掉。

他太招人恨了，所以他被"五马分尸"了。

一个有才华的、有主张的、有执行力的、刻薄寡恩之人，结束了他的表演。

看看太史公对他的评价吧：

商君，其天资刻薄人也。迹其欲干孝公以帝王术，挟持浮说，非其质矣。且所因由嬖臣，及得用，刑公子虔，欺魏将印，不师赵良之言，亦足发明商君之少恩矣。余尝读商君开塞耕战书，与其人行事相类。卒受恶名于秦，有以也夫！

柒：为什么只有商鞅成功了？

商鞅的变法，在秦国取得了空前的成功。但我们要从更深层次看，为什么商鞅的变法会成功？或者说，商鞅变法为什么会在秦国获得成功？

之前，我们提过李悝的变法，他的变法在魏国取得了一定的效果，帮助魏国成为战国初期霸主。不过，后来吴起在逃离魏国后（被宫廷政治陷害），在楚国也依样画葫芦般搞了变法，**但都仅仅是短时间内使国力得到了有限的提高，而且随着时间的流逝，变法的效果也越来越有限。**

只有商鞅的变法像轰隆隆开动了的战争机器，根本就停不下来。

有人说商鞅的变法坚决，李悝的变法不坚决。

有人说商鞅的变法敢于得罪人，李悝的变法不敢得罪人，一直在既得利益周围绕圈子。

例如，商鞅和李悝都说了废除世袭制度，但却只有商鞅坚定地执行了军爵制度。

例如，两种变法都强调了废"井田"改"授田"，但实际上只有秦国真正做到了"耕者有其田"。

例如，两个人都在军事改革上花费了大力气，但魏国仅仅在短期内培养出了"魏武卒"，后期还渐渐成了税收乏力的大难题；而商鞅却成功地将统治者自己欲望的杀伐兼并，变成了一场人民战争。

是两人在执行力上有差距吗？对，这是个很重要的原因。

但执行力不是根本原因，从春秋至战国，好几百年间，如此多的名相为什么都没有做到过如此成功彻底的变革呢？

要知道，自商鞅变法起，直到中华人民共和国的成立，才再次出现了如此翻天覆地的从上层到中层再到底层的全社会性质的体制与法律的改变，剩下的大多要么胎死腹中，要么过早夭折，如王莽的变法、王安石的变法。有些**看似成功的变法往往也仅仅是微调**，如张居正的变法，根本问题是无人敢触碰的，敢动的都死了。

改天换地改革的，只有商鞅和社会主义中国做到了。

细分析后，只能说这是**在诸多凑巧中的一系列因缘际会**。

例如，当时的商鞅，赶上了想出息的秦孝公，这点很重要。

每一次改革都有一个最重要的前提——领导人欲求变，而且不是三天热度，而是发自内心的，这点就往往是过上几十年乃至上百年才能碰上的机会。

例如，秦孝公遇到的商鞅，**如此的政务型天才**，既能提出与当时情况相适应的纲领，又有执行力，这种人才往往也是几十年才出一个。

不过更重要的在于，**当时的秦国很落后，这恰恰是变法能够成功的关键**。

为什么落后者反而能成功呢？**因为阻力少。**

由于中原各国发展得较早，国家内部经过数百年的耕耘，早已形成了盘根错节的利益集团，即便经过了艰难的合并与整合，统治者往往还是难以将资源统一集中起来。你变的每一项法，动的都是别人的利益，你挡人家的财路，人家就该断你的生路了。

用现在的话讲，当时的中原各国，是一片片"大红海"。

但秦国因为起步晚，而且一直被其他国家当作蛮夷，经济、文化各方面的发展都比较落后，**所以国内的利益关系更为简单，没有什么根深蒂固的利益集团，这也是商鞅的铁腕行动可以进行到底的一个原因。**

商鞅之所以能顺利地进行铁腕行动，在于秦孝公在后面能站得住台。而秦孝公能站得住台，本身也在于能够威胁到他的利益群体并不多，所以他还可以镇得住。

也可以说，**秦国在变法前，就具有成为专制国家的基本条件。**

例如，实行军爵制，之前的贵族世袭说不算数就不算数了；再如，向西边移民，说移就移了。

说到底，还是因为秦国地多。国家之所以能够大批量地派官员下郡县去当官，是因为原本那个地方就没有被分封出去。

这样看来，秦国一切成功的根源，在于它原本的落后。

"先胖不算胖"似乎是个永恒的历史命题，最后在乱世中出手清盘的人，往往就是那个开始时并不起眼的人，如刘邦、司马懿、朱元璋、多尔衮。

秦国因为独特的历史机遇，开启了兼并六国的开关。

在孝公一朝，秦国兼并河西之地，与魏国共享黄河天险，占据崤函之地，筑函谷关、武关，自此控天下之咽喉。进则东出楚、魏，可入中原；退则据关河之险，足以自固。

秦统一中国之基，就此奠定！后世秦王奋六世之余烈，振长策而御宇内，执敲扑而鞭笞天下。功业种种，始于商鞅变法。

但万物皆有其道，让你得到一切的变法，最终也会让你失去一切，二世而亡。

第三战 商鞅变法：秦并天下的战争机器，开动了

『合纵』与『连横』：
诸子百家走四方的美好时代

壹：苏秦讲师成功骗来了第一轮 "天使投资"

话说商鞅被车裂后，秦惠王恨他归恨他，但很理智，他将商鞅的一系列方针、政策继续沿用。

因为他发现商鞅打造的这台杀戮机器太好用了，短短二十年，秦国从被看不起的西戎小国到被周天子官方封为西部大总管，这种感觉太美妙了。一码归一码的处理方法，显示出了秦惠王的政治水平。

政治，是一种需要极高理性的游戏，还是马陵之战中形容齐国的那句话：没有永远的朋友，只有永远的利益。

上一秒还把酒言欢，利益变化后马上翻脸；昨天还帮你、救你，今天却联合别人坑你、害你。碰到这种情况时，千万不要情绪化，你只需要微微一笑。

因为这种情况，其实是当时政治中一个最基本的玩法——利益至上。

当时，最重要的一个游戏规则就是：我要不断地壮大，哪怕壮大不了，越活越抽抽，我也要永远留在牌桌上。只要还留在这个桌子上，我就总归还有机会。

像 "永远做朋友" 之类的话，可以随便说说，但不要当真。

这并非缺乏道德或无信无义，而是当时的游戏逻辑就是这样的。政治的逻辑在于在各个利益体中去斡旋，做到政治正确、利益最大化，需要有极大的理性，不要听他怎么说，而是要看他怎么做。

秦惠王就是一个很称职的政治家，商鞅的这一套变法好用，就一定不能人亡政息。恨死你归恨死你，但一定还是要坚决地贯彻这套制度。

不过太恨了，还是会产生愤怒的情绪。这也正常，毕竟秦惠王也是人。有些人就因为这份迁怒而失去表现的机会，比如这位远道而来、踌躇满志的辩论奇才苏秦讲师。

苏秦是洛阳人，真真正正地活在天子脚下，师从鬼谷子，钻研的是国际游说专业。

在这里介绍一下他的老师，即战国时代著名导师——鬼谷子先生。

鬼谷子据说叫王诩，还有一种说法他叫王禅，籍贯也有很多种说法，在此不表，因为隐居于清溪鬼谷，所以自称鬼谷先生。

这位鬼谷先生传说有通天彻地之能，而且他不光自己很牛，还开班立说带徒弟，主要传授"四大专业"。

第一专业是数学。不要误会，这跟算数没关系，古代的"数"普遍指那些无法描述的东西，课程大致是天文、地理、星象预测。

第二专业是兵学。三韬六略，布阵行兵，鬼神难测。

第三专业是言学。明理审视，出词吐辩，万口莫当。

第四专业是出世。修身养性，服食导引，平地飞升。

这位鬼谷主就好像金庸笔下的黄老邪，没有什么是他不会的。据说鬼谷导师的门下弟子有：商鞅、孙膑、庞涓、苏秦、张仪、白起、李牧、王翦、乐毅、李斯……

徒弟名单跨越百年，而且当时有点儿名堂的似乎都自称是他的徒弟。

这些是真实的吗？这个笔者也说不准，因为不可考。但笔者倾向于不靠谱，因为哪怕他有这么大的本事，但他有这么长的寿命吗？不过，人家可是教平地飞升的，活几百年也是有可能的。

也有人说"鬼谷子"不是指一个人，而只是一个称谓，就好比"罗马教皇"，是一代代传承的，大称谓不变。

我们姑且听听吧，鬼谷子是啥人不重要，但他带的这帮徒弟倒是挺猛的。这位苏秦讲师据说就是从鬼谷子的"言学班"毕业的，据说他一张嘴"万口莫辩"，对方瞬间被洗脑，谁来也不好使。

说的挺热闹，但他的人生首次亮相却是失败的，秦惠王直接就把他否了。

其实，他很精心地设计了一套战略方案，他对秦惠王说："秦国现在是个强国，地理优势明显，而且属于事业的上升期，但南面有一大片美丽的土地，巴、蜀是天然的大粮仓，大王岂有意乎？"

他的这篇《咸阳对》和诸葛亮的《隆中对》都将矛头指向了当时中原混战的诸侯们所忽略的天府之国——四川。

事实上，后期秦国确实先将巴、蜀二地拿下，才迈开吞并中原的脚步。但眼下，秦惠王因为对商鞅的余怒未消，看见外国来的说客就来气，直接就把苏秦怼了：鸟儿的羽毛还没有丰满，不能腾空翱翔！政教还没有正轨，不能兼并天下！慢走不送！

苏秦很郁闷，他渡过了黄河，来到了赵国。

没关系，好的销售人员永远有适销对路的方法，销售者最牛的地方就在于他们永远能编出一套"梦想方案"。

但是，他的第二次"梦想创业"，又失败了。

这回更惨，他连正主都没见着。赵国领导人赵肃侯的弟弟赵成是当时的丞相，同样看他不爽。说的都是什么玩意儿，信口胡说！赶紧走人！

苏秦只能再次奔走，寻找机会。

好在当时国家有很多，这次苏秦决定调整方略，"第一桶金"一定要找准突破点。

秦、赵都是大国，不好糊弄，尤其我现在还是个无名小卒，我还是先找一个小市场杀进去，比如说"世界的尽头"。

于是，苏秦北上，来到了燕国，当时中华文明的最北边。

燕国在当时由于地处偏远，远离中原，也属于边缘之国，无论是国力还是军事，各方面的水平和其他大国相比，都上不得台面。但就是这么个小市场，还是让现实和苏秦的预想差得很远。

苏秦在燕国一等就是一年多，根本没机会见到投资人。但一年多后，苏秦的机会终于来了，他见到了燕国领导人燕文公。

对于小国的统治者而言，要提醒他身边有一群大老虎。

苏秦是这么说的："虽然燕国地域幅员两千余里，部队几十万人，战车六百辆，战马六千匹，储存的粮食可以支持好几年，但您知道，咱们还算不上一个强国，和诸强相比差距还很大，对吧？

"您的这块地方一直被他人垂涎，但燕国却很少发生战争，没怎么看到过军队覆灭、将领被杀，您知道原因何在吗？

"秦国现在如狼似虎，看见谁家的地都像是自己的。您现在还能在这里享太平，这完全是托了赵国在南面挡着的福。

"赵国近年来和秦国打了五场战役，三胜两败，互有消耗。不过，虽然如此，我们也要居安思危，因为，秦国离我们千里，赵国却离我们仅仅百里。秦国看我们不顺眼，可惜鞭长莫及；但赵国如果跟我们翻脸了，它十天之内就兵临城下了。眼下我们不该忧虑秦国，而是该忧虑赵国。

"你想想，它连秦国都能对打，打咱那不是当玩儿吗！不过还好，我在赵国有些关系，我可以去游说赵王，让我们两国结盟，永为兄弟之邦。"

燕文公被这一通连骗带吓的说辞打动了，或者说燕文公被最后一句话给蒙了，他真的认为苏秦在赵国有关系，能够说得上话，于是给了他一笔启动资金，让他前往赵国。

就这样，苏秦这个穷小子空手套白狼，获得了第一笔"天使投资"。他拿着这笔投资，南下前往赵国，开始了他叱咤风云几十年的"国际诈骗"。

贰："合纵"从理论上站得住脚吗？

有时候，人的运气来了，谁也挡不住。

苏秦此次南下赵国时，之前不待见他的赵国丞相赵成死了，而且这回苏秦有了本钱，没有再等一年多，直接买通了和一把手赵肃侯会面的机会。

苏秦见了赵肃侯，压根儿就没提之前的投资人燕国那边打算结盟的事，而是抛出了一个更大的概念：六国合纵抗秦，您赵肃侯当"合纵"盟主。

大名鼎鼎的"合纵"出场了。

苏秦是这么抛售这个概念的："目前，国际上的这几个大国，看着都挺唬人的，不过真正有实力的，除了秦国，也就是咱们赵国了。秦国一直拿咱当眼中钉，您知道吗？不过，他一直不敢大举进攻我们，您知道为啥吗？因为他怕韩、魏在他的背后下手。但如果秦国再照现在这个趋势打下去，已经无险可守的韩、魏二国，迟早会被秦国吞并，到时候倒霉的就该是我们赵国了。"

这时，苏秦摊开地图说："山（崤山）东六国的疆土比秦国大五倍，军队比秦国多十倍，如果六个大国集中力量进攻秦国，秦国早就完了。但现在的国际政客们却在不断地夸大秦国的力量，打着和平的旗号劝各国割地给秦国，达到目的后，他们得到荣华富贵，这些国家却承受了巨大的损失。这种卑劣的事儿，我是不干的。

"现在有一个最好的办法，能够让秦国永远缩在函谷关内。六国合纵（山东六国基本上是从北到南的一条纵向，所以叫合纵），进行盟约，秦国如果攻打任何一国，另外五家就出兵相助。如果有一家不履行盟约，那么剩下五国就合力收拾他。

"燕国已经被我说服了，如果您看得起我，剩下的四家，也由我来为您摆平。"

赵肃侯认可了他这个世界和平的梦想兜售，封苏秦当了武安君，并给了他第二轮"天使投资"，给了他车百辆、黄金两万四千两、白玉一百双、绸缎三千六百匹，以此让他去实现世界和平。伟大的梦想当然也需要如此大手笔的投入。

赵肃侯轻易地相信了苏秦的宏大构想，**却没有看出这个宏大的构想有两个致命的弱点，或者说这个构想压根儿就不具备可行性。**

第一，目前受到秦国威胁的，始终只有他们接壤的韩、赵、魏三家，剩下三家根本没有实质上的忧患，尤其秦、楚两国还世代通婚。

这些年魏国被秦打得够呛，韩国开始天天提心吊胆，但秦国有多可怕，剩下那几家还都没概念。

别人是死是活，其实对于自己无足轻重，更别说要拿真金白银去出兵解救别人于危难之中了。

第二，约定出兵相助不靠谱。

例如，秦攻魏的消息传到各国，离魏国最近的韩国两天能得到信，最远的燕国要一个月才能得到信，各家再动员武装力量，半个月又过去了，再派大军赶过去，黄花菜都凉了。

更重要的是，其实每家都有观望的心态。万一自己还没出兵，别的国家就帮着魏国打退了秦军呢？再说了，我要是背盟不出兵，那五家还真能来收拾我吗？不见得，道理和刚才分析的一样，谁会为了别人的利益而掏自己的腰包呢？

从最根本上说，如果从消灭或牵制秦国的战略角度来说，让山东六国结盟，远远比不上联合韩、魏，再与秦国的西边、北边的少数民族势力结盟。因为秦攻韩、魏后，那几个方向的势力可以参考围魏救赵，而且打下来的地盘自己也可以受益。

在政治交易中，拿利益说话永远比所谓的盟约要靠谱。

不过，即便你们联盟了，人家秦国也不理你。秦国的地理优势此时显现出来了，函谷关、武关，直接就把韩、魏、楚三国拦在了外面，北面与西面又没有什么有威胁的势力，所以秦国能轻而易举地粉碎这种所谓的联合反秦论。

《阿房宫赋》里说过，"灭六国者，六国也，非秦也"。

这种话其实很结果主义。

不过，这也不能怪苏秦。我国古代几千年的发展一直不重视逻辑链条，他仅仅看到了后来山东六国不断的内斗让秦国捡了便宜，却忽略了为什么六国会内斗，而秦国为什么可以捡到便宜。

六国内斗的根本原因在于各家都有各家接壤的国家，各家也各自都有眼前要考虑的利益，眼前的一块肉永远比一年后的一头牛靠谱。在乱世，永远没有五年规划、十年战略这回事。

这就好像心理学家在做实验后得出结论，往往大部分穷人家的孩子眼皮子浅，总是忍不住吃奖励的那块糖，而富人家的孩子往往就能抵制住诱惑，看得更长远一样。（在这里没有任何歧视概念，仅仅说明一种研究现象。）

资源少的一方往往要面对随时随地的资源匮乏，如果这块糖今天不吃，也许明天就没了，就被别人抢走了；而资源多的一方往往好整以暇，哪怕丢了糖，我还会再弄来一块糖的，所以对于诱惑则有很大的自制力。

对于战国这七雄来讲，也是如此。

国际形势变化太快，六国都不是省油的灯，"合纵"不是说不可以，但只能说它并不代表六国的根本利益。

六国不断内斗或者说七国不断攻伐的博弈论最终演化，就是最强的那个国家最终会吃掉其余六个国家。

局部的联合体还能管点儿用，但这种大盟约肯定不好使。因为联盟越大，牵扯的利益就越多，各家的小算盘也就越多，你就越无法整合。这种联盟在遇到事儿的时候，将会迅速土崩瓦解。

不过，这种从一开始就不靠谱的东西，并不耽误苏秦用他那"万口莫辩"的口才顺利地说服了剩下的韩、魏、齐、楚。

销售的雪球已经滚起来了。他佩了六国相印，着实威风。

在这里科普一下，所谓的苏秦佩六国相印，并非指他在六国都当了宰相，当时每个国家的宰相，一般来说，基本都是君主的娘家外戚或者本家的亲叔叔或兄弟，他们才是真正说话算数的。

苏秦这种国相叫作"客卿"，挂名而已，没有什么实际意义。

每个国家为了自己的利益，都会或多或少地往别的国家安插这种"客卿"，很多国家还都明白地告诉你：我派个我的人去你那当官，时不时给你提些战略参考。他们会为了母国利益据理力争，有点儿类似于现在的驻外大使。

苏秦佩六国相印，相当于六国的"抗秦宣传办公室主任"。苏秦主任是个买卖人，而且是大买卖人。他做的买卖，是把整个天下当作筹码，颠三倒四地各种赌。

"合纵"概念从一开始就仅仅是他求富贵的一个方式、一个空壳公司，他其实并不在意六国会如何，因为他从一开始去秦国时就是另一套说辞，要帮着秦国搞死那六国。

他的本质，和说服赵王时所鄙视的那帮割地求和的说客一样，都是为了自己的那点儿利益，只不过他的手法更高端。

从后面他的种种表现中，我们就能看出此人的品质如何。

先说说为什么他压根儿就不在乎六国的生死，**其实他更害怕秦国弱小，因为如果秦弱小，他的"合纵"概念就没有了销路，他这个销售主任就当不下去了。**

他在秦国安插了一个人，一个可以在关键时刻让秦国配合他，打他指定要打的国家的人。

这个人产生的影响可远远比他这个销售导师大多了，他仅仅是拿六国当提款机，但这个人却并非仅仅销售，搞得比他过分多了。

此君后来成为"战国首席诈骗犯"，他将诸侯当成木偶一样戏耍。这个人就是他的同门师兄弟——张仪。

叁："苏指导"的艺术人生

张仪，魏国人，也是鬼谷子的"言学班"毕业的。毕业后，他也像师兄苏秦一样满世界找风投，但一直没有混出来，现在困顿在楚国。

苏秦的"合纵"之所以会起到作用，就在于秦国动兵六国，他苏秦才会有用。只有秦国不断地攻打别的国家，不断地勾搭别的国家，他才会体现出价值。

苏秦就像是个杀毒软件，能卖钱是因为有病毒，如果杀得太厉害，病毒都没了，他也就跟着没用了。所以，他需要一个人去"造病毒"，他认为师弟张仪很适合这份黑客工作。

苏秦先是派人去点拨张仪："你的师兄苏秦现在这么牛，你怎么不去他那儿看看？"

张仪一拍大腿，对啊！于是去了。

见面后，苏秦开始各种羞辱他，大谈"当初你学得好，不够你嘚瑟的，但成绩好有啥用，现在老子混出来了"之类的话。

张仪当然很愤怒，从此他的人生意义被重新定义了，下半辈子就专门"招呼"你一个人了。还什么"合纵"，等死吧你！

因为只有秦国能搞死赵国，张仪怀着满腔怒火前往了秦国。（怒，念诸侯莫可事，独秦能苦赵，乃遂入秦。）

在赴秦的路途中，张仪的运气很好，碰上了一个有钱人，觉得他是块材料，一路赞助他。

张仪顺利地见到了秦惠王，可能是张仪要比苏秦招人喜欢，也可能是张仪没有让秦惠王联想到商鞅，张仪成了秦国的客卿。

张仪刚刚得势，这位投资人却向他告辞，这让他感到很意外。

再三询问下，此人告诉张仪，他幕后的老板是苏秦，所有的车马赞助都是苏秦的。苏秦大人对你期望很高，认为你到秦国有发展，之前怕您贪图小便宜而忽略了苏秦先生的宏大布局，所以请将不如激将。（苏秦已而告其舍人曰："张仪，天下贤士，吾殆弗如也。今吾幸先用，而能用秦柄者，独张仪可耳。然贫，无因以进。吾恐其乐小利而不遂，故召辱之，以激其意，子为我阴奉之。"）

张仪也明白了苏秦为什么要把他激将到秦国。他的使命就是给"合纵"搞破坏，也就是搞"连横"。（秦到其他六国是东西方向的，所以叫"连横"。）

没有"合纵"，就谈不上"连横"；没有"连横"，"合纵"也就失去了市场。

这师兄弟俩在本来一片空白的情况下，联手硬生生地打造出了一个本来没有的市场。

这哥儿俩的这套手法值得我们去仔细思考。

之前，我们推导过了，所谓的"合纵"并不是长久之计，因为它并不符合事物发展的规律。苏秦的"合纵"并没有持续多久，准确来说只有一年。（《资治通鉴》中，公元前333年刚完成"合纵"，公元前332年，苏秦就跑回燕国了。）

秦国确实没开函谷关，那是因为人家去南边攻打巴、蜀去了。

转过年，秦国并没有按苏秦的剧本走，因为张仪此时还没有什么太大的影响力。秦国宣布退还给魏国之前占领的七个城市，并对齐国施与重利，让两国进攻苏秦所在的赵国。

不是你挑头搞的"合纵"吗？我不打你，我让你的盟友打你，瞅给你能的！是骡子是马拉出来遛遛，你们不是一块儿打秦国吗？怎么给点好处就跟自己人撕上了呢？

苏秦最大的金主，第一个被打了。

赵肃侯觉得被苏秦骗了，你不是说世界和平吗？怎么啪啪地打我脸呢？

苏秦的心眼儿转得比较快，对赵肃侯说："让我去燕国吧，我去报复齐国。"

后来，苏秦在燕国又与燕国的太后私通，她就是他第一任投资人燕文侯的妻子（此时燕文侯已死）。

投资人加恩人的妻子他都敢下手，你说这人有多没节操。

苏秦在忙活完之后又害怕了，他对燕王说："让我去齐国吧，我去那里搞破坏。"

舍不得看完的中国史

苏秦到了齐国确实也没干好事，也算是对赵国、燕国履行合同。他在齐宣王去世时劝说新齐王要把葬礼办得铺张隆重，以显示新王孝道；又劝说齐王大规模地开搞奢侈建设，以显齐国威风，其实就是怂恿齐王败家。（齐宣王卒，湣王即位，说湣王厚葬以明孝，高宫室大苑囿以明得意，欲破敝齐而为燕。）

不过，没干多久，苏秦就因为众臣争宠而被人谋杀，将死之时还拿自己的尸体抖了个机灵。

他让齐王将他的尸体五马分尸，并宣称他是燕国间谍，要重赏杀手。随后，杀手自动跳了出来领赏。

战国最大的国际赌徒用自己的死无全尸给自己报了仇，捎带脚地证明了自己的智商确实过人。

他死后，到齐国搞破坏的事情也被人抖出来了，齐国百姓一看，感情你就是这么个东西啊！（苏秦既死，其事大泄。）

这也为后面的齐、燕互撕埋下了伏笔。（齐后闻之，乃恨怒燕。）

这段长达数十年的大撕，双方差点儿互被灭国一次，收尾阶段非常有名——乐毅破齐、田单复国，后面我们会讲到。

苏秦这辈子细细说起来，谈不上为哪国做了多大贡献，但他却独享大名上千年，几乎每个有点儿历史常识的人都知道他。他的"合纵"似乎也很厉害，秦国怕死了这个"复仇者联盟"，但其实深究历史真相，根本不是那么回事。

他的名气大，因为曾经忽悠过"合纵"这个概念，后人眼瞅着那六个国家没出息呀，就那么让人家秦国挨个给搞死了。苏秦要是在，要是贯彻他的方针，历史肯定不是这样的！

实际上呢？

他所谓的大概念转年就被"利益规律"打脸，他到别人的国家做参谋，再跳到另一个国家吃人家、喝人家的，还不忘祸害人家。

我们不想听你是怎么说的，我们更关注你是怎么做的。

苏秦死的前一年，六国在不断内耗以及被秦国蚕食后，勉勉强强地开始了伐秦事业。他当时所在的齐国慢慢悠悠的，压根儿就没走到战场。

五国军马来到函谷关前你看看我，我看看你，谁都想保存实力。结果还没开始打，秦国就把楚国的粮道给断了。粮食一没，作为当时联军"带头大哥"的楚国就退兵了。其他四国，也就跟着作鸟兽四散了。

但是，苏秦的名头太响了，而且他全家都靠他这张嘴吃饭。**苏秦、苏代、苏厉他们哥儿仨的事迹非常容易在口口相传或传抄的过程中记混，后来的很多纵横家，更爱根据自己所需，对苏秦的事迹和沟通技巧进行润色与加工。**所以，这个人在战国时代被艺术化了很多，每个打算学他的人往往都打着他的名头，牵强附会地编着他的故事去招摇撞骗。

这导致他似乎在哪里都存在过，而且存活时间绵延了一百多年，这也就为后世史官作他的传的时候，布下了一个巨大的迷魂阵。

例如，太史公司马迁在作他的传的时候，在结论点评中说了这么一句："**然世言苏秦多异，异时事有类之者皆附之苏秦。**"

1973年，在长沙马王堆三号汉墓出土了一批帛书，其中一部整理后定名为《战国纵横家书》。

在这部文物中，苏秦的年辈要比张仪晚，而且苏秦的主要活动均在张仪身死之后，这就为苏秦古往今来的史官事迹提供了一个相反的疑问。

到底谁写的是真的？

目前的史学界中，对于《战国纵横家书》的结论正确性普遍认为是一家之言，并不能说该帛书描述的就是真实的史实，很有可能如太史公所说"世言苏秦多异，异时事有类之者皆附之苏秦"，这可能是当初太史公采集史料的过程中遇到的伪书。

《战国纵横家书》出土的马王堆三号墓为汉文帝时期，距司马迁著《史记》时代并不遥远，很有可能是太史公在去伪存真的过程当中，已经辨别过其史料的真伪。

　　司马迁依据《秦记》及《诸侯史记》记载的苏秦、张仪事迹基本上都有精准纪年，《史记·苏秦列传》中更是详细地记载了苏秦的说客之词，以及去六国的次序。相比于众说纷纭的参考，**也许将犯错就砍脚的秦御史记载的《秦记》作为主要参考蓝本的太史公所写史料，可靠性更大。**

　　而且，**就专业性和秉笔直书的史官操守而言，太史公司马迁作为两千年著史标杆，也更值得相信。所以，本书对于苏秦部分最终选择了《史记》和《战国策》中的苏秦史料版本。**（太史公修《史记》的过程，笔者在后文中专门写了一章，有兴趣的可以参看。）

第四战　『合纵』与『连横』：诸子百家走四方的美好时代

肆：张仪诈楚

从对国家的作用来说，苏秦真的不如张仪。张仪在苏秦死后，不仅彻底地破坏了虚头巴脑的"合纵"，而且还无节操、无下限地将一张嘴的作用发挥到了极致。

该说说他的经典大作了——诈骗楚怀王。

春秋战国几百年演化下来，各国之间往往有一些各自多年经营的战略合作伙伴。

例如，秦国与楚国世代通婚，秦国政坛有很多楚国根系的人。这其中，有大故事。

我们会在战国系列的倒数第二战，为大家详细说一下，六国间互相通婚所产生的贵族政治，对于这个时代的"保险"意义。

例如，楚国与齐国的关系一直不错，还签订过共同抵抗外患的盟约。

楚国与齐国、秦国这两个东北和西北方向的大国之间虽然时有小摩擦，但总体上关系一直是不错的。因此，楚国在不断扩张的过程中，没遇到太大的困难，除了曾经一度被吴国弄得挺没面子之外（伍子胥带兵打到了楚国首都，楚国老国王被鞭尸）。

楚国一直是南方"一哥"。除了四川和东边已经很可怜的越国，楚国基本上统一了整个中国的南方。

扫码回复7，即可查阅高清地图

舍不得看完的中国史

从疆域上来说，楚国在战国时代一家独大。

秦国胳膊粗，齐国腰包鼓，楚国地盘大。这是当时三个大国之间的各自优势。

秦国虽然一直和楚国是亲家，但对楚国的地却也一直在动心思。凭啥你家有这么大的院子，我家就这么一块宅基地？

秦国对于楚国一直想强取，却怕齐国这个奉行"中原均势"的讨厌鬼捣乱，当年老魏家就是生生让这货给拉下马来的。于是，张仪闪亮登场了。

张仪出使楚国，对楚怀王讲："我们一直非常讨厌齐国，而咱们两国是实在亲戚，如果您和齐国断交，我们就把商、於二地六百里的土地割让给贵国，还将挑选秦国最漂亮的美人进献给您，咱们两国继续世代结亲，永为兄弟之邦。"

楚怀王非常高兴，认为这很靠谱，六百里不是小数目，还有秦国的大美女，得罪齐国算值了。不过，楚国是有明白人的，大臣陈轸就劝谏楚怀王不要轻信张仪。但楚怀王表示希望陈先生闭上嘴。

于是，楚国和齐国终止了战略合作伙伴关系，跟往事干杯拜拜了。

废除了盟约，楚怀王还聘请张仪兼任楚国的国相（挂名而已，跟他师兄当年一样），并馈赠了大量的财物，派了一位将军跟着张仪到秦国去接收土地。

张仪回到秦国，假装没拉住车上的绳索，跌下车来受了伤，然后就请了长期病假，一连三个月没上朝。

楚怀王很社会，知道张仪此举的另外含义，认为"张仪是认为我与齐国断交得还不彻底吧"，就派出了"国骂"到齐国边境去辱骂齐宣王。

楚国的"国骂"水平很高，齐宣王暴怒，和平分手变为开撕大战。没想到前任转投他人怀抱，人家齐国转头就与秦国建交了。

秦国、齐国建立了邦交之后，张仪才上朝。张仪对楚国的使者说："我有秦王赐给的六里封地，愿把它献给楚王。"

楚使知道被要了，马上赶回楚国把张仪的话告诉了楚怀王。

楚怀王从来没见过这样的政治大流氓，国与国之间的契约怎能如此儿戏！一怒之下，他仓促兴兵攻打秦国。

这个时候，上次说秦国不能信的陈轸又发言了："商鞅当年敢拿外交文书把魏国王子骗了，现在张仪这货敢诈骗国王了。领导，现在世道变了，咱得紧跟时代的洪流，利益至上了。既然已经被秦骗了，所幸割地于秦国，不如共同发兵攻打齐国，反正已经得罪齐国了，不如抱紧了秦国，共同对付齐国吧！"

楚王根本就不听。张仪是设局者，早就做好了准备，楚国刚一兴兵，秦国的虎狼之师就跨出了武关，在丹阳大败楚军，夺取了汉中郡（非今天的陕西汉中市，在今天的陕西商洛一带）的土地。

楚怀王出离愤怒，再次动员一切可用之师与秦国决战。楚军在蓝田再度大败。

楚怀王输掉底裤后感觉再打就该亡国了，割让两座城池向秦国求和。

秦国此时已吞并巴、蜀（下章会讲），希望把大西南连成一片，于是秦王说没问题，不过想得到你家黔中一带的土地。我也不白要，我开价，用武关以外的土地做交换。

楚怀王说："我不愿意交换土地，只要得到张仪，就愿献出黔中地区。"

张仪知道君主们都是利益至上，尤其是秦国的领导，自己的这条命肯定没有黔中的土地值钱，没等领导发话就表示主动前往，并高调表态："秦国强大，楚国弱小，况且我是奉大王的命令出使楚国的，楚王怎么敢杀我？假如杀死我而替秦国取得黔中的土地，这也是我的最大愿望。"

好下属啊！领导们往往都喜欢这种不用说废话的下属。秦王对张仪的这种勇姿，表示高度赞许。于是，张仪出使楚国。

楚怀王等张仪一到就把他囚禁起来，像妖怪对待唐僧一样，准备找个好日子、选个好方式宰了他。

其实，张仪之所以敢来，原因在于他当年流落楚国时，结交了不少朋友。他当盲流时，跟楚国大夫靳尚结下了真挚的友谊。靳尚则能够走通楚国夫人郑袖的门路。对于郑夫人，楚王又是言听计从。

靳尚对郑袖说："您知道自己将被大王抛弃吗？"

郑袖说："别吓我，怎么说？"

靳尚说："张仪这个人您知道吗？他之前得罪了咱们大王，现在马上要被宰了，秦王如今要用上庸六个县的土地贿赂楚国，并献最美的秦女给大王。大王爱江山，更爱美人，您想想您还好得了吗？不如您替张仪求情，他被释放出来后，张仪还能感激您的恩情，秦国的美女自然就无法威胁您了。"

郑袖觉得自己被秦国美女深深地威胁了，日夜向楚怀王讲情说："作为臣子，各自为他们的国家效力，现在咱们的土地还没有交给秦国，秦王就派张仪来了，对大王的尊重可以说达到了极点。大王没有回礼却杀张仪，秦王必定大怒出兵攻打楚国。我请求让我们母子搬到江南去住，不要让秦国像对待鱼肉一样地欺凌屠戮我们。"

楚怀王禁不住郑夫人的眼泪攻势，将张仪放了出来。

楚怀王就这样被张仪玩弄于股掌，在楚国公费旅游一圈，人家又回来了。

来说一下这个楚怀王的结局吧。骗上瘾的秦国继续骗这位怀王，去年卖拐今年卖车，但他又没有自学成才的能力。最后，他被秦昭王借着会盟的理由骗进了武关，然后逼他割地赎人，最后死在了秦国。

秦国自商鞅骗魏开始，到张仪诈楚巩固，随后一代代拳头大、胳膊粗，蔑视一切规则与信义的打法配套成熟后，华夏大地上过去一个唾沫一个钉的信义至上的风气渐渐消亡，取而代之的是越来越多的尔虞我诈和无毒不丈夫。

当强者开始变得功利、狡诈、无所不用其极时，市场上必然会迅速出现劣币驱逐良币的普遍模仿。

楚怀王的凄惨结局，后来成为秦、楚间的天字号仇恨符号。

九十年后，一个"力拔山兮气盖世"的猛人打着这个仇恨符号，在巨鹿完成了左右历史走向的惊天逆转。

张仪后来又去各国游说，主题思想就是"连横"，张家长，李家短，挑拨得谁都别想好好过日子。

你说这有效果吗？也有，但效果大吗？真难说。

从他的所作所为中分析，没看到具体对秦国有多大的帮助，诈骗草包楚怀王已经是他职业生涯的巅峰了；拿自己换来的黔中土地，也没真正交割给秦国（他又构建两家修好，互出太子为质，劝秦王不要黔中之地），在其他国家所谓的纵横捭阖，本质上也并没有什么实质性的进展。

六国还是那样，日子该怎么过还都怎么过，"合纵"时没看见多亲，"连横"后也没见着离得多远。

弱国看眼前，强国则恒强，"合纵"违背市场规律，"连横"纯属锦上添花。

秦惠王死后，张仪失宠奔于魏，转过年，就死在了魏国。

关于苏秦与张仪，笔者想了很多。其实最开始，笔者不想写这两个国际投机主义者，但后来无论怎样勾勒思路，都发现这对师兄弟在战国史上是回避不了的。

因为，他们是战国历史上非常独特的"士"这个阶层的最典型代表。

这段历史中，"士"这个非常特殊的群体，在这个"百家争鸣"的时代，散发出了整个中国历史上堪称最璀璨的光芒。

伍：战国的"士"

战国时代有一种很奇怪的现象，就是有大量的无业游民、闲散人士、逃犯、武士、知识分子在全世界（当时人们的认知范围）肆意流动。

他们也许今年在楚国，明年就在齐国，后年也许又跑到了赵国。他们甚至可以穿梭于不同的，甚至是敌对的两个国家间做高级官员，比如我们前面提到的张仪。

张指导就在秦、魏两国分别当过国相，而且刚忽悠完老东家秦国打魏国，然后丝毫不耽误他再去魏国吃饭。只要不像商鞅那样将事做绝了，将人家的王子骗过来干掉，还去投奔人家的，基本上只要是个人才，各国还都是会聘用的。

这种不计前嫌、不在乎是否有间谍倾向的对人才的包容，在中国几千年的古代历史上，仅此一段时间内出现过。

秦并天下后，再未出现过。

有人说知识分子的黄金年代是两宋时期，宋太祖作为少数厚道的开国之君，欺负人家后周老柴家的孤儿寡母后，明文规定后世皇帝要厚待柴氏子孙，还规定"刑不上士大夫"。两宋时期几乎就没杀几个大臣，而且对知识分子的待遇、薪酬也是古代历史上历朝历代都没法比的。

不过，即便两宋时期如此开明，知识分子包括三教九流最幸福的岁月，应该还是战国时代。

为什么呢？

因为战国时代，是一个充分的"卖方时代"。

下面我们来分析一下，是什么造就了如此特别的战国年代。

春秋时期的政治环境普遍上就是简单的贵族政治，连打仗都是有钱人才玩得起的游戏。

因为那个时代的社会生产力太弱了。如果你不是贵族集团，也许几代人才能供出一个有点儿脑子的人，民间的力量冲不出来，贵族集团长期占据着上层建筑。这其实是阻碍各个邦国发展的重要原因。

不过没办法，那个时代就是这样。

各邦国间的综合实力比拼，往往也是看哪个邦国的贵族培养得更靠谱；或者说哪个国家更幸运，自己的这帮贵族有出息的人了。

例如，秦国和楚国，最早都是不足百里的弹丸小国，而且远在中央文明的最外围，很难讲它最初的发展有没有幸运的成分在里面。

也许再重来一遍，结局会很不一样，可能一上来就让旁边的村给灭了。

春秋时期，从总体上来讲，还是君子多一些。

因为这是成分问题。

不肯击敌半渡的宋襄公曾经被评论为像蠢猪一样的人。（大大方方地把楚国放过了，不肯击敌半渡占便宜，结果被血虐。）

不过，宋襄公的这种所谓堂堂而战的君子做法，其实是当时整个时代的精神风气。当时的普遍规则就是那样的。

这就好像现在你穿比基尼出去，顶多回头率高一点儿；但五十年前你要是穿个比基尼上街，就成了牛鬼蛇神一样。

今天你看着匪夷所思，或觉得蠢到了极点的事情，但在当时，就是那个时代的整体风气。

春秋多君子，主要的原因在于牌桌上的大部分是贵族，是玩得起的，是不被温饱所裹挟的上层群体，所以君子多。

"经济基础决定上层建筑"这句话无论何时都是经得起考验的。

周天子用井田、宗法、分封、礼乐等制度统治天下，其实也是贵族间的游戏。

一套套复杂的礼仪，一出出难演的乐章，都在无形中屏蔽掉了底层的百姓。

所以，春秋时期，贵族们张嘴闭嘴说的都是"礼"，唱的都是"乐"，铁齿铜牙两片嘴，吃的是奢侈的大米。

大家总体上都是以德治国。

"以德治国"那一套到了战国时期，就不管用了。

我们在第一章"三家分晋"中讲到了，铁的普及导致了农耕的快速发展，养活的人越来越多，家里的余粮也越来越多，能供出来的有脑子的人也越来越多。

客观上，基数的增大逐渐缩小或弥平了百姓与贵族间的差距。大量的平民子弟开始脑子里有东西了。

与此同时，诸侯之间的兼并战争越来越残酷，各个邦国间天天上演的都是生死存亡。

这时候，"礼"就已经不再是刚需了，活下来则变成了第一要务。

成王败寇的紧迫感导致各个国家对于任何可以强大自己的方式都不放过。像王室之间的通婚、有能力的大夫养士、国与国之间的结盟、利益驱动的背约等情况，都开始司空见惯。

例如，战国有非常著名的"四公子"，齐有孟尝君，赵有平原君，魏有信陵君，楚有春申君，这四位公子的府中都养着大量的"士"。

这帮"士"都是由什么人组成的呢？很杂，包括社会闲散人员、逃犯、打手、读书人、手艺人等。

这帮"士"靠谱、有本事的人多吗？非常少。

例如，齐国的孟尝君，他被罢相后，三千门客一朝而散，只有一个之前并不起眼的冯谖对他不离不弃。他先是找孟尝君要钱去秦国，见了秦王后说：齐国之所以这么牛，就是因为孟尝君，现在的齐王是个二百五，你还不赶紧把这么一杆大旗立到秦国？

于是，秦王派了十辆车去齐国接孟尝君。冯谖赶快又一路飞车赶到齐国，对齐王说：赶快给孟尝君平反，秦国一听说咱们国家的"男神"受了委屈，正连夜驾着十辆大车来抢人呢！你再不给他平反就让人抢走了。

齐王一听，调查后，听说秦国的马车就快开过来了，于是马上恢复了孟尝君的地位。

养了三千人，就筛出这么一颗钻石，但孟尝君也就是因为这一颗钻石而再度耀眼的，你能说养士没用吗？

像后来比较著名的刺杀之辈——荆轲，你能说他没用吗？

**"养士"这种行为特别像今天的风险投资，投资者投了很多公司，但只要出了一个"独角兽"公司，就能把之前赔的都赚回来了。

张仪这种级别的"士"说实话谈不上太高端，如果你养了一个像商鞅、李悝那样的"士"，那就是投到了像腾讯、阿里这样的公司了。

因一人而兴邦，因一人而丧邦，这是战国时代特别常见的旋律。

也正因于此，每个国家的高层，只要是有点儿条件，都希望养一屋子三教九流之士，保不齐哪天就能用上，保不齐哪天某个"大神"就开始大放光芒。

所以，苏秦、张仪之流可以满世界地去兜售梦想。

这是一个买方市场，买的是沙堆里面的钻石。

不过，也正因为缺乏具体衡量人才的标准，大量的沙子充斥市场，招摇撞骗，就像这个时代出现的那个著名成语——滥竽充数。

张仪当初没发迹时被人诬告遭到了毒打，回去问他媳妇的第一反应就是：看看爷儿们的舌头还在不？只要舌头还在，咱们就不怕混不出来。也由此可以看出，"士"的门槛其实非常低。

像苏秦、张仪这号人物，无非就是抛出一个宏大的概念，然后可劲儿地吹。他们类似于今天的许多创业公司，最牛的业务是做PPT，你说它是骗子吧，它挺有模有样的；你说它靠谱吧，细看PPT全是漏洞。

有一句非常正能量的话：修身，齐家，治国，平天下。说的是一个"士"的四个阶段的目标。

你先得自己真有本事，叫修身；然后辅佐大夫们，叫齐家；之后再帮助诸侯治理邦国，叫治国；最后帮助天子平稳天下，叫平天下。

"士"变成了这个时代一个不可忽视的群体。

由于宏大的理想，充分的买方市场，导致每个"士"都是国际主义者，每个人都放眼天下。

"士"在雇主那儿的生活都不错。如果雇主觉得不行，而自己觉得自己真有才干的话，大可以跳槽，一走了之，没有任何负罪感。

"忠"这个概念此时还没有走进人们的心灵与视野，雇主们也是尽可能地对"士"放宽要求，像交保险一样养着这帮人。

"士"们在付出方面基本上无义务、无责任、无制约，而在所得方面却是有吃穿、有时间。

有钱有闲，成了知识分子们蓬勃迸发的基本要素。

这也为儒家、道家、墨家、法家等诸子百家，提供了丰厚的土壤。

于是，在这个神奇的年代，百家开始争鸣了。

第四战 「合纵」与「连横」：诸子百家走四方的美好时代

陆：诸子百家

什么是"诸子百家"？

在战国时代，有诸多学术开门立派，有儒家、法家、道家、墨家、阴阳家、名家、杂家、农家、小说家、纵横家、兵家、医家，等等。

除此之外，还有一百多个没有最终发展成学派的学说，它们统称为"诸子百家"。

春秋战国时代，对于全世界来说都是极其重要与神奇的，因为世界上最牛的思想与宗教几乎都是从那个时间段喷薄出世的。

释迦牟尼、孔子、老子、毕达哥拉斯，四位大圣贤几乎在同一时间登上历史舞台。

随后，墨子和苏格拉底上场。再然后，孟子、庄子、亚里士多德接棒。东西方的诸多大牛们几乎都在这段时间开宗立派，开始了被人们长达两千多年的顶礼膜拜。

公元前 600 年到公元前 300 年，是伟大的三百年。这个时代，也被德国哲人雅斯贝尔斯称为"轴心时代"，这是个很准确的形容。

更为神奇的是，这帮思想的伟大丰碑几乎都诞生在一个神奇的纬度区域——北纬三十度。

这条线几乎就是神秘的代名词。从金字塔到百慕大，还有沉没的大西洲，最高的珠穆朗玛峰……

更主要的是，在文化上，它贯穿四大文明古国（那三大古国并不大，但串在一块儿真挺不容易的），它诞生了最灿烂的思想与文化。

在"诸子百家"中，有四个学派大放异彩，并有三个一直穿越了千年，为华夏子孙指引着方向。它们分别是儒家、道家、法家与墨家。

先来说儒家。

我们说过，战国开始的标志就是社会生产力的提高，铁器的应用使人们既能生，又能杀，资源的争夺成为这个时代的主旋律，过去那种温文尔雅、君子谦谦的做法被抛弃了。谁的拳头大，谁的胳膊粗，谁就是爷。

周朝用封建制统领国家，有两条线。

一条是礼，一条是乐。礼，是通过一系列的规章制度区分出来等级；乐，是通过一系列复杂的乐曲区分出来等级。

什么衣服谁能穿，什么歌谁能听，多少姑娘跳舞，碰见谁磕多少头，这都是有非常详细的规定。总体上就是，通过一系列复杂的规章制度让你知道自己是什么阶级的。

到了战国时代，世风日下，礼崩了，乐也坏了。

为什么？

先举个例子，汉语为何最终成了华夏大地的通行证？

其实，汉语并不好学，只是因为它简洁好记，还能通过声调来进行区分，汉字还自带看图说话功能。汉语的象形字极大地降低了文明传播的难度。

弄一堆不接地气的规矩，指望着别人遵守，本身就是反人性的、反文明传承的。

孔老夫子在那个"礼崩乐坏"的时代横空出世，看到这个世道坏了，要完蛋了，俯首虽然皆是杀盗淫妄，但还是有救的。

怎么救？"克己复礼"，即克制自己的欲望，恢复传统的周礼。

他呼吁世界各地人民不要总是手拿两块钱，胸怀五百万，而是要用那两块钱买鸡蛋，等蛋孵出母鸡来，然后母鸡再给你下蛋，下完蛋再孵母鸡；不要见谁都没规矩，爱爹妈要胜过爱自己，看到领导要知道忠于他，该有的礼数不能少，不然多么没文化。

总结起来，要"父子有亲、长幼有序、夫妇有别、君臣有义、朋友有信"，这是儒家的"五伦"；要牢记："孝、悌、忠、信、礼、义、廉、耻"，这叫"八德"。

孔老夫子还再度精练地做了个总结——仁爱。

孔老夫子提倡儒家弟子要以救世为己任，要以仁爱为本，从爱的角度出发。

例如，我们出生后三年不能免于父母的怀抱，父母对我们至少有千日的救命之恩，所以在父母过世后，我们要守孝三年（实际是二十七个月）。这种行为来自"爱"，来自父母对我们的爱，我们对父母的爱。

爱从何而来呢？

天性，也叫天良。

孔子认为救世最深层次的办法，是拯救人心。通过一系列的天良之爱，呼唤出人性中的善良，再通过礼乐制度加以巩固，世道就可以拯救。

不过，这个世道还能回到从前吗？

回不去了。至于为什么回不去，我们会在法家的那段进行回答。

不过，世道虽然回不去了，但儒家却为我们指明了未来。

这一切的一切，都是源于我们中国读书人的祖宗，大成至圣先师——孔老夫子。

他有句很著名的话，叫作**"天不生仲尼，万古如长夜"**。

这句话太贴切了。

孔子在两千多年前，自己开创出了一座儒家学派的理论大厦，并亲自开班立说、带徒弟。

然后，他就一辈子努力教学、演说、奔走。他给学生们提供了学习的目标，这个目标就是成为"君子"。"君子"这个词，跨越了两千多年，时至今日仍然是这个民族对于一个人的最高评价。

他提供了大量的处世方法，翻开《论语》我们可以看到如下词句：

"人无远虑，必有近忧。"

"己所不欲，勿施于人。"

"过而不改，是谓过也。"

"工欲善其事，必先利其器。"

"君子求诸己，小人求诸人。"

"巧言乱德，小不忍则乱大谋。"

"躬自厚而薄责于人，则远怨矣。"

......

我们很难想到，在一本两千多年前的书中，能有如此多直至今天也一字不易的常用话语。

整部《论语》的一万五千多字中，像刚刚这些高质量的语句，高达四百多句。

这是怎样的含金量？

更加要敲黑板的是，这四百多句金句，基本上都是给我们指引方向的。这些话语往往在你说出来时，就意味着智慧与别人对你高看一眼。

能够经受两千多年的考验，依然成为今人文明之光，你说有多伟大。

孔子不仅有蓝图，他留下的更多是工具，是教人向善、催人向学的工具，也是教给我们做人的指导思想。

你做人"己所不欲，勿施于人"，你的人缘一定会很好，你一定会是一个充满大爱的人；你行文办事"辞达而已矣"，你一定是个实干家、天才，因为你明白，言辞能够表达意思就可以了，过于华丽繁复不见得就好，大道至简，单纯的力量最容易击中人心……

由孔老夫子的终身办学最终发展出来的儒家文化，随着后世的不断传承，渐渐成为我们民族的魂魄；他说的那些智慧的做人纲领，成为整个中华民族的脊梁。

可以肯定的是，没有孔老夫子，中华文明绝对不会是今天的样子。

"天不生仲尼，万古如长夜。"如果你是个读书人，请感恩我们的孔老夫子，因为他是我们文明的图腾。

让人通过学习成为一个好人，成为一个与人为善的人，在任何时代，都是政权的呼唤。

笔者并不完全认同儒家是靠政权才发扬光大的这个论点。例如，汉武帝后来的"独尊儒术"，是为了稳固统治，这是董仲舒提出了"天人三策"，提出了"君权神授"的理论性突破。

笔者不否认有这方面的原因。但孔老夫子让各阶层人民各安其分、忠君爱父，是文化市场中自然发光的黄金，是历经千百年锤炼自我散发光芒、开枝散叶的思想。

不是儒家依靠政权，而是政权必须选择儒家。

没有儒家思想，在这片土地上，就不会有一个个那么大、那么稳固、那么连绵不绝的伟大国家。

中华文明的连绵不绝在世界范围内，是唯一。

儒家思想对于每一个国家与政权来说，都是美妙的声音。

不过，有一个前提，就是这个世界必须只有一个统治者时，儒家教化万民的这套理论才能起大作用。

当全世界还打成一团时，这个世界的最终法则就是最强、最狠的那个会活下来。

所以，虽然整个儒家的学派拥有如此好的思想，在战国时代却一直没有得到重视。

属于儒家的时代还没有到来，它还在等待，等待那个大一统时代的到来。

孔老夫子终其一生，都在搞教育，都在积极地面对这个世界。他始终在努力着。

他的理论思想始终是，通过教育、儒家的理论与工具，把这个世界变得更加美好。

儒家思想的精髓，在于坚持与努力的有为。

延伸到了今天，中华民族成为这个世界上最上进、最努力、最勤奋的民族之一。

除儒家认为世界有救外，还认为这个世界有救的，就是墨家了。

墨家提出的观点是也是从"爱"入手的，他们叫"兼爱"。

什么是"兼爱"，就是无差别的爱。

墨家认为儒家虽然强调爱，但儒家的爱是有差别的。你爱父母是大孝子，你对隔壁吴老二怎么就不是孝子呢？墨家强调，爱应该是无差别的，你爱你爸你妈和爱隔壁吴老二是一样的。爱并无差别，人并无差别。

墨家是第一个在中国历史上提出"平等"概念的，他的无差别思想和佛教中讲述的"众生平等"概念是一样的。但墨家最终消逝在历史尘埃中了。这是为什么呢？

墨家之所以会被时代所遗弃，被历史的大潮所淹没，在于他讲的东西是反人性的，而且缺乏基础。

无差别的爱，是反人性的。

墨家的思想虽然是伟大的，但是它缺乏能够生根于人心的理论和修炼的系统。

现在，我们的国家之所以越来越公平与正义，其实是通过一系列催人向善的制度与法律的系统，达到激发人性中善的一面，抑制人性中恶的一面做到的。

所以，墨家虽然认为这个世道有救，但是它缺乏救的方法。和儒家与佛家相比，它就像是无本之木、无源之水，所以最终被淹没于历史的黄沙中。

上边所讲的儒家与墨家，认为这世道还有救。接下来要说的这两家，则认为这世道没救了。代表学说就是道家。

道家认为，国家之所以乱，人心之所以坏，是因为人们的欲望多。这和儒家学说很像，但它和儒家不同的是，儒家强调救世与抗争，但道家直接就一甩胳膊，压根儿就不用救。这世道乱的原因就是因为世人忒能折腾，世上本无事，庸人自扰之。

道家的终极思想是：不折腾，无为，静静地看着事物发展，才是最好的发展方式。

道家倡导"治大国如烹小鲜"，是什么意思？

不是治国就像做小龙虾一样，要加很多佐料，而是小鲜这种小鱼、小虾，不能两三秒就又铲又翻，那样小鲜就都烂了。别总折腾，要等待它慢慢地熟。

《道德经》上说："太上，不知有之；其次，亲而誉之；其次，畏之；其次，侮之。"

这句话的意思是：最高明的领导，下面的人都感觉不到他的存在；次一点儿的，下面人亲近、赞誉他；再次一点儿的，下面人害怕他；最次的，下面人私下咒骂、侮辱他。

这彰显了多么高明的智慧。

道家的诸多思想深深地影响了后世子孙，并同样远销海外，影响了全世界的人。

道家作为最早的保守主义学派，倡导"有政府、少作为"。

道家认为，很多事物，管得越多，管得越乱，越是满世界灭火，越是满世界狼烟。

用现在比较时髦的一句话说就是，市场有一双"看不见的手"，政府只需要制定好规则，并当好"裁判"就可以了，剩下的少掺和。

道家的智慧确实有非常大的适用性，但也不是什么时候都能治病的万能药。

比如说在生死存亡的重大危急时刻。

万事万物无绝对，一个方子抓一味药。道家思想在后世的运用中发现，它在王朝初年的恢复阶段具有奇效。

所谓的"盛世"那个"王朝"，往往都有道家的核心思想在里面。

总体而言，道家的思想着实伟大，拥有大智慧，是研究生学历水平。但当时战国的百姓却是小学学历水平。

听不懂、用不好，再加上"我不折腾，怎么显出我来"的思想一直在作祟，他们也知道自然地进化最美妙，但一辈子就几十年，得活出存在感！

这就导致了道家思想虽然巧妙地解决了人与天地的关系，但是并没有成为中国两千年王朝政府执政的重要旋律。

真正完成贯穿中国两千多年政治的主要旋律学派，是法家。

法家同样认为世道没救了，或者说人心没救了。

法家说礼、乐是给仁爱遮丑、装饰用的；往往满嘴仁义道德，一肚子男盗女娼；嘴上说得挺好，扭脸就忘了；老百姓照样犯罪，当官的照样贪污，当王的照样开战。

很多现实主义，尤其是阴暗面的东西，由于儒家并没有提出因果循环体系，所以拿它们没办法。

但法家有。什么办法呢？

制度与法律。设定好一系列规章制度，谁犯法就办谁！商鞅就是法家的代表人物。

法家有一点同于道家，它也提倡君主要无为。但法家的出发点却完全不同。

君主无为，让手底下的人都忙死，就显示出君主的尊贵了。

君主无为，让手底下的人摸不着脾气，就确保君主的安全了。

君主无为，让手底下的人拼了命地表态、说想法，就确保君主可以做出最明智的决定了。

所以，法家的"无为"，其实是为了让君主成为至高无上的权威。法家的"无为"，是有前提的，只有权力在手、大权在握，才可以实施。换句话说，法家也是帝王之术的集大成者，只有中央集权才可"无为"。

尊贵、安全、明智，法家三位一体地为统治者提供了解决方案。

随之巩固权力的制度与法令就闪亮登场了。

制度、法令必须公开透明、赏罚分明、细致到位，立功后必赏，做错事必罚。

人太复杂多变，一个问题你今天问他和明天问他，很有可能得到两个截然相反的回答。所以，法家认为不用跟他废话，一套稳定的、公开的、赏罚执行力极强的律法就可以统御万民了。

法家的学术思想，也因为它的实用性，成为历代君王的必修课。

后世的统治者大多时候是"外儒内法"，或者少数时候"外道内法""外佛内法"。但有一点是相同的，没有一朝一代的统治者不将法家作为贴身小马甲穿在身上的。

秦国就是在法家大牛的商鞅手里，走向复兴之路的。

儒、墨、道、法，我们将战国四大家的核心观点进行了提炼，具体说来，每一家都甚精甚深。如果有兴趣，朋友们可以去进行专项的研究。

每家每言，都是我们民族文化的瑰宝。

总体上来说，战国时代的"诸子百家"，由于卖方商品种类太多，每家都声称能改变世界，这就令买方感到非常的无所适从。不知哪家最强，索性全都买来吧。

因为有如此丰厚的时代土壤，所以孔老夫子可以带着徒弟、拉着队伍搞全国巡回演讲。

墨家的弟子可以满世界地帮各个国家守城。

"诸子百家"凭借着自己的主张纵横天下、走四方。踌躇满志地看斜阳，落下去，又回来，地不老天不荒，岁月长又长。

但无论孔夫子如何提倡"克己复礼"，无论墨家如何提倡"兼爱、非攻"，整个战国时代，还是一个逐利的时代。

礼崩是必然，利益是王道。

这是美好的时代，也是丑陋的时代。

这是整个中国历史上思想最活跃、最蓬勃的年代，也是整个中国历史上杀伐、兼并最频繁的年代。

这是"苏秦、张仪们"的美好时代。

这是"走四方"为主旋律的美好时代。

秦并巴蜀：百年一遇的机会，你会怎么选？

壹：总说蜀道难，到底难在哪儿？

一个国家在兴起的过程中，往往遇到一个个非常幸运的机遇，它们会接二连三地出现在你的面前。这种机遇往往可遇不可求。

当天时、地利、人和一系列因素因缘际会之时，历史会在你的面前摆上一道艰难的即时选择题。上还是不上！

一个看似成功的机会，可能包含着极其凶险的后果；一个看似平庸的选项，背后却有可能是一本万利的结果。

这两个选项摆在你面前时，你该如何选择？

秦惠王此时就面临着一次关键抉择。天上掉下了一块儿大馅饼——蜀地乱了。当时的四川，三足鼎立。来看看大西南地区吧。

最强的首先是蜀国，今天四川的西部，总部成都，经济条件最好、人口最多、土地条件最佳。

其次是巴国，今天四川的东部，总部江州（今重庆），土地一般，山地居多，国力次之。

最弱的是苴国，今天四川的北面，根据地在今天的汉中西、南部，国力最弱。

蜀国跟巴国一直是宿敌，而苴国一直是蜀国的小弟，两国的领导人是同宗。

当老大和老三成为一伙，老二其实不太容易玩得下去。而且，老二巴国的产盐地，近几年还被楚国夺取了，经济实力大大下降，这也导致了巴国越来越不容易。

不过，这一次，老二看到了转机，因为本有亲戚关系的老大和老三翻脸了。

老三不想一直当老大的尾巴，所以总跟老二一直眉来眼去，老大则觉得老三不识抬举，结果俩人闹掰了。

第五战　秦并巴蜀：百年一遇的机会，你会怎么选？

123

老大蜀国扬言要灭掉老三苴国，收回北部国土。当初是祖宗心软才给你分了片地，你还真不知道自己姓什么了！

老三苴国则不愿坐以待毙，和老二巴国联起手来要和老大干一仗。但这哥儿俩怕不保险，翻过了秦岭找到了秦国，希望这位西方诸国盟约长能够和他们一起干掉蜀国。

这就是目前蜀、巴、苴三国的总体互撕态势。

出兵还是不出兵，秦王将这件事拿到了朝堂上，请有识之士们各抒己见。

张仪作为口才担当，率先发表了慷慨激昂的演讲。

"眼下我们应该逮住韩国往死里打，出兵三川，切断魏国与南阳的联系，然后进攻新城和宜阳，兵临有名无实的老大周天子的洛阳城下。

"届时的周天子肯定吓得献出九鼎，到时候远可号令诸侯，近可兵出中原。

"至于蜀国，蛮荒小邦，偏处一隅，跑那么老远去攻打，未必有什么收获，不值当折腾一趟。"

之前，我们讲过，苏秦、张仪之流始终并没有什么靠谱的贡献。

这种国际掮客为什么没贡献呢？

因为他们做的任何抉择，首先想到的是每一项决策自己能否从中获得什么利益，至于国家利益，有最好，没有也无所谓。

打韩国，挟天子，其实在当时都是受累不讨好的。由于韩国处天下之咽喉、中国之中心，往东边、往西边、往南边、往北边，哪个国家往哪边打都得经过它。

谁兵出此地，势必会引来诸国的救援。事实上也正因如此，后面无论韩国多招人讨厌，每当韩国被秦国欺负得够呛时，各国往往就会不计前嫌地发兵营救。因为韩国要是垮了，我们就得直面大秦了。而此时，张仪的用武之地就来了。

往东打对于秦国来讲，劳民伤财，收效不多。

秦国位于豫西通道上向东的前沿阵地，就仿佛"最长的一码"一样，每一步推进都可谓艰难。

至于找周天子要鼎则纯属神经病思维，周天子拿着鼎都快过不下去了，你抢过来能有什么用？这种"问鼎"思维还停留在春秋时代，而且远赴巴蜀，则不符合张仪的利益需求。

首先，他去了没什么用；其次，打下来对他也没什么好处，他的国际影响力不会随之攀升。

是先攻韩，还是先攻蜀，表面上看，就是个顺序问题，但实际上根本没有那么简单。因为攻韩随时可以，但攻蜀，机会却只有这么一次。再下一次，不知何年何月！

为什么？这要从蜀道难说起了。

秦人想要入蜀，先要翻过秦岭，翻越秦岭当时有五个方案。

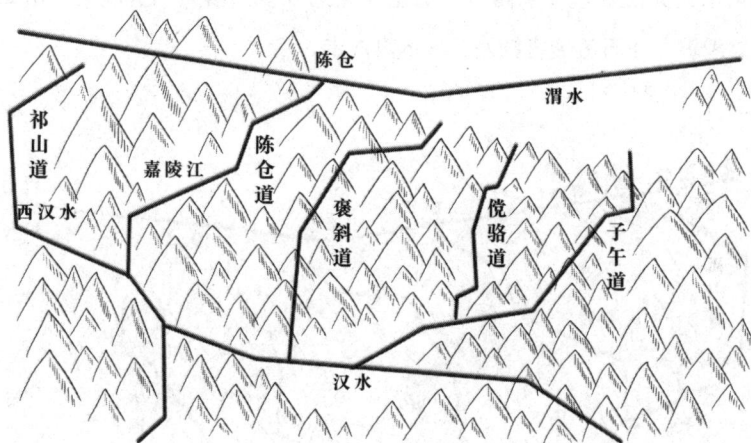

看似五个方案，但要从关中入川，基本上只有西边的三条路。

因为东边的子午道和傥骆道，在当时基本上就不能算"道路"了，自古罕见大部队敢走这两条路的。因为太过于险峻狭隘，缺乏回旋的余地，人家只要在谷口放上千余人就把你彻底堵死了，比如著名的子午谷道，几千年来从未有过成功的征伐案例。

发生在此处比较著名的战役，是明末的农民军第一实力派，闯王高迎祥在子午谷被明军堵死。（此时李自成仅仅是闯将，和闯王高大哥比起来根本不算什么。）

关于后来诸葛亮为啥要驳回魏延的"子午谷奇谋"，以及魏延究竟要实现什么战略，我们会在三国的故事里细讲。

至于傥骆道，比子午道还险。

接下来说一下可以选择的西边三条路，我们按照难易程度来分析一下。

第一条，就是最左边的祁山道，西出陇山，进入陇西高原，然后再南下穿越秦岭、大巴山脉的西端，进入四川盆地。

我们都知道诸葛亮"六出祁山"，所谓"祁山"所指向的位置，也正是西汉水源头以北的这片区域，这也是秦国的祖宗发祥之地。（实际上蜀汉的北伐真正出祁山的是两次。）

这条道有点儿远，而且要翻越六盘方，得过陇山山脉。

自陈仓往西不是还有一条蓝色的水路吗？

那条水路无法通航，陆路行军更是天然的噩梦，沿路山势陡峻、山高谷深，沿途山体滑坡、泥石流灾害频发，根本没法走。

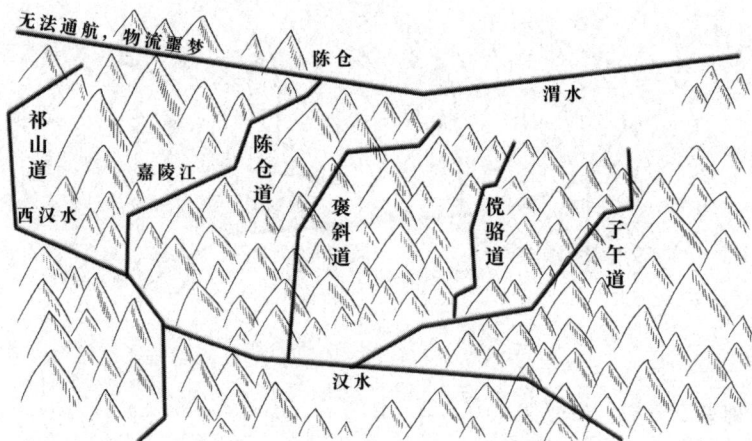

这段路途在中国铁路史上也是浓墨重彩的一大笔。当初修建陇海铁路宝鸡至天水段的工程时，是中国铁路建设中桥梁、隧道比例最高的二线铁路，工程极其艰巨。

因为当时秦国的核心区已经转到渭河平原了，也就是说，如果秦人要由陇西高原发起进攻的话，就需要先调集人力、物资西向由陇关道攀越陇山，然后转向南穿越秦岭、大巴山脉。

这样几乎走了一个大直角。

无水路可借，路程的增加，战役的成本也将成倍地上涨，千里运粮，往往是

运二十担粮草，才能往前线交割一担，这就已经很不错了。

物流成本在那个年代极其可怕，如果走这条道，会拉长战役的准备时间，国家也会产生极大的负担。

这条路，是关中政权入蜀的最次之选。

相对来说，通行条件好一些的是五条路中间的褒斜道。

这个条件好，其实是相对而言，因为没有最差，只有更差。

褒斜道实际上是沿途一路有褒水的，但是褒水只有北半段可以借上水路的力，南半段水流湍急，很难行船。

在秦岭中穿梭，是很艰难的，很多地段完完全全是河谷，根本无路可走。

不过，我们是愚公移山的民族，我们最早的工程队沿着河道旁边的峭壁开凿孔洞，插入支架，然后再铺上木板通行，修成了所谓的"栈道"（刘邦当年烧的就是这条道，烧完就昭告天下，爷今后再也不出去了，以此表示自己没出息）。

在连通秦、蜀两地的"蜀道"中，"栈道"也是经常被迫使用的交通形式。

所以，一旦进入战争时期，防守的一方要想阻止对方进攻，只需要将栈道烧毁，就可以起到迟滞对方进攻的目的了。

最好的方案是相对便捷的道路，就是陈仓道。

由于由渭河平原西端进入秦岭的关口是著名的"大散关"，因此也被叫作"散关道"；又由于渭河平原西端的主要城邑叫作"陈仓"，因此又被称作"陈仓道"。

刘邦后来就是从这里"暗度"出来的。

当时距离武都大地震还有一百三十年，天池大泽还健在，所以当时的陈仓道全程可以通航。（楚汉战争时期会讲。）

刘邦死后十年，武都大地震，汉水改道，西南版图出关中的历史窗口，随着汉王朝创始人的离去永远地关闭了。就此也彻底封顶了四百年后，那位经天纬地之才的努力天花板。

时来天地皆同力，运去英雄不自由，成败有命，国运在天。

此时此刻，不仅整个关中平原的物资可以通过渭水进入嘉陵江道，而且汉中平原的物资也可以通过汉水输送到嘉陵江中，随后直接由水路入蜀。

综上所述，汉中与关中，基本就是上述的三条道：祁山道、褒斜道、陈仓道。

第一条，过陇山，物流大噩梦；第二条，路最近，容易断，物流小噩梦；第三条，最靠谱，全程水路，入蜀首选。

蜀道难先放在一边，这一道秦岭就不好过。如果秦国想入巴蜀，最好的方案是走陈仓道。

但是，当时陈仓水路的核心地段掌握在苴国手里。

虽然秦国早在公元前 387 年的时候，就拿下了汉中盆地，但是苴国把南下的道路挡得死死的。只有拿下这条路，才能进入下一个更难的课题——入蜀。

舍不得看完的中国史

自古入蜀有三条路：金牛道、米仓道、荔枝道。

荔枝道就不提了，见记载较晚。这条道配合上面的子午谷，在唐代时为了给杨贵妃运荔枝，经过国家工程级的整修，才算得上像样的道。

米仓道是入蜀的二号选择，它横跨米仓山，这条路比后面要说的金牛道更难走，所以一般大部队也根本没法走。

最后，就剩下"唯一"的一条路，非常著名的金牛道了。

自古由北向南军队入蜀，基本就这一条路，关于"蜀道难"绝大多数说的就是这条道。

一旦行军的道路"难于上青天"，一系列后勤保障就非常难落实，当年李太白那首《蜀道难》真的并非艺术夸张，而是真的就那么险。

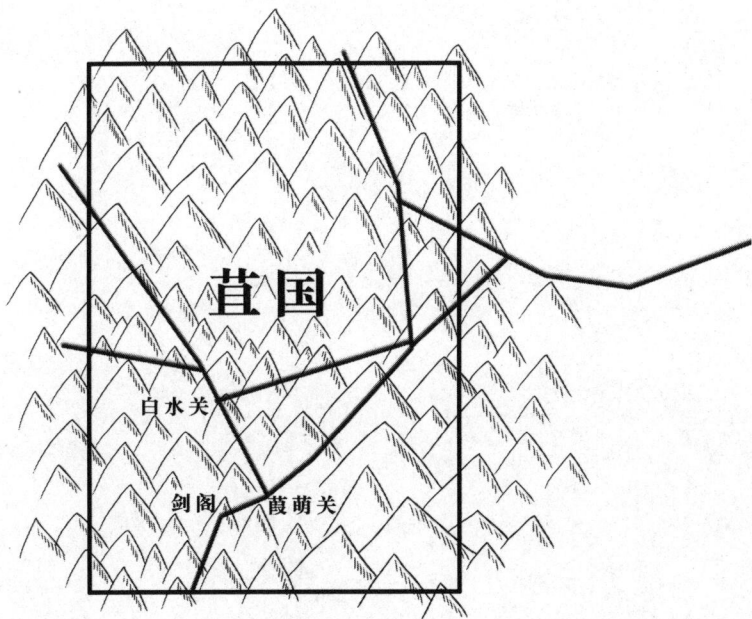

别看苴国粮食产值不算强，位置却相当关键，整个蜀道的核心，全部在苴国手里攥着。

秦军想南下打过来，通常可选的就只有陈仓水道这一条路。

哪怕你英勇无敌、神兵天降，无论你的突袭行动有多么突然，蜀人都有足够

的时间反应，在葭萌、剑阁这两个点上封关以自守。只要这两个点一封死，再想入蜀真是千难万难！

后来，姜维堵在剑阁就差点儿把钟会弄神经了。

剑阁地区以北，是整个蜀道难的精华所在。

这道关锁住了整个四川盆地，如果打破葭萌、剑阁地区，四川盆地就可以长驱直入，无险可守。

这也就是为什么控制蜀道的苴国此时引狼入室，绝对是上天赐给秦国的重大机会。

贰：好机会来了，要梭哈

中国地理版图上最可怕的后勤噩梦，作为秦国入蜀的先决条件，此时变成欢乐大放送。

控制着秦岭核心物流区，以及蜀道精华的苴国，鸡找黄鼠狼，邀请秦军入川。

这么好的机会，按说是不用讨论的，直接就应该同意。不过，秦惠王还是拿到了朝堂上讨论，他还是有些拿不准。原因有四点：

第一，巴、蜀之地确实如张仪所说，荒蛮烟瘴，远离文明，这一路山高水远，变数太多不好说。

第二，出兵后的收益风险很大，打不打得下来首先不好说，即便打下来了，巴国、苴国有什么后手，也不好说。

第三，即便顺利拿下后，蜀地远离权力的中心，好不好控制，不好说。

第四，老三真的跟老大闹掰了吗？万一骗我呢？

在那个时代，既没有手机，也没有网络，不能朝闻天下，再开启全新一天，**信息来源的真实性通常很难判断。**

这四个不好说意味着，秦国的风险并不小。

不过，秦国入主巴、蜀的机会，却也只有这一次，过了这村就真没这店了，再想如此，上天并不一定会再给这种机会。

就在张仪演说完之后，一个一直很低调的人说话了。

这个人是大将司马错。

司马错，应该说是秦国继商鞅后的第二个贵人。

司马错的主张很明确，取蜀。

司马错从三点进行论述，秦国要想统一天下，最基本的是扩张领土、增加财富和施行仁政三个方面。（施行仁政在这里显得很搞笑。）

蜀国富庶，地盘不小，而且是蛮夷番邦，僻处边疆，你打它，其他国家不会干预；反之，东进则必然招致六国的联手抗击（打脸张仪）。拿下蜀国，不仅可以扩张领土，还可得到财富，一举两得。

蜀、巴、苴这三国由于山川险阻，军事斗争经验少，军备等一系列综合战力还停留在原始状态，但它们一直过得挺踏实，就是因为天险的帮助。

天险一旦失守，我们就是牛刀宰鸡。

最主要的是，这次机会千载难逢，天予不取，必受其咎。

秦惠王听后一拍大腿，下定了决心。

秦军后来在司马错的率领下南过秦岭，一路顺利通过沿途的层层天险阻隔，一直走到葭萌关时，才遇到匆忙堵口子的蜀军。

但葭萌关在苴国手中，于是秦国顺利通过天险，最大的难度已经翻篇。

几百年了，四川本土百姓从来没见过这么一帮上了战场争着抢脑袋的恐怖部队。

由于苴国的引狼入室，蜀军没来得及在天险据守，面对职业杀手组建的秦军，蜀国迅速土崩瓦解。失去了天险保护的川西平原，基本无力阻挡北方来敌的进攻，蜀国如司马错所说，牛刀宰鸡般被灭。

灭蜀之后，司马错迅速翻脸，捎带脚地灭掉了请他来的苴国，之后更是奋起余勇，挥师东进，又攻打巴国。

征服蜀、苴两国，占据了上水优势的秦军，乘势攻入阆中、江洲几个巴人的重要据点。

在这些重要城邑落于秦人之手后，少部分巴人退入山地之中打游击，但作为一个国家，巴国宣告亡国。

至此，将整个汉中盆地、四川盆地收入囊中，秦国只用了一年的时间。

著名的金融狙击手索罗斯说：**当好机会来临时，要将所有都押进去，拼命扩大战果。**

巴菲特也说：**好机会不常来，天上掉馅饼时，请用水桶去接。**

前者在1992年大战英格兰央行时，将所有能搞到的钱全部加了杠杆，最终大获全胜，致使英镑暴跌。后者则更是有名的"别人贪婪时我恐惧，别人恐惧时我贪婪"的机会收割大神。

他还说过这么一句话：

"每一个投资人的手中都应该有一张可以打二十个洞的投资决策卡，每做一次投资，就在卡上打一个洞，二十个洞打完，这辈子的投资机会就到此为止了。"

巴菲特的潜台词是：要慎重每一次的决定，没事别瞎折腾，要等好机会，等机会真到了，就跟它拼了。

听着挺悬乎的，但仔细琢磨一下，其实就是这么回事。

人这一辈子，最关键的就那几步：上学、工作、结婚、工作。

我们要学会分清轻重缓急；要学会在事物的本质关键点上使劲；要分得清什么是平庸的机会，什么是千载难逢的好机会。如何分辨，则是终我们一生要去修炼的本事。

寻常之人要么一辈子在一个问题上辗转反侧，要么对于每一个机会都等闲视之。功业成就之人则往往把握住了人生中的几个好机会，并尽己所能地扩大战果。

如果秦国没有抓住这次机会，巴、蜀之地最终还是会落到秦国的手里，不过过程可能就会曲折得多，国力上也会消耗大得多。

统一全国的事儿，可能就轮不到嬴政那一辈完成了。

不过，我们刚刚也说过，哪怕是天时、地利、人和齐聚，取蜀还是有四大风险的。

第一，路途太遥远。

第二，利益不可控。

第三，局面太复杂。

第四，信息拿不准。

没错，每一次机会都面临着风险；或者说在每一次的决策后，都有成本的代价。

无论你怎样抉择，都无法保证最终你一定是笑到最后的那一个。但你还是要去选择。在你负担得起成本的前提下，不要错失好机会。

秦惠王最终选择了南下夺蜀并一举成功，他要感谢司马错，因为这位将军不仅为他指明了方向，还亲自带队灭亡了三国。能说又能干，这种复合型人才，往往是可遇而不可求的。

后人评论战国时代有四大名将：白起、王翦、李牧、廉颇。

秦国两个，赵国两个。这两国也是战国晚期的绝对主角。

白起杀神下凡，自成一档，后面三人是第二档。王翦灭楚、灭赵；李牧是赵国的超级救火队员，扑完匈奴火再扑秦国火；廉颇是成名于破齐，但立功于抗秦，再加上自身会包装，一个"负荆请罪"就火了上千年。

不过，笔者觉得，第二档应该再加上两位——司马错和吴起。

吴起，我们在前文中介绍过，战国初期第一名将，一生七十二战无败绩。

另一个，就是司马错。我们来看他为秦国带来了什么。

秦国在一年内囊括了汉中盆地、四川盆地以及汉江、长江的上水优势。

不光是领土扩大了，更重要的是，拿下蜀地相当于多了一个关中平原。关中平原约三万四千平方公里，川西平原约二万三千平方公里。

虽然差着一万平方公里，不过川西平原土地的肥沃程度和水利丰沛程度，要远远高于少水、盐碱多的关中平原。这对于往中原争夺寸土寸金的土地的秦国来说，无疑国力会产生巨大的增长。

汉江、长江的上水优势，则让秦国可以实施浮江攻楚的低成本战略。

三十年后，司马错正是通过这两条江水杀向了楚国，神兵天降般地拿下了黔中地区。随后，白起打得楚国迁都求和，苟延残喘。

舍不得看完的中国史

司马错的存在，让秦国在商鞅变法后，再次获得了实质性的国力进展。

自此，秦国占据崤函之后，尽得南方上游形胜之地，兼并之势更加不可逆转，留给六国的时间越来越少了。

『胡服骑射』：赵国崛起的关键三十年

壹：赵雍上位，安居平五路

战国时期的一条大主线，就是秦国如何一步步把其余六国逼死的。

这条大主线上，前期的主要受害者是魏、韩。这哥儿俩因为离得近，而且平分了豫西通道，所以成为秦国东出的主要打击目标。

想当年三晋何其威风，"中神通"独挑四夷，但往后传，却一代不如一代。在秦国的不断打击下，尤其韩、魏这两国在战国中后期时，已经成为二三流国家，甚至韩国直接就变成了秦国的"胁从军"。

不过，三晋还是有个争气的后人的。

赵国成为中原最后的门面，扛起了中原抵抗强秦的最后一百年。

公元前 326 年，赵肃侯在位的第二十四年，也就是苏秦给他兜售"合纵盟主"概念的七年后，他觉得自己快不行了。在传位给儿子赵雍后，他过早地离开了赵国人民。

赵肃侯在位的这二十四年，总体上来说，还是挺争气的。先来看看赵国周边的乱乎吧。

赵肃侯刚刚继位的时候，西边的秦国已经变法十年了，狼子野心早就昭然若揭了。他在位的这二十多年，也是秦国不断削弱韩、魏的过程。赵国东边面对的是战国时代齐国历任中最贤明的齐威王。它南面面对的是国力由盛而衰，但在位五十年一直不消停的魏惠王。它北面面对的是楼烦等游牧民族的不断骚扰和虎视眈眈的燕国。国境内部还有个恶心人的小强——中山国。

周边国际形势与环境一直非常差，四面受敌，这也是三晋一直都存在的困扰。

不过，赵肃侯却并没有像南边不争气的魏惠王一样，将一副本来大好的牌给打烂了。赵肃侯一直采取不妥协的对外强硬的态度，没让赵国吃过一点儿亏。

这在三晋中，赵国也一直比那两晋争气得多，算是交出了"任它惊涛拍岸，我自岿然不动"的优异成绩单。

不过，赵肃侯在的时候可以一直像电影中的教父一样运筹与铁腕，但当教父突然不在了，周围的黑帮们就想瓜分了这个"柯利昂家族"。几个大国就像盘桓已久的狼一样，准备伺机而动。

赵肃侯逝世后，魏、楚、秦、燕、齐，都派了万人规模的精锐部队去参加他的葬礼。这五个"黑帮"准备在"柯利昂家"搞点儿事情。

不过，也不能全怪周围的群狼不地道，看看赵肃侯在位时对外的表现吧。

赵肃侯六年，攻齐国，夺高唐；七年，攻魏国；十年，联合齐国攻魏国；十一年，再攻魏国；十七年，还攻魏国；十八年，齐魏联军攻赵国，赵肃侯掘黄河大堤水淹联军；二十二年，战秦国，秦杀赵将赵疵，占领赵国的蔺地与离石。

赵肃侯在位这二十多年，与魏和齐一直就不对付。这次五家派兵奔丧，也是多年的老冤家魏惠王挑的头。而此时，继承人赵雍仅仅十五岁，可谓主少国疑。

几百年后的蜀汉也面临着这样的情景，刘备将家底败光后死于白帝城，留给诸葛亮一个大烂摊子。

《三国演义》作为中国几千年来最好的历史演义小说，曾经有一段诸葛亮"安居平五路"的戏。

刘禅年少，精锐殆尽，大领导走人后，卧龙先生不再"卧"，背地里召唤出了神龙，潇洒地在家就安居平五路，扫除了五个方向、四面势力趁火打劫的阴谋。

《三国演义》中的这段是编的，当时蜀汉虽然值"危急存亡之秋"，但根本没有五路捣乱这回事。这段故事，大概率是借鉴赵国的这个真实事件加工而成的。正所谓艺术来源于生活，又高于生活。

接班人年纪小，赵肃侯走人时给自己的儿子留下了他的"卧龙"——肥义。

托孤重臣肥义为赵雍提出了平五路人马的方案。

总思路：造势与牵制。

先来看造势：赵雍命令赵国全境处于戒严状态，全国四个重镇——代郡、太原郡、上党郡和邯郸一级戒备，准备随时战斗。

再来看牵制：重金贿赂越王（越国是个三流国家，在整个战国时期就是路人甲，此时离被灭没多少年了），使越国攻击楚国，将掺和事的楚国拉回到眼下的麻烦中。

对北方的游牧部落首领楼烦王许以重利，让楼烦王派兵骚扰燕与中山。

燕一直是弱国，虽然总说"燕赵多慷慨悲歌之士"，但我们一直看到的却是赵慷慨悲歌，而燕一直在唱民谣。燕一看到楼烦有动作，联想到了赵可能也要出兵夹击，马上就没了打劫的心思。

中山国虽然没有万乘，仅仅是千乘之国，但由于楔入赵国的版图内，而且后面的大哥是齐国，所以总是跳出来给赵国捣乱。但在楼烦的攻击下，也无暇顾及应对赵国的阴谋葬礼了。

各种贿赂完成之后，赵国开始发外交文书，联合韩国和宋国为铁三角联盟。

当年，赵肃侯给赵雍说了个韩国公主当媳妇，关键时刻人家韩国肯定挺自己的姑爷；而宋国虽然国富但力小，一直被魏、齐、楚欺负，但敌人的敌人就是我的朋友。

这两个国家地理位置很特殊，位于秦、魏、楚、齐之间，使赵、韩、宋三国形成三角形结构，然后像黑帮片里面那样所有人互相拿枪指着。这种错综复杂的牵制关系让各国都不敢轻举妄动。

尤其在燕、楚无暇他顾后，魏、秦、齐集团对赵、韩、宋集团并没有压倒性的优势。

在做好造势与牵制之后，赵雍强硬命令来会葬的五国军队不得进入赵国边境：都给我在门口站着！

赵国海关只允许五国使者携带各国国君的吊唁之物入境，并由赵国负责接待的大臣将他们直接送往邯郸。

扫码回复 9，即可查阅高清地图

五国使者入赵后，见赵国精锐云集邯郸，鼻子、眼中喷火，战争一触即发，谁也不敢有任何的差错，在赵肃侯葬礼后，便匆匆离去。

魏惠王发起的"五国图赵"的阴谋被年仅十五岁的赵雍挫败了。年少的赵雍经受住了严峻的考验正式继位，这就是后世大名鼎鼎的"赵武灵王"。

赵肃侯生了个好儿子，赵雍这个人，可以说是天纵英才，**他也是秦国在商鞅变法后，唯一一个堪称可以扭转历史局势的君主。**

在赵雍的统治下，赵国这个四面皆敌的国家最后成为六国之中，后期唯一可以硬扛强秦的国家，他做了什么呢？

历史上有个特别有名的词，叫"胡服骑射"。

历史老师给我们讲的是，赵国总受游牧民族和中山国的欺负，于是赵雍决定穿胡人的衣服，学习胡人的骑射增强战斗力，最终灭掉了中山国。

历史老师讲国家兴衰，总跟讲小儿故事似的，真的是这么简单吗？

没那么简单。每一次成功的改革都有极其深邃的原因和步骤，我们来一步步看吧。

贰：赵国面临的南北分裂

在赵雍进行大名鼎鼎的全民改革之前，其实在赵国的北方，与游牧势力接壤的那些地方，当地的武装早就已经渐渐地实行"胡服骑射"了。

因为传统步兵与游牧民族交战时极其吃亏，两条腿永远也赶不上人家的四个蹄儿，不能总让他们骑摩托打黑枪，也得撵上去给他来一棒子。就像我们之前常说的那句话："生命会自己寻找出路。"

在当时的秦和赵两国的北方边境，均自发地进行了军事改革。

赵雍此时的心腹大患，并不仅仅是历史老师口中的游牧民族与中山国，而是国家的内部矛盾。

他接手的赵国，是个内部矛盾极其严重的国家。

这个内部矛盾是北方以代郡（今大同）为代表的和南方以邯郸为代表的两种文化、两种政治势力，造成的南北分裂矛盾。

这里就要说一下赵国的基因了。

赵国在"三家分晋"之后，既得到了晋国北部的所有土地，也继承了晋国从前抵御游牧民族的义务。此时游牧民族最活跃的地方，正是赵国北部的阴山地区。

关于阴山山脉，我们会在讲汉武大帝的年代时详细介绍。到时我们就会明白这条山脉对游牧民族的意义，为何后人要说"不教胡马度阴山"。

因为这份责任，赵国成为华夏诸国中与北方游牧民族交流最全面、最深刻的国家。赵国在长期与游牧民族打交道的过程中，摸索出来很多有成效的相处方法。

并非单纯地比谁更狠、谁更厉害，人们更多考虑的是成本。例如，通婚，就是老少皆宜的低成本方式。

我是你的老丈人了，你小子还好意思打我吗？

我是你的姥爷，你小子还敢跟我瞪眼吗？

当然，后来的匈奴人会说：我打的就是老丈人！

赵国是拳头与嫁妆两手都比较硬，既能跟你的骑兵打群架，又能跟你当亲家。

赵国王室与游牧民族的通婚程度，也远远高于同时在北边的秦国和燕国。

相比秦国和燕国王室的通婚对象主要指向中原各王国，赵国并没有看不起北方的野蛮势力，**或者说没办法看不起，因此经常性地"昭君出塞，狄女南归"。**

时间久了，赵国的王位继承人中，流淌着大量的"胡人血"。

赵国的文化也如同他们国君的血统里有大量的戎狄之血一样，**是华夏农耕文明与北方游牧民族文明的混合体。**

不过，这两种文化有些风马牛不相及。

赵国为了调和这种矛盾，想了很多办法。

此前，赵国曾经采用大臣异地就任制，即有游牧背景的大臣到农耕文明的中心邯郸上班，中原系的大臣则到游牧文明重镇代郡（大同）为官，希望以此加强两种文化的交流。

但这种办法有点儿理想主义，效果并不好。

代郡与邯郸在过去的一百多年里，逐渐成为赵国政局的两大中心。

北方代表游牧势力的代郡，逐渐将手伸向了另一个重镇晋阳（原赵氏大本营，今太原）；

代表中原文明的邯郸则控制了地近中原的另一个重镇上党。

赵国的南北分裂局势在日渐扩大。

中原人总认为自己有文化，看不起游牧民族；而游牧民族也总看不惯中原人光会嘴把式。**两种文化、两大政治势力处于不断争斗的状态，而且越离越远，渐渐大有裂土对峙的趋势。**

文明本身的差异是一个原因，而导致两大政治势力无法交会的另一个重大原因在于地理上的隔绝。

中山国像一把尖刀，横插在了赵国领土的中间。

中山国正好楔在赵国的中央地带，全境只有东北角一小块与燕国接壤，其余皆为赵国所包。

邯郸与代郡之间隔着中山国，邯郸要与代郡交流就得绕一个大半圆。绕就绕呗，扯什么地理隔绝啊？

绕本身不算大问题，但不仅要绕，道还那么难走，这就是大问题了。

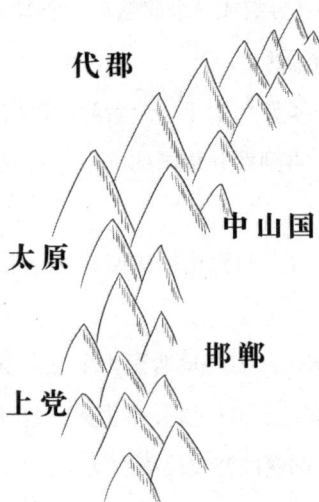

因为**南北本来文化就有隔阂，还赶上路不好走，索性就谁都别搭理谁了。**

两股势力的联系，因此远不如与它们各自临近的中原和游牧民族之间的交流密切。

邯郸作为首都，对代郡的控制本来就一直很不给力；而代郡出于同游牧民族军事斗争的需要，又不得不拥有便宜行事的巨大自治权力。

邯郸与代郡实际上是赵国执行南北不同战略的两个国都。

所以，**打通南北的通道其实是赵国客观上的刚需**，而并非因为史书上所谓的受到了"欺负"。

中山虽然不是强国，但由于处于赵国的心脏地带，齐、燕一直把中山作为牵制赵国的最重要的一枚棋子，它们是中山后面站台的老板。

中山也由于背后有大哥撑腰，所以经常没事就搞搞军事行动，兵临城下，让赵国胆战心惊。

也因为国际势力的不断干预，赵雍他老爹赵肃侯虽然一再击败齐、魏等强国，但在解决中山国的问题上始终没有取得实质性的进展。

赵雍的心气很高，他下决心在这一届政府任期内解决这个心腹大患。但在解决中山这个客观因素之前，他必须在两种文化中做出抉择。

因为非国强不得灭中山，**而先需要统一思想。**

再骑墙两头糊弄，势必会分裂成一个北赵，一个南赵。那么选哪个好思想呢？

这时候，他将眼光看向了西方。

秦国已经变法三十多年了，每十年一个台阶，国家在爬坡，从击败魏国夺回河西、崤函，到囊括巴蜀，再到吞并楚国的汉中，西方世界已尽归秦国所属，原因就在于举国尚武。

秦国从上到下都热爱打仗，每次出征前所有的母亲和媳妇都在嘱咐男人们多砍脑袋再回家。

赵雍决定进行军事改革，武力是检验国力的唯一标准，宽袍大袖不禁折腾，满口仁义道德也不能当饭吃，蛮夷打扮并不丢人，身死国灭才对不起列祖列宗，穿戎狄衣服，练骑马射箭，彻底以游牧民族的文化体制改革赵国。

决心下了，做起来却极其困难，为什么？

因为民族情绪和巨大的成本问题。

叁：胡服骑射引导的赵国改革

先来说民族情绪问题吧。

情绪问题的落脚点主要是在穿胡服上。孔老夫子曾深情地说：如果当年没有管仲，我们华夏民族早就都"披发左衽"了。

这是在表彰管仲帮助齐国称霸，教训少数民族的"先进事迹"。后面的"披发左衽"是什么意思？

头发散开，衣襟左开，说通俗点儿就是右襟压左襟。这是游牧民族的衣着、发饰特点，在中原人看来太粗鲁、太非礼了，代表着野蛮落后。

我们华夏民族则是束发右衽，看着就有礼数，并自认为是文明的象征。

因为右手比左手有劲，在古时，右边也被寓意为力量与暴力，所以当你拱手作揖时，要左手包住右手的拳头再鞠躬，象征着你是克制暴力的人。只有在报丧时，才会右手压左手。出去跟人拱手客气时，可千万别搞错了。

衣着、服饰、发型，在现在则是越乱七八糟越酷，越花里胡哨越吸引人。但在古代，它的意义却极其重要，绝不可轻易变更。

这是一个政权、民族非常重要的象征。

像当年清军入关时著名的"留发不留头"，众多大明子民的誓死抗争，就是活生生的例子。

"扬州十日、嘉定三屠"，要说江浙老百姓可是出了名的好脾气，可浙江这关都这么难过，两千多年前的赵国就更加不容易了。

第一关，是民心关。这一股浓烈的民族情绪大疙瘩，你化得开吗？

再说巨大的成本问题。

这就是关于"胡服"后面的"骑射"问题了。练骑射，步兵转骑兵的成本有多大呢？类似于培养货车司机当飞行员。

骑兵是一个技术性比较强的兵种，对将领和战士的选拔与训练要求都很严格。

一般人基本上只要拿得起戈矛，就能到步兵那去凑数，战斗班不行改文工团，文工团不行进炊事班，实在不行还能干受大累的民夫，但在选拔骑兵上，则没办法这么糊弄了。

当时马镫还没有被发明出来，双腿在无法借力的情况下，骑马绝对是一项高技术工种，从小就没骑过马的，更别提骑马打仗了。去草原旅游骑过马的朋友们应该会有这种感受，反正笔者是抱着马脖子差点儿把马勒死。

哪怕你经过刻苦训练，能够熟练地驾驭马匹了，之后你还会发现，骑射比骑马更难练。骑射不是你看见敌军或猎物后让马停住，你再瞄准射击，而是在马高速飞奔的过程中移动抽射。注意，不光你是动的，你的靶子（敌人）也是动的。（有点儿类似于骑马射飞靶，但注意，那时没有马镫，马也不是慢慢地溜达着，靶也没有那么近。）

这也就意味着骑射比步兵站着射难练得多，在颠簸的、高速飞奔的马上射箭，还要射得准，**没有天赋，没有闲工夫，没有闲钱去训练**，根本不可能实现。这就好比现在训练飞行员，成功上天的代价是和飞行员同等重量的黄金。

光训练骑射，就需要天赋、功夫、金钱的大规模投入。

这还仅是入门级别的成本，不光是培训费钱，还没算行头费用哪！

骑兵的装备比步兵要复杂得多。

当时，赵国的一个骑兵必须要有两匹马，用特制的骑兵弓，配备不同用途的箭，要有长刀和短刀，夜里御寒的皮篷和可供长途奔袭的口粮和水。基本上，培养一个骑兵的费用最少相当于培养十个步兵的费用。

这还不算马的口粮，有牧草还好，如果没有牧草，想要战马精壮，马也是要吃粮食的，一匹马的饭量也相当于十个士兵的口粮。

更可恨的是，马晚上也要没完没了地吃，还是直肠子，一边吃一边拉，养马比养牛羊费钱得多。但是没办法，你不能骑着牛上战场，牛大哥脾气一上来，就把你扔在战场上了。

口粮的问题解决了，后勤问题又来了。

整个骑兵的服务链条很长，有负责平时养马的、给马看病的、直接为骑兵服务的后勤兵。

骑兵的武器装备也不同于步兵，主要由胡人工匠负责生产。骑兵用具中有大量的皮革制品，对牛羊的需求量很大，与游牧生活相关的一系列配套生产随之都要升级、配套、推广。

是不是听着头都大了，**胡服骑射**，实际上是一个牵一发而动全身的大动作。

你可能会问，培养这么贵的骑兵，有必要吗？

单个的骑兵意义不大，顶多当个侦察兵、通讯员；但如果骑兵的数量成规模化，组建成一支精锐的骑兵部队，在那个年代，绝对是生物链顶端的存在。

基本上那就是一支机动的坦克部队，来去如风，机动力、战斗力极强，能够在对方发现、布防前就实施突破。战略打击能力大增，使千里击敌变成了可能。

在火枪出现之前，骑兵对步兵永远都是碾压式的赶超，一支一万人的骑兵部队击溃十万人的步兵方阵，在古代战争史上是常有的事儿。

可以这么说，游牧民族的骑兵在军事上对农耕文明天然上就是碾压性的。

不过，骑兵虽然好，但从当时的社会生产力上看，本身就不具备普及性。

每一个骑兵从培养到形成战斗力的过程，其实会带来极大的财政负担，强如秦国也没有把这个当作发展方向，要知道秦国的天然优势更大，国力强且西北产战马。

但赵雍为什么却非要把组建一支骑兵部队作为头等大事呢？赵国比秦国国力强吗？

这是因为赵雍没办法。

而骑射代表着游牧民族的文化。

赵雍要通过肯定骑兵在赵国的重要地位，以此为突破口，变相地肯定游牧文化，认可与扶植北方势力。

不再南北分裂，而是要统一思想，使全国百姓在这个阶段走尚武的游牧路线。

实行"胡服骑射"在当时南北分裂趋势极其严重的情况下，对于赵国意义重大。

赵雍决定改革后，没有一上来就跟商鞅似的，你们麻溜儿地都给我动起来，不换政策就换人地猛冲猛打，而是循序渐进地搞试点。

第一步，在北方搞试点。

将已经自我迭代的边关守军们打造成正式的骑兵部队，给番号、给待遇，一切成建制，官方进行选拔、训练。你们不再是边防兵了，而是帝国特种兵了，补贴、伙食全提高了，好好干吧！

第二步，在北方搞练兵。

北方的游牧民族在面对这支游牧化的"试点部队"时，**自身机动性强的优势不复存在，但纪律性差、装备差、没有章法套路的缺点反而被放大。**"试点部队"在与北方胡人的军事斗争中取得了一系列的胜利。

在这里，我们要先简要说一下，战国时代的游牧民族骑兵部队的战法。

我们想到骑兵部队时，一般会想到对步兵那种巨大的碾压效果。但实际上，骑兵巨大军事优势的确立，是在两晋南北朝时，马镫都配上了，大长枪都挺起来了，步兵的噩梦才算正式到来。

因为那时候，甭管你穿多厚的战甲，高速战马过去一枪就完蛋了。但战国这个时候不一样，这个时候的主体是骑射，原因还是马镫。

再来说一下马镫的重要性，因为当时没有马镫，所以你在马上是使不上劲儿的。这就意味着你只能在远处射射箭，近了拿把刀砍一砍。

长兵器你是挥舞不动的，因为你的腿无法借力，所以关老爷那时候拿的肯定不是八十二斤的青龙刀，因为关老爷比画不了几回合就得从马上掉下来。

汉之前，华夏民族的马战也是学游牧民族的那套骑射战法的。见面先一顿对射，离近了再拿马刀比画，马的最大作用是打完你而你追不上我，或者你打我后而你跑不了。

游牧军队带来的最大伤害并非把你的军队都灭了，而是他们来抢了一通，完事你还没地方找这个流氓团伙去。

不过，后来到了卫青、霍去病的时代，军队方面先进行了战术革新，大长枪成为常备装备，军事战法变成了高强度护甲前期防御，然后撵上去用大长枪捅你。

问题又来了，由于没有马镫这个借力工具，**力的作用又是相互的，所以在捅敌人的时候，强大的后坐力很有可能把你从马上顶下来。**这就很有可能会造成摔伤或踩踏事故，最后杀敌一千，自伤八百。

不过，这样作战，农耕民族是占大便宜的，哪怕伤了的这个人今后退伍，退伍后还是可以干农活儿的。但游牧民族可是没有那么多壮丁的，从马上被挑下来，基本上就去见腾格里（蒙语老天爷的意思）了。

不仅这种换人战术合适，拿着枪往前冲还不用训练，会骑马就更好了。这就把练骑射的成本给降下来了。所以，最后就变成了汉武帝跟匈奴人拼人头了。

不过，即便如此，哪怕降低训练成本，国家还是供不起大规模的骑兵部队，强如汉武帝将中华大地榨成了渣，最后的巅峰战役漠北之战，也仅仅凑了十万精骑。

草原之所以要靠骑射为主，是因为人家的生活方式就是那个样子。人家的生活就是骑马打猎，战争时就是骑马打人，再加之草原上缺少铁与木头这种关键军用物资和关键技术，所以他们做不出来长兵器。只能远射，也就意味着游牧民族在战国那个时代的军事优势并没有那么明显。因为很多关键武器的质量是不过关的。

他们的箭头很多还是兽骨做的，锋利度也堪忧，所以也许射动物行，但要是碰上穿着防御服的赵国骑兵，不见得就能一箭毙命。但赵国这边的工艺水准挺靠谱，是走在时代前列的。

你想想，游牧民族那边做不出来好护具，全是穿动物皮，他们在面对这支受过专业化训练与武装的赵国移动射箭队时，还能有什么优势。

第三步，在信心与战斗力成熟后，要让全国百姓感受到这支骑兵部队的伟大，用胜利培养国民自信心。

赵雍亲自带队，率领他的骑兵部队从赵国南部向北进攻中山国，在房子（今河北高邑西南）大败中山国主力部队，然后从南至北横穿中山国，到达赵国的代郡。

这就相当于一脚将人家的防盗门踢开，然后在人家里砸一通后，又踹开了后门唱着歌走了。如入无人之境，这大大地鼓舞了赵国国民的信心。

在这三步走之后，赵雍感觉到国民们对于胡服并不反感，于是开始找南北两派的代表人物征求意见。

有游牧背景的肥义、楼缓、仇液等人当然同意，而且不光同意，还交出了高质量的论文，**从赵国的国情、地形、人文等现实情况出发，**有力地论述了施行"胡服骑射"对国家结束分裂、增强国家的竞争力、促成国家统一的好处。

不过，以赵雍的叔叔公子成和赵文、赵造、赵俊等人为代表的赵国宗室贵族，则不愿丢掉手中的权力，以"**胡服骑射**"必将引起全国范围内的各项国家政策随之改变，变动太大容易造成国内局势不稳为由，阻止赵雍施行这项国策。

由于有了三步走的成功实践，赵雍也由此耐心地说服了宗室贵族集团的首领公子成，向他表明了自己改革的决心和对以"胡服骑射"为标志的全面改革的整体构想，并威胁不改革就改人，不换方法就换人。在高压下，关键人物公子成被拿下了。

由于公子成对"胡服骑射"表示接受，赵国的宗室贵族在失去大旗后，也就都跟着同意了。

赵武灵王十九年（公元前307年），赵雍正式下令：全国易服，选拔骑射。

"胡服骑射"的战略构想终于得以实施，南北两派终于坐到了一起。统一后的赵国开始开动国家齿轮，"胡服骑射"所带来的一系列从上到下的改变，开始在赵国开枝散叶。

"胡服骑射"的推行，先是在军事制度上完成了大改革。

赵雍把自己训练的精锐骑兵作为军官教导团，开始培训骑兵军官。

原来的步兵和步兵将领要想转为骑兵，必须要经过严格的培训和考试。同时，赵雍还招募大量的胡人外援，充实到骑兵队伍中。

不分种族，没有歧视，只要认可我们赵国的生活方式与政治理念，来的都是战友。

国家给骑兵的待遇接近贵族的水平，所以骑兵作为当时赵国的特种兵和军官团，成为赵国的军事特权阶层。

军事改革后，赵国的军事将领主要是从骑兵中产生，或者至少要有在骑兵部队服役的经历，**自此"非骑兵不为将"的潜规则在赵国被确立。**

由于骑兵的较高待遇和非常好的军官前途，赵国的百姓都希望自己的家里能够出一个骑兵，将来再混成骑兵将领。于是，赵人养马蔚然成风。

骑射也变成了加分特长，成为民间提高班的重要课程。

在军官选拔上，赵雍亲自过问。这支新组建的骑兵军不同于以往的骑兵雇佣军，赵雍牢牢地控制着指挥权。

赵雍借组建骑兵、选拔骑兵的机会，对赵国的步兵系统进行了一次从上到下的大整顿，他亲自选拔军事将领皆严格遵循能力原则。

通过军改，赵雍夺回了人事权。

因此，国民中许多有能力的人都得到了任用。**赵雍通过对军队系统的调整、**改建，稳固地控制了赵国的军权，而大批的赵国宗室贵族却遭到了裁撤，南派的势力被大大削弱，客观上的军改阻力也逐渐变弱。

改革扩散到了社会的各个角落。由于为了配套骑兵这个特殊兵种，赵国国内的马匹也都建立了马籍，以便对全国骑战潜能的掌握和调用。

赵雍还命人对全国的户籍和牛、马等大型牲口进行了普查，建立了可靠的管理体系。也借助这次普查与统计，政府将过去宗室贵族和地主隐瞒的人口都查了出来，从而扩大了国家掌握的税源和劳动力资源。

赵国原有的南派代表，也就是宗室贵族体系，再次遭到沉重打击。赵雍推广的军功制度成为赵国军民求富贵的主要途径。

这怎么看着有点儿熟悉呢？和商鞅的变法像吗？

真挺像的，但赵雍这一套其实更像魏文侯时李悝的变法。

李悝选出了"魏武卒"；赵雍培养了"骑兵队"，两种变法虽然都起到了效果，但是他们比商鞅差就差在了魏与赵是特种兵选拔制。

赵虽然做的比魏好，全民胡服后客观地提升了战斗力，并重组了整个社会阶层，但得富贵的还是少数的那帮特种兵们。

没有代表最广大国民的根本利益，是他们的弊病，也是三种变法最终在优劣上产生不同的根本原因。

还记得我们刚才所说的吗？赵雍为什么要通过"骑射"作为改革的入手点？

因为"骑射"代表着游牧文化，是统一南北思想的破局点，搞成本巨大的骑兵破局，赵雍既成功，又无奈。

别看没像商鞅那样全民受惠，但他已经极其不俗地顺利完成了几千年来，很多政权都完不成的伟大改革！

赵雍实行"胡服骑射"对赵国的经济结构造成了很大的影响，使之更趋近于游牧经济。

对游牧经济、骑兵生活熟悉的大量胡人精英、平民精英通过选拔，进入赵国的军政领导层，改变了赵国的权力结构。

胡人文化的升扬，稳固了其在赵国的主导地位。胡人吃苦耐劳、重义尚武的精神在赵雍的宣扬下，对赵国国民的心理也产生了巨大的影响。

赵国从本质上发生了改变。改变后的赵国，开始了一系列的扩张与兼并。

肆：赵雍中兴

赵武灵王二十年（公元前306年），也就是正式改革后的次年，赵雍进攻中山国。赵军捷报频传，一直攻到了中山国都城灵寿（今河北平山）附近的宁葭（今河北获鹿北），彻底控制了太行山的重要孔道，"太行八陉"之一的井陉。这算是打开了联通太行山东西的关键通道。

"太行八陉"的交通恶劣程度比秦岭五道还是好一些的。

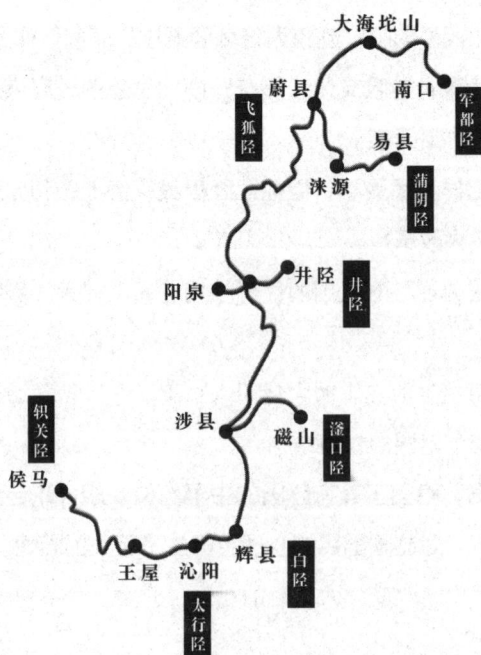

赵国向西打击林胡势力（游牧民族），占领榆中地区（今陕西北部与内蒙古交界的河套地区），在秦国的北方楔进了一颗钉子。

林胡在与赵军的作战中损失惨重，林胡王被迫向赵雍献出大量的良种马，才得以求和。

在得到良种林胡马的补充后，赵雍又提供优厚待遇，招募了大量的林胡勇士，把他们编入自己的骑兵军中，成为"国际纵队"。

赵武灵王二十一年（公元前305年），赵国大举进攻中山国，从南、北、西三个方向同时合攻中山国的都城灵寿。在四处发现赵军主力的形势下，中山王献四邑求和，赵雍默许之。

赵武灵王二十三年（公元前303年），赵雍再攻中山国。

赵武灵王二十六年（公元前300年），赵雍继续攻击中山国，夺取了中山国与代郡、燕国交接的土地，把中山国完全裹在赵国境内，并对中山国进行了严密的封锁。

被赵痛打过的林胡和楼烦想与中山国夹击赵国的代郡，但继续遭到了赵雍的痛击。

赵雍夺取了林胡和楼烦的大片土地，建立了雁门郡（今山西北部神池、五寨、宁武以北至内蒙古之间的地区）和云中郡（今内蒙古大青山以南、黄河以南，长城以北之间），迫使林胡和楼烦大幅度地向北迁移。

赵雍派人修建了两道长城，以阻止林胡和楼烦的南下。第一道在今内蒙古乌加河、狼山一带，第二道在今内蒙古乌拉特前旗、包头、呼和浩特至河北张北一线，这也是后来赵长城的主力工程段。

赵惠文王三年（赵武灵王三十年，即公元前296年，年号古怪，后面会讲到），赵雍最后一次大举进攻中山国，在齐国的夹攻下，中山国国王投降，中山国灭。

关于之前的大哥齐国为何会夹攻小弟中山国，我们后面会讲，齐国此时的领导人很有意思。

在占领中山国后，赵雍便开始整理代郡和邯郸之间的道路。不久，赵国境内的道路就通畅无阻了，各地区、各民族间的交流也更多了，南北文化开始频繁地融会。

自赵武灵王继位，到第十九年启动变法，控制国内政局，统一南北两派思想，再到十一年后彻底打通全国疆域版图，并北扩疆土，西压秦地。三十年间，赵雍完成了前面几代赵王想完成却没有完成的宏图大业。

赵雍开拓后的赵国版图，比之前几乎大了一倍。

赵雍的野心，却不止于此，别的国家一提秦国脑袋就大了，但他对秦国却很有想法。

他的战略眼光一直很远，看问题也很到位。

例如，他先是抓住了赵国最棘手的内部矛盾，先从内部完成转变，并锻炼出了一支自己始终抓在手上的特种兵力量。

他在位这三十年，基本上没有像别的国家那样漫无目的地穷兵黩武，而是一直在和北边最大的麻烦——游牧民族不断斗争，并师夷长技以自强，最终将游牧势力赶出了赵北边境。

再如，他一直逮着自己的心腹大患中山国玩命打，用十年时间专心地达成了一个战略目标。

赵雍眼光独到，执行专注，上马管军，下马管民，将一个逐渐走向分裂的二流国家带成了政局统一、民风彪悍的强国。

赵雍既有雄才，又有大略，他的出现，可以说是上天垂青于赵国。

赵雍在位的几十年里，也不是没有打过败仗，但都是在继位早年，而且败给的对象都是秦国。

赵武灵王八年（公元前 318 年），赵与楚、魏、燕、韩组成五国联军攻秦，惨败，被函谷关挡回来了。

转年（公元前 317 年），三晋联军再度攻秦，又惨败，其中赵国最惨，被杀八万，割两郡以求和。

惨痛的败仗经验让赵雍明白了一个道理，从崤函一线往西打根本没戏。

函谷关自带超强护体，是一道永远跨不过去的坎儿。但是，要是换个思路，从北往南打呢？

秦国的北边是游牧民族的势力，这帮来去一阵风，打还打不着的戎狄们，同样也是赵国北边头疼的因素，所以早些年赵雍一直压抑着自己的复仇欲望。

但三十年河东，三十年河西，赵国现在是大草原上的"国际警察"，尤其是如今已在秦国北方楔进了一颗钉子——榆林地区。

赵雍认为复仇的时机到了。不过，往秦国打的北路，沿途路况、山川大泽无人熟知，尤其赵雍打算使用骑兵进行闪电战，需要对进兵路线十分熟悉，并且进行周密的思考。于是，武灵王赵雍决定自己亲入虎穴探路。

战国时代，最强的虎胆龙威兼谍中谍战上演了，比荆轲刺秦王可牛多了，这是大国领导人亲自去狼窝实地考察。

赵雍先是利用自己的北部战略优势，向秦国施加压力，迫使此时主政的宣太后（芈月）任命赵国培养的楼缓为秦国客相，以便为赵国谋得更多的利益。

苏秦、张仪那章时我们讲过，六国都往别国安插外交官（客相），这是国际常态。不过，往不好说话的国家安插人就费劲，比如秦国。但赵武灵王此时在国际上说话还是比较有分量的。

楼缓入秦时，赵雍假装随从人员，跟在楼缓左右。进入秦地后，赵雍对沿途的风土人情细加考察，以备攻秦时所用。

楼缓进入秦都咸阳后，会见了许多秦国的大臣，赵雍就在旁边观察，对秦国大臣的贤庸强弱有了深入的了解。楼缓劝赵雍不可久留秦国，以免被人识破。

赵雍提出，走之前要看看秦国的"大小毛"，亲眼见一见秦昭王和宣太后。

不过，秦国的名声此时有点儿臭大街，由于此前发生过秦昭王扣留楚怀王的事件，各国国君都不信任秦国，不愿入秦，以免重蹈覆辙，更别提主动去看"匪帮头子"了。

赵雍要见秦昭王与宣太后也不是一时兴起，他想亲自了解自己的敌人，观察这对母子，以利于今后对秦做出决策。

极其敏感的秦昭王和宣太后在接见楼缓时，发现向来以风采自傲的楼缓对他身后的高大随从不经意间有屈顺之意，颇感好奇。在与这个气度非凡的中年男子的问答中，他们发现这个人的胸怀与见识更是了不起，母子二人在钦佩之余，也产生了极大的怀疑。

在楼缓告辞后，赵雍已感觉到宣太后和秦昭王对自己有所察觉，便匆匆辞别楼缓，返回赵国。

临别前，赵雍告诫楼缓，此母子二人皆为人中龙凤，务必要小心应对。

宣太后与秦昭王觉得楼缓的随从绝非等闲之辈，必是赵国的极贵之人来窥秦情。于是，他们速派使者宴请楼缓与这个非凡的随从，晚间再到王宫做客。

晚间，楼缓赴约却不见非凡的随从，楼缓说这个随从白天失礼，已被遣回赵国。

这更加坚定了宣太后的判断，认定这个人必是显贵，于是速派精骑追逐。精骑一路狂奔，直到边塞。守塞之人告诉他们，赵国的使者刚刚离去。后来得知，这个随从就是威震中原的赵武灵王。

宣太后和秦昭王对赵雍深窥秦政大感忌惮，如果一个抢劫犯进你们家把防盗门型号、地下室出入口、窗户朝向全探了一遍，而且这个抢劫犯还是一个抢劫团伙的老大，你会怎么想？今后还怎么睡得着觉！

不过三年后，身处壮年的武灵王却死了，南下攻秦成了永远的历史遗憾，秦国从此少了一个最棘手的敌人。

赵雍的死，就好像乔布斯的离去，把赵国的灵魂都带走了。

很遗憾，如果这个人活着，秦国会非常头疼。不过他的死，遗憾归遗憾，却并不让人可怜。我们用一个字可以很好地形容他：作。

这位英雄一世的人物，成，在于终止了一场分裂；败，在于导演了一场分裂。

这要从一个女人说起。

伍：雄主凄惨谢幕

后面的故事中，我们以老赵、大赵、小赵来分别说武灵王和他的两个儿子。

每一个英雄人物的倒霉或多或少地都和女人有关，老赵也不例外。

赵武灵王十六年（公元前310年），老赵游大陵。一夜，他梦见一个少女鼓琴而歌。醒来后，老赵对梦中少女十分留恋。在酒宴的时候借着酒劲儿，老赵就把这个梦向大家说了，还具体地描绘了少女的形象。

臣下吴广听后，觉得领导说的少女太像自己的女儿孟姚了，于是就把孟姚献给了赵雍。

老赵看后大惊："就是这丫头！"

老赵自此非常宠爱这位梦中情人，还封为王后，赵人称之为吴娃（吴广的娃）。

吴娃当了老赵的王后，没过几年，就为老赵生下了小赵——王子何，即日后的赵惠文王。

很可惜，这位梦中的佳人并没有太长的寿命，十年后，吴娃死了，老赵十分伤心。吴娃这辈子没跟老赵张过嘴，死前却求了他一件事：让咱儿子当太子吧。

老赵答应了吴娃死前的最后请求，废掉了长子太子章，改立吴娃的儿子王子何为太子。

废长立幼，国之不祥。

更匪夷所思的是，一年后（公元前299年），老赵竟将自己的王位直接传给了小赵，自己做"主父"。

赵雍有个很美好的想法，希望军政分离，儿子踏实治理国家，自己则全心专注于对外的军事斗争。

老赵为啥会这么想呢？

失去过什么，就特别担心会在自己的孩子身上发生，每个父母都是这样。

他每每想到当初他老爹死时，五国大兵意欲趁火打劫，就不寒而栗。他经常亲自带兵打仗，不知道什么时候就会遭到不测，到时候赵国必定会大乱。自己曾经有过的痛苦，他不想再在小赵的身上重演。

老赵决定在自己的有生之年就把政权平稳地交给自己的接班人，他把儿子扶上马后还要再送一程。

老赵本意是在赵国构建二元政治，自己和儿子都是国中的君主，只是自己不再使用国王的称号，而是使用有着太上皇意思的"主父"称号。

老赵的想法与初衷不错，但这番设想却严重地违背了政权构建的基本规律。

全国百姓紧密地团结在以一个人为核心的权力中心周围，政令才会通达，内耗才会最小，臣子们才不会投机倒把，百姓才不会心浮气躁。政出多门，听谁的？

但老赵当时没想这么多，他只想着扶上马再送一程的益处。很快，他又犯了一个更大的错误。

传位后，他又觉得对不起自己的大儿子大赵了。

大赵比小赵年长十岁，性格强悍、体魄健壮，大有赵雍之型，本来最为老赵所喜爱。赵武灵王二十一年（公元前305年）攻伐中山时，不到十五岁的大赵就被委以统率中军的重任。在老赵的亲自指挥下，取得了攻打中山国的大胜利。

此后，大赵多次随老赵出征，屡立战功，为国人所称颂。（从这里也可以看出，赵雍对子嗣的培养是多么的上心，年纪轻轻就放手历练，两个孩子也都优秀非常。）

不仅优秀，大赵在无辜被废后，也毫无怨言，仍一如既往地孝敬老赵。每当想起结发妻——贤惠的韩夫人时，老赵就会更加愧疚。他一直想找一个弥补自己愧疚之情的办法。这个时候的老赵已经彻底脑残了。

老赵又给大赵搭了一套班子，先是封大赵为安阳君，然后又派田不礼辅佐大赵。老赵还经常与大赵居住在一起，衣、食、住、行均命人给两个儿子各备一份，大赵的仪仗用度与小赵的几乎一样。

朝中的许多大臣们此时见大赵又受到了老赵的厚爱，以为老赵又有了什么新的打算，便暗中与大赵来往。

大赵对权力本就不陌生，见朝中大臣又都向自己示好，胸中的理想和抱负开始止不住地澎湃汹涌。大赵要夺回本应属于自己的王位！

赵惠文王四年（公元前295年），老赵打算把代郡分给大赵，让大赵也称王。

他自己终结的南北分裂，现在自己却要再度开启。

老赵先是把要立大赵为代王的想法同肥义说了，但肥义不同意。

肥义此时是小赵的国相，当初老赵他爹将老赵托孤给肥义，后来老赵又把小赵交给了肥义，已是三朝老臣。

肥义在送走赵雍后，就把整个事情的来龙去脉向小赵讲了：你爹要立你哥为代王。

聪明的小赵明白了事情的严重性，迅速与肥义商议了对策。小赵开始一级戒备，不再轻易露面，一切外事由肥义代办，并命令可靠的胡人将领信期日夜守护小赵。

这个时候，老贵族公子成与大臣李兑听说赵雍代大赵讨封不成后来见肥义，表达了对小赵处境的忧虑，表明愿为王效劳；宗室重臣阳文君赵豹来见，同样提醒小赵与肥义早做准备。

赵豹与肥义同为赵肃侯时的重臣，与肥义最为交好，但却不为老赵所喜。

李兑属于肥义选拔培养的青年才俊。

公子成受"胡服骑射"之挫后，蛰居多年。小赵即位后，肥义利用公子成在宗室中的影响，为小赵打下了深厚的基础。公子成也为自己能够东山再起，而十分感激小赵与肥义。

这是一个新的利益群体。

权力这个东西，你只要交出去了，想再往回要，千难万难。

肥义让李兑与公子成移往都城外，拿着小赵的兵符，准备随时起兵勤王；让赵豹坐镇邯郸，不许外地军卒入城。肥义自己则注意收集情报、统筹安排。

赵雍本以为自己代大赵讨封必成，不想被肥义拒绝，后来发现小赵对自己的调兵也控制得很严。老赵开始知道小赵已对自己有所防范，这让老赵感到很愤怒。

赵雍以在沙丘（今河北省邢台市广宗西北）选看墓地为名，让大赵与小赵随行。小赵没有办法，拉上了主心骨肥义陪同随行。

到沙丘后，小赵居一宫，赵雍与大赵居一宫。此时的父子离心，已经近乎撕破脸了。

田不礼作为大赵的首席参谋，劝大赵先杀小赵，再控制老赵，既而以奉老赵之命的名义称王。

于是，大赵借用老赵的令符请小赵到"主父"宫议事。肥义感觉不对，表示自己替小赵去，还要小赵加强防卫，自己不归即为事变，并命令信使时刻待命，如果一旦发生变乱，立即通知公子成与李兑带兵勤王。

肥义入"主父"宫后，果然觉得气氛不对，因为没有见到老赵，却见到了大赵和田不礼。肥义知道自己肯定回不去了，意料中的事情果然发生了。

大赵与田不礼见以"主父"的名义都调不动小赵，知道小赵已有所准备。大赵与田不礼决定以快制胜，在杀了肥义后，决定再遣使者调小赵，如其不来，则立即进攻。

小赵见肥义未归，而使者又至，知道发生事变，逼问使者，得知肥义已经被杀。

小赵遂怒斩使者，率军包围"主父"宫，与大赵和田不礼及其党徒展开激战。李兑与公子成很快也率军赶到沙丘，参与争斗。

小赵的军队很快就控制了局面，大赵与田不礼战败，田不礼逃亡宋国，大赵败退到"主父"宫，老赵纳其进入。李兑、公子成将"主父"宫团团围住。李兑想向小赵请示如何处置，被公子成制止。

公子成说："你这不是让领导为难嘛！他能说你们把我爹、我哥杀了吗？如此一来，围主父宫，赶杀大赵就会成为你我的罪过；如果不请示，就报告一个结果，刀剑无眼，谁也不会说什么。"

李兑觉得还是老狐狸有见识，于是没有汇报，直接派兵攻入"主父"宫，当着老赵的面诛杀了大赵及其党羽，随后便退了出来。

之后，公子成等人只围不战，因为无人敢担刺杀老赵的罪名。老赵被围在内宫里，但内宫中并无存粮。

公子成对老赵断粮断水前后达三个月之久，英雄一世的赵雍最终被活活饿死。公子成在确定老赵必死之后，才打开内宫，为其收尸。

小赵对老赵之事一直不问，直到公子成来报老赵饿死，才痛哭一场，命令厚葬，全国举哀。他并没有后来李世民的智慧，人家唐太宗可是杀完兄弟后跑到老爹那儿去哭的。

一代英主，最后却落了个饿死的下场，四十六岁壮年就过早地离开了历史舞台。老赵的一生，本该更加精彩，却亡于权力交接得不清不楚、不明不白。

虽如此，但他统一了赵国为祸多年的游牧与中原两派之争。实行"胡服骑射"后，赵兵日益强劲，成为秦之劲敌，直至长平之战后，秦才最终顺利席卷天下，赵雍实有砥柱中原之功也。

历史这位编导是不会让舞台空下来的，英明雄武的赵武灵王谢幕后，转过年来，战国时代最可怕的一位大神登台了。

这个人，承包了战国时代总杀伤数的半数以上。

"杀神"，登场了。

第六战　『胡服骑射』：赵国崛起的关键三十年

第七战

伊阙之战：

『杀神』登场

壹：秦武王之死

开篇我们谈到了一个国家在兴起时，会有一系列接二连三的幸运发生。

秦国在其霸业兴起时，就得到了一系列幸运之神的垂青。

最初是秦孝公遇到了商鞅并重用之；后面在天上掉大馅饼时，秦惠王听从了司马错的力荐，一年内囊括巴蜀之地；紧接着上天再度垂青于秦，派死神收走了秦武王。

秦武王是秦惠王的儿子，为什么他的死对于秦来说，是一件大幸事呢？

先来看看这位秦武王是怎么死的吧。

秦武王，史书上称他"生性粗直，威猛雄壮，好与勇士角力为戏"。

脾气粗、性子直，又猛又壮，喜欢亲身搞一些大体力趣味活动，欣赏和他一样威猛的汉子们，还爱亲自跟他们搞摔跤比赛。单纯听这些描写，你可能会认为这一号人物是梁山泊上的某一位好汉。

秦武王作为一邦人王地主的同时，还是一名职业格斗家，这有些无厘头。

在这里要澄清一下，职业格斗家和职业军事家是两个概念。

作为最高领导人，很多一把手本身就是非常牛的职业军事家，比如刘邦、刘秀、曹操、李世民、朱元璋等，全都上马管军，下马管民。

军事家和格斗家的本质区别是：前者可以让五万人干掉十万人，而后者可以徒手干掉野猪。

秦武王十分看重自己的洪荒之力，也因此爱屋及乌，颇为看重大力士，像乌获、任鄙、孟贲，这些当时的拳王金腰带获得者们都得到了重用。

据说这个孟贲更不是一般人，有一次在野外，他看到了黄、黑两头壮牛相斗，觉得两头牛在他面前展示牛力很班门弄斧，实在不像话，于是上前一只手一个地将它们分开了。

黄牛表示服从调停，趴在了地上，但黑牛没给他这个面子，表示不服。孟贲大怒，给脸不要啊！于是，他左手按住黑牛的头，右手将牛角活生生地拔了出来。大黑牛就这样被干掉了。

用自己过硬的专业素养摆平了黑牛，孟贲成为"战国武二郎"。秦武王闻其勇，将这位宰牛勇士拜为大将。

这种用人原则不禁让人啧啧称叹。当然，我们不会怀疑这位孟贲在战场上绝对不会喊"兄弟们，给我冲"，而是会以身作则地作为突击队队长大喊"兄弟们，跟我上"，但这种人当个特种兵行，拜为大将，则太过于儿戏。

秦武王即位后的第四年，秦国举大兵，旷日持久的战争后，攻占了韩国重镇宜阳。（后面会说这地方有多重要。）

秦武王大喜，和他的格斗会员们一起到宜阳巡视，然后又去了洛阳找旁边的邻居周天子。当时的周天子是周赧王，听说秦国领导人来了，马上遣使相迎。

使者向秦武王致以天子诚挚的问候，武王知道洛阳有一个景点非常有含义，就是周朝的太庙，里面有大禹治水后将神州分为九块后铸的九鼎。

禹神百年后，九鼎成为象征天下的符号。

秦武王对这个景点倾心已久，继位时就曾言："寡人欲容车通三川，窥周室，死不恨矣。"

他估计就是想来这个景点。

西方老大的话，周天子是不敢不给面子的。

秦武王入太庙后，看见九个宝鼎呈一字排列，甚为壮观。话说大禹当年收取九州的贡金，各铸成一鼎，载其本州山川、人物及贡赋、田土之数，足耳俱有龙纹，又称"九龙神鼎"，夏传于商，商传于周，后来又迁到了洛阳。

秦武王见到朝思暮想之物，赞叹不已。

九鼎名称各不同，九鼎鼎腹分别刻有荆、梁、雍、豫、徐、扬、青、兖、冀。这是九州的简称。

突然，秦武王指"雍字鼎"道："此雍州之鼎，乃秦鼎也！我得带走！"

守鼎的官吏说："几百年都定鼎于此，从未移动，每鼎有千钧之重，无人

舍不得看完的中国史

能举。"

这位守鼎官员可能不知道秦武王是职业选手，就爱挑战高难度。

秦武王先是回头问任鄙、孟贲两位高级会员："你们二位，谁能来试试？"

任鄙很识趣，说："我只有百钧之力，此鼎重千钧，无法举起。"

徒手斗牛士孟贲笑道："我来。"

孟贲确实有点儿本事，举鼎离地半尺，绷不住了，将鼎重重地砸在地上。一抬头，他的眼眶都流血了。

秦武王笑道："虽然勉强举起，但你这也太费力了，一点儿也不优雅。你既然能举动，难道寡人举不动？我不仅要举起来，还偏要举起再行走几步。"

秦武王于是用尽平生之力将那大鼎举起离地半尺，正要迈步，咣！砸脚上了。

秦武王胫骨碎裂，当晚就不治身亡，真是应了他继位时的那句话，"窥周室，死不恨矣"。

秦武王的死，对于整个秦国，乃至后面秦国的历史进程来讲，有一个直接好处和一个间接帮助。

直接好处就是，避免了秦国在他的治下穷兵黩武，盲目出兵，痛失已经大好的局势。

秦国当时的情况，已经有了一统天下的雏形。政策适销对路，疆域连接西北、西南，国力优势、地理优势明显。

接下来要做的，就是不断利用自身已经具有的优势，将剩下的六个国家逐渐蚕食掉，政策与用兵的方向应趋于稳，战略的投放角度应当明确。但是，秦武王的性格与偏好，对于秦国的未来，却是一颗定时炸弹。

秦武王性格粗直猛壮，粗则考虑不周，直则应对仓促，猛则刚阳易折，壮则恃强而骄，再加上酷爱蛮力、喜好角斗，**这都不是一个人君应该有的样子。**

他最后的死，其实也死在了他自身的粗、直、猛、壮上了。

其实，力能举鼎，在中国历史上绝对是一个百分之百的诅咒。一般在史书中，你要是看到谁举鼎了，过不了两页他就该倒霉了。

史官们也有他们的潜规则，一般要是夸一个人武勇，会说他"万人敌""万夫不当""有关张之勇""挽强弓硬弩"，等等。

商纣王，聪明雄壮，力能举鼎，身死国灭；秦武王，洛阳旅游，举鼎而死；

西楚霸王，力拔山兮气盖世，也能举鼎，自刎乌江。

鼎在大禹之后，便象征着天下，举鼎之人也需要有扛天下的德行，但真命天子常常识大体、知进退，谁敢举鼎？这也就是圣君与纣王的区别了。

秦武王的死，为秦国拆除了这颗定时炸弹。这是直接的好处，那间接的帮助呢？

由于秦武王死得早，没有留下子嗣，他丰厚的政治遗产则在他的弟弟们之间展开了角逐。

最终，有楚国背景的宣太后（芈月原型），在异父同母的兄弟魏冉（有楚、魏两国背景）的帮助下，战胜了惠王后一党。

魏冉随后施展铁血手腕，将惠王后一党灭门，将武王后送回了娘家魏国，迅速地为自己的外甥嬴稷扫平了权力障碍。这个嬴稷也就是后来大名鼎鼎的秦昭王。

秦昭王在自己亲娘舅的帮助下争得了大位，作为回报，他重用魏冉为相，后者权倾朝野。

这个魏冉，成为秦国最终奠基天下的关键锁钥。

这位外戚并不像我们印象中的成事不足、败事有余的那帮鸡犬升天的传统外戚。

整个秦国在魏冉为相期间再上一个台阶，后来统一天下的三大奠基性战役，两个半全都是在魏冉当政期间完成。而魏冉之所以可以取得如此辉煌的成就，又因为他从寒微之中慧眼独具地发现、提拔，并力排众议地任用了一名年轻将领，算是再次得一人而兴邦。

此时已进入战国后期，这个历史时段所有战役的总死亡人数是两百多万，这位将军以一百多万的杀伤数，一个人就包揽了一半多。

他的战略眼光、战术水平、操控水准在将星云集的战国时代自成一档，凌驾于众将之上。我们的伟大领袖毛泽东同志曾经夸奖他："论打歼灭战，千载之下，无人能出其右。"

这个人，被后世称为"杀神"。

白起兄，上场吧！

贰："杀神"的成长历程

白起的祖上其实是秦国王族嬴家的人，他的祖上公子白在争夺继承权时失败了，可能是由于失败后一赌气，不要这个姓了，于是拿名开了新户头，他们那一支就改姓白了。

到了白起的父亲这儿，老白特别喜欢魏国名将吴起，估计是那些年吴起率领"魏武卒"叱咤风云打得秦国东部惨叫连连的时候，给秦国百姓留下了极其深刻的印象。这也导致了远在秦国西部的白起故乡也对吴起如雷贯耳。白起的父亲于是将偶像名字的这个"起"字给了小白，希望小白起可以像自己的偶像一样能打。

他不知道，他儿子的这颗将星，有一天要比他偶像的还要闪亮。

小白起从小就展露出与众不同的一面，不爱说话、静得出奇，但只要有动作，就雷厉风行，快得让你反应不过来，总是一眨眼就找不着人了。

逢事有静气，决断不犹豫，白起从小就具备为将者的基本素养。

遇事有静气，才会在瞬息万变、错综复杂的战场上，压抑住狂乱的心跳，仔细分析眼前的情况、敌人数量多少、是否有伏兵、逃兵是否该追击、地形是否宜驻扎、遇到诱惑时能否不盲目击敌，在一瞬间完成冷静判断。

在形成判断后，决不犹豫，才会不浪费出现的宝贵战机，及时进行突破；才能够在兵败之时，及时阻住颓势，将损失降到最低。

白起在成长的过程中，疯狂地迷上了金戈铁马。由于家住在郿县，不远处就是陇西高原，他经常观察附近的山势地形，脑子里模拟如何排兵布阵，实践不够还要恶补理论，将所有能找到的兵书战策都进行了自修。

伟大往往来源于兴趣，这是句实在话。

白起在很小的时候，其实就已经在硬件、软件上做好了准备，他欠缺的只是一个舞台。白起再次用实践验证，他不仅是个骨灰级的军事爱好者，他还要来真的，报名参了军。

之前，我们说过，秦国人正常的服役年龄是二十三岁。白起由于热爱军事，决定跳级参军，只不过跳得有点儿多，十五岁就进了部队。

在军中，白起表现出了有勇有谋的闪光点，屡立战功，被当时的大领导魏冉看中。在和白起进行了交谈后，魏冉觉得这个小伙子是个大才，于是将白起调到了自己的身边，开始培养。

一个人有时候能够发迹，被"贵人"看中也是必要条件。

不过，"贵人"之所以看重你，绝不仅仅是因为你的运气好，上辈子他欠了你的，或是你进行了怎样精心的面试设计，而是因为他从你的身上看到了与众不同的地方。或者说，你往往也是他的"贵人"。

自己有了巨大的价值后，往往才会吸引到同级别的"贵人"朋友，进行强强联合。

社交永远拼的是质量，而不是数量，在你变得有价值的路上，你愿意把时间花在哪儿呢？

时势造英雄，军事天才白起生在了一个战火纷飞的年代，此时的秦国已经彻底消化了巴蜀之地，再次将矛头对准了东方，而秦国想要东进中原必须通过崤函、伊洛地区，以出荥阳。

武王时代，秦国拿下了宜阳，在豫西通道上打出了滩头阵地，武王乐得把自己都"作"死了。

白起也在成长的过程中，用一系列表现向他的伯乐魏冉证实了，他是一个值得托付的将才。秦昭王十三年（公元前294年），白起升任左庶长，领兵攻下了韩国的新城。

至此，秦国控制了洛水、伊水两条进入洛阳盆地的河流。

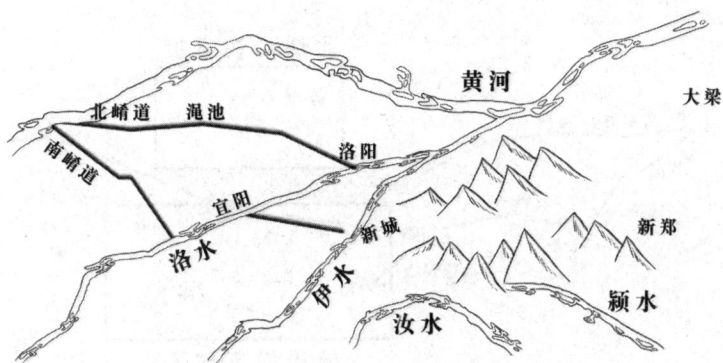

与此同时，新城作为滩头阵地，使得韩国和魏国再无险阻可以守，秦国可以将手伸入汝水、颍水；并且，通过嵩山山脉南部，秦国可以兵临韩国首都新郑和魏国首都大梁。

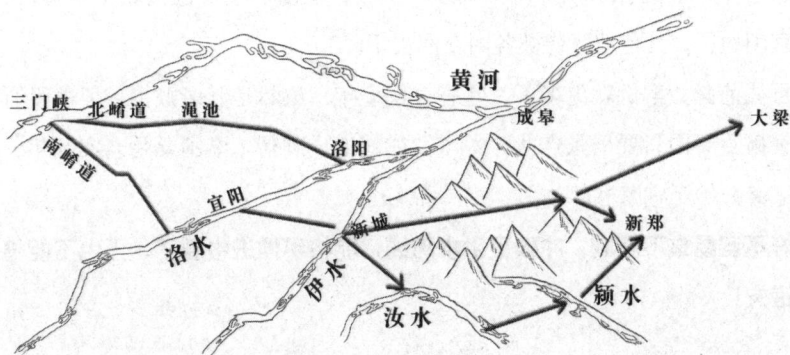

新城地区，几乎是韩、魏两国西方最后的屏障，此地失手，两国便退无可退。

虽然成皋此时还在韩国手中，豫西通道的北部仍然安全，但是豫西通道的南半段已经拦不住秦国了。

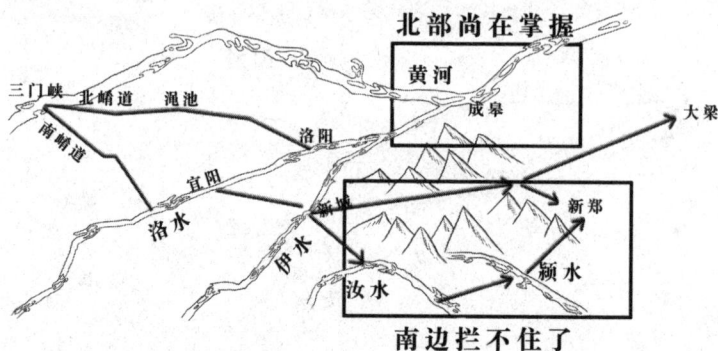

北部尚在掌握

南边拦不住了

韩国在新城失守后，向魏国求援。魏昭王一看秦国已经打到家门口了，也没说废话，开始全国动员，准备派十万精锐部队驰援。而韩国更是尽起全国精锐十四万人，由大将公孙喜率领，准备找秦国夺回新城！

韩、魏两家在西面最后的屏障上下了重注，因为这场仗谁也输不起了。

东边这两家输不起了，倾全国精锐前来；西边的秦国对此战也同样重视，虽然这么多年一直在向东方用兵，但总是不能取得实质性的进展。

前些年，秦国夺下了宜阳、武遂、风陵，但随后又被五国联军在盐氏打败，除了宜阳地区，其他地区皆被各国夺回去了。

再往前翻，案例就更多了。互有攻伐多年，虽然是胜多败少，但总没有关键性的突破。秦国只要嚣张点儿，六国往往就抱成刺猬；秦国要是老实几年，这几个国家又开始互有摩擦。

好不容易拿下新城，冲破了伊水防线，能将手伸进中原了，再也不能将这个机会错失！

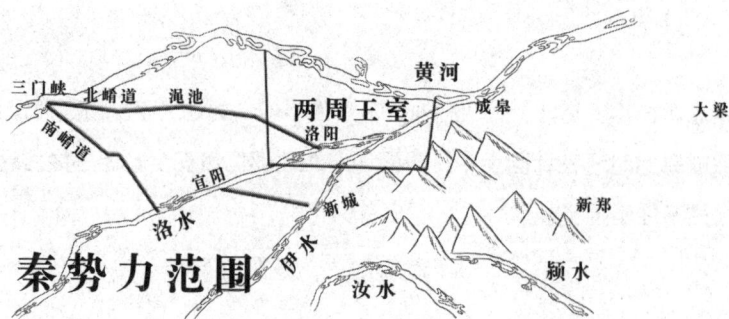

秦势力范围

更关键的是，由于三门峡的存在，秦国的水路物流到了三门峡后就打住了，自三门峡上岸后，物资要通过黑色的南北崤道运输过来。

路运粮草的成本是相当惊人的，这也就意味着，新城这个"最长的一码"，拿下来其实成本非常高！如果被韩、魏抢走，再打下来不知道又要消耗多少粮饷才能办到！

这种拉锯战，秦昭王想要将其终结。他要保住秦国通往中原的这条星光大道。

这场会战，当时秦昭王看中的将领是向寿。

向寿一直驻守在秦国东方最前线的宜阳地区，对当地的山川地形也熟、军龄也高、经验也足，属于各方面都合适的老将。

秦昭王准备让他带领十万大军迎击韩魏联军。

从出兵的人数也能看出来，秦国从豫西通道前进有多困难。

虽然秦国的国力要远比韩国、魏国加一块儿多得多，但是，韩国、魏国能出动二十四万联军，堂堂大秦，却只能拿出来十万人。

不是说秦国没有更多的兵，而是前线的兵再多的话，后勤就供不起了。

不过，这个时候，娘舅魏冉说话了。魏冉力荐前一年取得优异成绩、拿下韩城的左庶长白起，担当此次东方阻击战的总指挥。

如果你是秦昭王，会怎么选？

一边是久经考验的一线指战员，一边是年轻的军界新星。他们俩所带走的筹码，是十万秦国野战军。这不是一个小数目。

这就好比你有一个亿，你会把两千万元交给谁去理财？

一个是资深经纪人，一个是表现不错的年轻交易员，而且两个人的理财预期收益都是固定的（阻击韩魏，保卫新城），但交给哪个人风险更小？尤其是自己的本金并不多（十万人），不到竞争对手的一半（二十四万人），你会如何考虑呢？

笔者相信秦昭王心里是想选择向寿的，**因为指挥大规模集团军的防御作战，久经考验、老成持重的人更靠谱。**

但国舅魏冉的力荐也不能不考虑。白起这小子，是真有本事，还是魏冉想要提拔自己的人？

做决断是世上最难的选择，因为你会听到各方面的声音，会有各种各样的合理性，而且听上去似乎谁的话都有理。

到底听谁的？

在经过深思熟虑后，秦昭王决定相信魏冉的眼光。

白起拜将，"杀神"就此大手笔出场。他也用自己的实际行动，打出了让整个秦国上下都瞠目结舌的战略回报。

叁：伊阙大屠杀

韩魏联军由黄河入伊水铺天盖地而来。由于人家的军队人数多，铺开打对自己不利，于是白起将军队顶到了伊阙（龙门）。

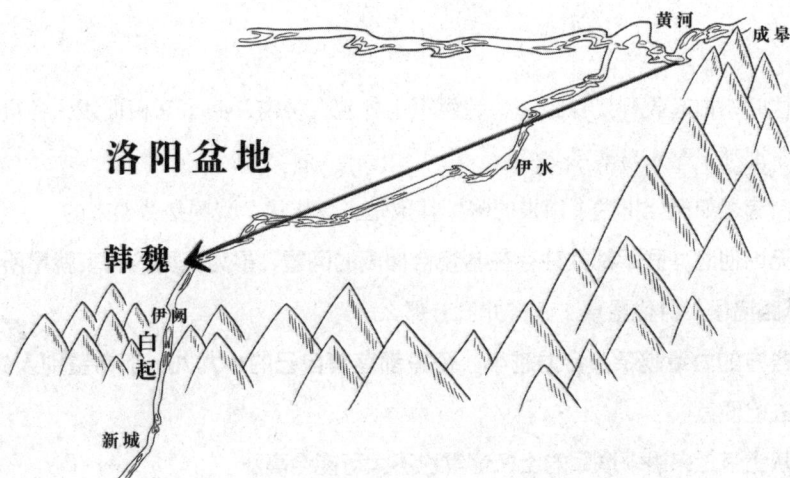

双方展开了对峙。由于伊阙地区地形狭窄，根本无法将韩魏的二十四万联军展开，所以在最终的两军博弈后，跟秦接壤的韩军居前，其友军魏军的位置处于韩军侧面略后，魏护其侧后翼。

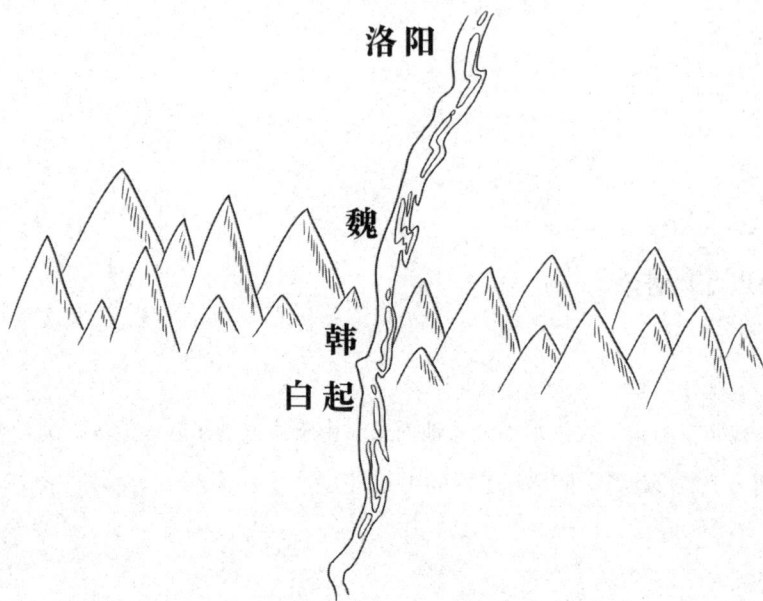

洛阳

魏

韩

白起

这时，白起收到了探报：韩魏两军主帅貌合神离，两军互相推诿，各自保存实力，谁都不愿先与秦军交战。

白起是如何分析这个探报的呢？韩国是主场作战，魏国是帮架来的。

无论何时，联军都往往存在着貌合神离的问题，最为典型的代表就是所谓的"十八路诸侯"讨伐董卓（其实并没有那么多路）。

各方的力量越杂，合力越小。每家都有着自己的小九九，都希望别人先拼，自己去捡便宜。

从士气上来讲，联军的士气通常也不太可能会高涨。

当然，盟军要是组团去欺负人就又不一样了，甚至会抢着往前冲，参考案例是八国联军组团攻进北京。去晚了，东西就没了！

白起认可了探报，并判断此时身处韩军后方的魏军士气最弱，看戏心理最强，所以要出其不意地先打魏国军队！

白起先派出了少量军队同韩军对阵，摆出要进攻韩军的架势，堆出无数旌旗列在阵前，令敌人眼花缭乱。随后主力部队走小路，绕道去魏国后方。

伊阙地形狭隘，韩国军队不知虚实，被秦国二队疑兵牵制住了。

魏军由于殿后保护侧翼，看到秦国人先来找韩国的麻烦，主帅公孙喜比较高兴，乐得坐山观虎斗。不过，他正得意扬扬之时，却发现自家的军队莫名其妙地乱了。

因为白起攻击了他的背部。白起集结了精锐主力绕道联军后方，趁魏军不备，突然向魏军发起攻击。

由于主战方向判断错误，魏军毫无防备，被杀得措手不及。公孙喜情急之下被迫在伊水岸边仓促应战。但因为事发突然，阵形根本来不及统一调度，仓促间，魏军只得各自为战。

阵形一被冲垮，魏军军心大乱，四散奔走。

冷兵器时代，尤其是步兵方阵对打，最重要的就是队形，一旦敌人从你最先没有布防的方向杀过来，队形就非常容易被冲垮。

由于当时没有大喇叭，往往都是旗语，一旦军阵垮了，谁还有工夫听你指挥，跑还来不及，于是很快就被摧枯拉朽了。

打垮魏军后，白起马不停蹄地再赶着魏国败兵冲韩国军队。韩军在得知其侧翼的魏军被击溃后，军心开始不稳，此时面对前后夹击之势，士兵哗变，主帅控制不住颓势，军中的指挥命令已经无法传达到位。

军心浮动，前后被堵，韩军方寸大乱，主帅无法组织起正常的防御阵形，十四万大军如同热锅上的蚂蚁，像一团散沙。

这时，白起率精锐大砍脑袋，韩国军队的后方完全暴露在强大的秦军主力面前。秦军前后猛烈夹击，一时间，韩国军队溃败而逃。

一般将领得胜后，也许就到此为止了。

不过，白起之所以作为超一流名将，在于他的撒手锏是歼灭战。

纵观白起的诸次战役，最重要的一条就是，他不以攻城夺地为唯一目标，而**是以歼灭敌人的有生力量作为主要目的的歼灭战思想。而且，他善于野战进攻，战必求歼，这是白起最为突出的特点。**

这在当时，是有划时代意义的。

当时的军事通识是孙武的**"穷寇勿追"**，商鞅也曾在《商君书》中指示道"大战胜，逐北无过十里"（打跑了敌人后，最多撵十里）。

这样不容易遭到埋伏，而且由于当时都是步兵，追的永远没有跑的积极。一方开始掉头跑时，往往是丢盔弃甲怎么清爽怎么跑，追击方则开始各种收拾战利品。

兔子急了还咬人呢！你没事撵兔子干啥？赶紧捡东西！

这样有一个非常大的弊端：就是追上去，也根本打不垮人家。因为敌人的有生力量不容易被歼灭。

战国几百年，在白起出现前，很少看到非常多的杀敌数，往往杀六万、八万就已经是极其重大的胜利了。几十万的部队打败了，过一段时间还能组织起来。

这往往就失去了战争最大的意义——让对手无力再反抗。

歼灭战则不同，比如韩国三川区域，最多可以动员十万兵源，一仗全给打没了，三川地区短时间内就无法再组织起有效的反抗力量，直接就可以吃下这块地方了。白起将这一点看得比较透。

当然，白起的歼灭战思想是有着制度基础作为后盾的，人家秦国的战功是拿敌人的脑袋算的，脑袋能换地、换钱、换地位，比捡战利品要来劲得多，所以白起的歼灭方针也得到了广大将士们的坚决拥护。

他们不怕苦不怕累，就喜欢漫山遍野地撵兔子。

白起不仅发表了歼灭战的思想论文，还将歼灭战的指挥演绎成了一门艺术。白起的部队只要一上战场，打跑是不行的，打残是不够的，全部打死才是必须的。

秦军后来也因为白起而都发了大财，当时军中流传一句话：跟着白起有脑袋砍。

白起也被后世冠名了一个很可怕的外号——"人屠"。

白起人生的首次大歼灭战成功落幕。

此次战绩，杀敌二十四万，拜伊阙的狭小地形所赐，人基本都没跑掉，秦国占领伊阙地区五座城池。

伊阙之战以秦国军队大胜而结束。战后，韩、魏两国精锐丧失殆尽，被迫献地求和，白起因战功卓著升官。

同年，白起趁韩、魏两国在伊阙之战惨败之机，率兵渡过黄河，夺取了魏国旧都安邑以东到乾河的大片土地。

白起之名，开始成为各国的梦魇。

伊阙之战后，韩、魏两国不仅门户大开，**而且短期内难以再次组织起实力去**

对抗秦国。

之后的四年内，秦国先后进攻并占领了韩国的宛（南阳市）、叶（叶县南）、邓（孟州市西）；夺取了魏国的蒲阪（永济市）、轵（济源市东南）、皮氏（河津市西）等城池六十一座，**自此开辟了河东战区和南阳战区的先头阵地。**

韩、魏两国因为此战被秦国打得落花流水，之后再也没有了称雄的本钱，基本上也退出了大国间的争雄。

赵国开始正式接过了三晋硬扛强秦的大旗，实行"胡服骑射"后的赵国事实上也展露出了作为老牌强国的勇猛、顽强、血染的风采。

正待秦国欲再起波澜之时，遥远的东方发生了重大的格局改变，东方政治格局重新洗牌。

到底发生了什么？白居易有首诗，是来逗道德模范王莽的：

> 赠君一法决狐疑，不用钻龟与祝蓍。
>
> 试玉要烧三日满，辨材须待七年期。
>
> 周公恐惧流言日，王莽谦恭未篡时。
>
> 向使当初身便死，一生真伪复谁知？

堪称战国时代的最大谜案，就要在东方上演了。

第八战

乐毅破齐：
东方第一大国的疯狂与没落

壹：那是三十年前

公元前 284 年，中原大地上发生了重大事件。

乐毅破齐，呼吸间连克七十余城。东方第一大国，能跟秦国掰腕子的齐国，被打得仅剩即墨、莒城两座城。

燕弱而齐强，蛇真的吞象了。乐毅也因此一战而奠定历史地位。

后世堪称中国最伟大的丞相楷模诸葛亮，在青年时期就总自比为经济大师管仲与军事大师乐毅。

一个兴齐，一个灭齐，都是了不起的人物。

当然，立志高总是好的，诸葛丞相在自身的努力下比他俩的名气大得多了，远近闻名于世界各个角落，有华人的地方就没有不知道"空城计"与"借东风"的，虽然这两段都是罗贯中编的。

偶像往往是无所不能的，各种各样的神话会附会到你的身上，不管你愿不愿意接受。

大多数时候，历史的真相往往没有流传下来的那么精彩、那么传奇。

诸葛丞相的两个偶像，其实有一个是名不副实的，就像他自己一样，"多智近于妖"的那些光辉，很多都是后人给加上去的，他的真正功绩、意义比"大法师"可大得多。

到了三国时代我们会详细说一下诸葛丞相的全满格才能与伟大人格，以及人生无可复制的传奇性。

诸葛丞相的两个偶像中，管仲是名副其实的那个，我们有必要介绍一下这位大神。

管仲的伟大，在于他在几千年前就明白并展示了商业经济的重要性。

他强调士、农、工、商平等，而不是后来的"重农抑商"。他主张放活微观，管制宏观，活跃市井。

他鼓励全民做买卖，而且还大搞国际贸易，修建了专门招待外国商人的客舍。只要你来做买卖，齐国人民就欢迎你，他甚至开办了国营妓院来吸引外来商旅。

不仅如此，他还首次瞄准了盐铁专营，打造了有史以来的第一个国有企业。关于盐铁的威力，我们会在汉武大帝那章中详细讲述。

在他的一系列改革下，齐国自春秋起就是东方第一强国，经济实力与综合国力都排在第一梯队，几百年就没掉下来过。

管仲的那些做法是具有划时代意义的，即便是千年以后的今天，依然具有高度。这一套市场经济的做法，会让我们产生一种错觉：这位爷不会是从现在穿越过去的吧？

他的改革，可谓顺应了人性，也成为有史以来比较少见的成功改革。后来的王安石如果有他一半的"知行合一"，北宋也许就真的能做到"民不加赋而国用饶"，而且还能避免北宋毁灭的根源：党争。

乐毅当然也是人才，但和管仲一比就有点儿虚了。

他的一系列功绩，并没有那么真实，所谓的灭齐之功，其实是有多方面原因的。或者说，如果换个人带队，应该也是能"蛇吞象"的。

燕国之所以能够创造一年灭齐的这个奇迹，其实是有多方面的综合原因的。

有国仇，有家恨，有齐主无道，有国际默许，有齐民拥护，有战前脑残助攻，等等。

上述缺一，都灭不了齐。

可以说当时的燕灭齐，是符合各诸侯国范围内最广大人民的根本利益的。

这也是一段战国版的"卧薪尝胆"。

苦心人，天不负，三十年后，燕国君民终复仇。这段复仇的故事，要从三十年前说起。

三十年前，燕王哙当政。他提拔了一个人当国相，这个人叫子之。

子之很能干，办事果断，善于监督、考核臣属，没有辜负燕王哙的赏识和重用，后来渐渐位高权重。

燕王哙逐渐年老后不再过问政事，大权就渐渐旁落到了子之的手中。

后来，苏代为齐国出使燕国面见燕王哙，苏代就是著名的苏秦导师的弟弟。燕王哙问他："你家齐王近来如何？"

苏代回答说："没啥前途，必定不能称霸。"

燕王哙问："为什么？"

苏代回答说："因为不信任他的大臣。"

燕王哙听完后觉得他得更加信任子之了，要不国际口碑就太差了。

子之因此以百金赠送苏代，并声称"咱爷儿们今后事儿上见"。

燕王哙的脑子高低是有点儿问题的，苏秦、苏代这不忠不仁义的哥儿俩能够横行诸国，也多亏了市场上的买家好糊弄。

苏代作为子之的第一个托儿完成任务后，第二个托儿鹿毛寿开始上场。

鹿毛寿对燕王哙说："您应该将国家禅让给国相子之。"

燕王哙问："为啥？"

鹿先生是这么说的："人们称道尧贤圣，就是因为他要将天下禅让给许由。许由不接受，君臣两相让，舜既有让天下的美名而实际上也没有失去天下。现在大王将国家让给子之，子之必然不敢接受，这样，大王与尧就具有同样的德行。"

燕王哙再次印证了他的智商指数，真将国家托付给了子之。不过，子之却并没有按剧本走，人家没有推却。

后来，第三个托儿上场，此人姓名是史书上没有记载的。

此人说："夏禹举荐伯益，此后仍以夏启的人做官吏。等禹年老时，认为夏启不能够担当天下重任，而将天下传给伯益。不久，夏启与其同党攻打伯益，夺回天下。天下人说夏禹名义上将天下传给伯益，实际上过后便让夏启自行夺取天下。现在大王名义上将国家托付给了子之，但官吏全是太子平的人，这就是名义上交付给子之而实际上还是让太子平当权。"

子之轮番派历史老师给燕王哙上生动的禅让专业课，燕王哙于是又听话地将俸禄三百石以上官吏的印信收起来交给子之。

我看谁还说我假禅让！我要名垂青史，跟尧舜同列！

子之由此掌控了人事大权，基本完成了抢班夺权。

除了上古的那些神话故事外，没有经营多年的根基却能得位禅让的，古往今来，仅此一例。

一个万乘大国的政权如此儿戏地完成了交接，名不正，言不顺，继位者无民望基础，无累世积淀；传位者昏聩儿戏，并不按权力的规则行事。这种胡闹，为燕国的灭亡，埋下了祸根。

贰：燕国大乱战

有句话叫作"德不配位，必有灾殃"。说的是，如果这人德行不够，坐在高位上，是会遇到大灾殃的。

这个灾殃不仅会祸害自己，还会祸害自己的位置下所能影响到的所有人。

这里面的"德"，不仅是指道德品质，往往还指要有能驾驭住那个位置的能力。

综合起来，统称为"德"。

你天天大讲仁义道德，啥也不会却当一万个人的领导，你就等着这个单位黄吧。黄了还是小事，这个单位要是因为你领导不善而为祸社会，你真的是万死难辞其咎！

因为你不仅坑的是自己，千万个家庭也因为你而倒大霉了。

一个好领导会让一个平庸的团队产生合力、干出业绩，每个人得到越来越多的正能量，每个人不断地展现出自己人性中光辉的一面。

一个"缺德的领导"会让自己所在的地方内外全是窟窿，陷入是是非非的汪洋大海。

给立志当领导的人们一个建议：你要养好你的品德，你要养好你的能力。

你要以身作则地做一个好人，更要有让身边每个人都变好的能力。沉迷办公室政治的同学们请换个思路吧，无德无能，靠着那些边角料生存，真的是蹉跎人生。

尊敬领导、踏实肯干、团结同志，日积月累地让自己变强大吧。想想许三多，人生就会豁达很多。说了这么多，就是想引出燕王哙，这个"德不配位"的人，把自己的国家坑惨了。

不仅对不起列祖列宗，最重要的是对不起广大燕国人民。

他的初衷不好吗？他可是想比肩尧、舜的。但他的智商却真的担不起这么重大的一个位置。

"德之贼"是最可怕的。

全民公敌的破坏力永远是有限的，因为人们会对他设防止损。

最可怕的就是打着"为你好"旗号的大混蛋，再过二百五十年，历史的巅峰大混蛋就该现世了，那可是著名的"道德模范"。

拿下燕国大权的子之当权了三年，由于心虚，也为了消化他的窃国所得，开始在国内展开种种高压统治，致使燕国大乱，百姓恐惧。

原定的合法继位人太子平联合了将军市被，并联络外国势力齐国，向反动势力子之开战。

大战之后，第一次"反子之同盟"失败了，窃国大盗打退了太子党。不过，太子平并不气馁，在第二年迅速又组织了第二次"反子之同盟"。这次反攻很顺利，眼看就推翻子之政权了，但这次老盟友市被却在临门一脚时突然反水，反攻太子平。

混战了好几个月，燕国大乱，死伤数万人，百姓处于水深火热之中。

史书没有记载为何市被会反水，但应该是子之收买了市被，许诺了更大的收益。

这时，著名思想家、亚圣、"民贵君轻"推行者、儒学教育带头人、善养浩然之气的齐国客座教授孟子对齐宣王讲：现在应该攻打燕国，这是武王伐纣的时机，不可失去。

此时，孟子正在齐国游说儒学，讲以德治国，但当时已经是法家的天下了，**王霸之术是最能够看出效果的富国强兵之术。**

儒学是统一王朝的保健品，却远不是乱世的特效药。此时已接近战国后期，兼并战争之惨烈越发严重，所以孟子的游说比起一百多年前孔子的那个时候的市场更加狭小。

于是，齐宣王命令大将章子率领五都之兵，加上北方边防守军，攻打燕国。

齐国是"五都制"，五都之兵基本上就相当于全国之力了。

当年管仲把齐国分为五个大区，每个大区既是行政大区，也是军事大区。每个大区设有一名都大夫，主管辖区内的军政事务。五个大区各设有一个都城，是大区的军政中心，都大夫就在此办公。首都临淄同时也是全国的军政中心。

齐国的五都分别是：中都临淄、东都即墨、西都平陆、南都莒城、北都高唐。

燕国士兵如同孟子所言，压根儿不应战，城门也不关闭，燕民更是夹道欢迎齐军进城。齐军一路直捣燕国都，杀死了子之和燕王哙。

不过，没过多久，燕国的老百姓就被再次伤害了。

齐军获胜后，没有满足燕国老百姓的美好想象，开始大肆掳掠，将整个燕国当作了提款机。

齐宣王在扫平燕国后，在思考一个问题，燕国是自己留着呢？还是扶植一个傀儡国呢？

他还将他的想法咨询了客座教授、思想家孟子。

亚圣说得很彰显智慧："如果吞并燕国，它的百姓快乐，那就吞并它；如果它的百姓不高兴，就别吞并它。"

齐宣王不明其意，问："啥意思？"

亚圣道："当初我们能够势如破竹，在于燕国百姓以为我们可以救他们于水火，所以夹道欢迎。但如今我们的队伍成了流氓军，屠杀他们的父兄，抢劫他们的财宝，破坏他们的祭坛，您说我们还具备统治的基础吗？况且现在诸侯各国都已经很畏惧齐国了，如今领土扩大了一倍，又没有实行仁政，势必会吸引全天下的攻击。如果现在退军，还可以扶植一个政权，让新君主感恩，齐国也还能保持国际威信。"

齐宣王听完后很不以为然，认为一个一万辆战车的国家迅速灭亡了另一个一万辆战车的国家实属天意，天予不取，必受其咎。

天是不是这么想不一定，但齐宣王肯定不想把到嘴的肥肉吐出来。

圣人是有大智慧的。正如孟圣人所说的，齐军的臭流氓行径不仅引起燕人的极大不满，也引起了国际上的诸多妒忌，比如西部强人赵武灵王就很妒忌。

赵雍觉得燕被齐吞并后对赵很不利，决心插手燕国内政，不能让齐人多吃多占，派大将乐池入韩迎立作为人质的燕国公子职。

赵雍的这个政治干预是多赢的局面。

燕国与韩国对赵国曾经有夹击的盟约，但赵国后来也和韩国结盟了。虽然是盟军，但乱世多小心，韩国为了制约赵国，还是与燕国结了盟，形成对赵国的夹击之势，以防备赵国哪天突然翻脸对韩不利。

韩、燕双方互换公子为质，燕公子职就是应这个盟约入韩的。

赵雍想通过迎立新的燕王，使燕王能够对赵国感恩，既而与赵国结成稳固的联盟。与此同时，还能破坏燕国与韩国对赵国的夹击盟约，拆开了韩燕联盟后，便有利于赵国对韩、燕这两个邻国分别进行控制了。

韩国那边的想法几乎与赵国一样，只是角度不同。

韩国认为燕公子职虽然是赵国主张立的新燕王，但作为对燕公子职有质押权的韩国，对于能否让公子职归国，却有着最直接的决定权。

韩国本可以当初答应燕太子平和齐国的要求杀死公子职，但它没有这么做，公子职是非常感激韩国的。

韩国同意赵国接公子职归国，主要是考虑自己对公子职有不杀之恩，日后，两国必然亲善，它还可以利用燕国制约齐国和赵国。

乱不乱？

通过这段描写，我们也可以看出来，"合纵"有多可笑。生命会自己寻找出路，每家都会根据自身的条件与状况选择活法，刚刚我们所说的这堆算计是每个国家都会上的一道又一道的保险。

赵雍以"平叛驱齐"为号召，派乐池奉公子职之名引军入燕，与太子平和匡章的齐军交战。

燕国的百姓受够了齐军的掳掠，对太子平的引狼入室行为很不满，抬眼望见启明星，老百姓们又寄希望于赵韩盟军，在进入燕境后，对公子职的盟军非常拥护。

齐宣王见赵国插手燕国内政，与齐国为敌，便派遣齐军精锐部队赴燕地迎战，意图啤酒在自家喝，火上别人家放，在本土之外与赵国决战，把燕、赵一锅烩。

赵雍却又不想因为这事损害自家的利益，没有主动应战，双方进入了相持状态。

不过，赵雍的脑子精明，他突然想到公子职是燕易王后的儿子，易王后是秦惠王的女儿，于是他对公子职假称齐军强硬，赵军打不过齐军，请公子职向姥爷秦惠王求救。

他的姥爷也看不得东边的齐国得势，于是派出了大军，兵分两路攻齐救燕。

与此同时，燕国到处发生抗暴战争，齐军在大败后灰溜溜地退出了燕国，燕国复国成功。

由于有复国大恩，燕国后来在相当长的时间里都是赵国、韩国和秦国的稳固盟友，公子职正式登上王位。

千万别欺负人，保不齐人家的后人中出来几个有出息的。这位公子职就是后来的燕国中兴之主——燕昭王。

叁：花样作死在东方轮番上演

整个燕国在经历了子之乱政、公子平内战、齐人劫掠三场大浩劫后，国家残破凋敝。

背负着国仇家恨的人往往都有大志向，燕昭王立志要让燕国强大起来，下决心物色治国的人才，可是一直没找到合适的人。这时有人提醒他，老臣郭隗有大见识，不如去找他商量一下。

郭隗给燕昭王讲了个"千金买骨"的故事：用千金买千里马的骨头，一年后四面八方的人就送来了千里马。有什么启发吗？你没感觉我就是那匹死千里马吗？

燕昭王听了二话没说，马上派人造了一座很精致的房子给郭隗住，还拜郭隗当老师。

榜样的力量是无穷的。"千里马们"开始上门自荐，其中有一个人叫作乐毅（祖籍中山），自魏国（魏国啊魏国，出来多少人才了）前来。

昭王觉得此人不俗，拜他为亚卿（国相副手），请他整顿国政，训练兵马。

复仇的种子，开始发芽。

时间飞逝，来到了三十年后。这三十年间，燕国发生了很大的变化。

燕昭王十二年，燕国由秦开带队，率军攻袭东胡，打败东胡各族并将他们向北驱逐，开拓大片北方领土，修筑了起自河北北部、止于辽东东部的燕长城以守护北方，并建立了上谷、渔阳、右北平、辽西、辽东五郡以治理这一地区，领土变成仅次于秦、楚的第三个强国。

燕国国力蒸蒸日上，燕昭王复仇的梦想也一直没有忘怀。但现实和梦想往往是有差距的。齐国是老牌强国，燕昭王寻思了一下，觉得实力还是不够开战，于

舍不得看完的中国史

是选择了继续蛰伏。

这就是明白人和妄人之间的区别，明白人知道自己有几斤几两，妄人则觉得自己无所不能。

老天没有让燕昭王白等。随后的几年时间里，妄人辈出，东方开始轮番上演花样作死大戏。

先是号称五千乘之国的小强国宋国的国都城墙拐角处，麻雀窝里发现了一只刚孵出来的雏鹰。

对于这种老鹰下错蛋的现象，在那个没有手机与网络的年代却像插了翅膀一样传遍了宋境，下至田间地头，上至庙堂之上，全都在议论这是怎么一回事。

后来，劳烦到了宋国的首席大巫师对它进行了官方认证，占卜的结果显示：小生大，弱要变强，这是我主要成为霸主的先兆哇！

当时的宋主是宋康王，此时已经是宋康王在位的第四十三年了。在那个年代，老宋绝对迈进了老寿星的行列了。

按说一个在位多年的老领导，应该是分得清楚童话故事和现实之间的区别的。但宋康王却没有把它当童话听，他认为自己苦心孤诣的忍耐终于得到了上天的认可，老天指明宋国将通往称霸之路。

宋康王于是奋起余勇在风烛残年遍地播种仇恨。他先是灭了小国滕国，又顺道打了薛国。打小国觉得不过瘾，老宋向东又打了东方第一强国齐国，夺了五座城，自信心暴涨。

转头又向南打巨无霸楚国，他又拿下三百里。此时宋康王的自信心已经爆棚。

向西跟魏国开战，又将魏国军队击败。宋老爷子觉得自己此时已经是天下之主，无敌于天下，谁来都白给，我们可是麻雀生老鹰的国家啊！

取得一连串军事胜利的宋康王开始对自我进行包装，先是拿弓箭射苍天，然后拿鞭子抽大地，然后摧毁自己的社稷（祭祀天地祖宗的祭坛）。在中国五千年历史上，只有宋康王干过如此对不起祖宗的事儿，表明我命由我不由天。

他开始彻夜饮酒，逼着全国的人高喊万岁。最牛的时候，全城会出现万岁大合唱，万岁之声响彻云霄。

此时的宋康王，其实已经有老年痴呆的前兆了，**他忘了自己的国家几百年中能够活下来，是因为尾巴夹得好，是因为能够利用列强间的矛盾。**

第八战　乐毅破齐：东方第一大国的疯狂与没落

195

被宋国夺走五个城的齐国就不是善茬儿，齐湣王对富庶的宋国一直在流口水，之前兴兵了好几次，但都因为国际势力干预等诸多原因无功而返。

这次齐湣王联合楚、魏，兴大兵攻打宋国。战斗过程一边倒，宋康王被齐兵杀掉。具有悠久历史、建国八百二十七年的古老宋国，毁在了宋康王手里。

可能是那只麻雀孵出鹰的故事具有传染性，齐国在得到了宋地之后，齐湣王也被神经病传染了。他也开始了花样作死的过程。

自从齐湣王灭了宋之后，自我感觉也开始超级良好，觉得自己的智慧超人一等，看事物透彻无比，要不这么年老的国家咱能这么轻易地就给它灭了吗？

他忽略了宋老爷子的作死助攻，宋在当时国虽小，但经济实力非常强，陶邑等地是有名的中原商业中心，而且有各大国可以博弈，所以活了八百年始终屹立不倒。但凡宋国自己不作死，其实它的牌并不那么难打。

看一个人有没有出息，要看他怎样对待人生前几次的成功。成功是好东西，有时会激励人，但有时也会毁了人。

宋康王就是被毁了的那个人。齐湣王也是。

齐湣王在灭宋后，先是攻击楚国，然后攻击三晋，注意是三晋，韩、赵、魏三家一个也没落下，而且又将目标指向了周王国，扬言要让周天子滚蛋，自己当天下共主。他可比宋康王"作"多了。

能力越大，就越能作死。

看到他的荒唐作为，国家有忠良，大臣狐咺劝他，被他斩首；陈举继续劝他，也被斩首。

国力因穷兵黩武而损耗，国际关系因利令智昏而全部破裂，国中忠良因暴虐昏庸而不敢直言。又一次"武王伐纣"的机会展现在了各诸侯国面前。

北方的那双眼睛，终于放出了慑人的光芒。燕昭王认为复仇的时机到了，三十年的隐忍终于等到了机会，于是找来一干心腹大臣进行商议，讨论攻齐大计。

乐毅认为，虽然我们励精图治，国力渐强，但和齐国比还是有差距。但由于齐国自己满世界乱咬，我们可以联络被他咬过的人一起去攻击他。

燕昭王授予乐毅首席外交官的头衔，让他周游列国。

乐毅先是去赵国，赵国由于对燕昭王有复国大恩，多年来一直关系不错，而且被齐湣王咬过，赵国同意出兵。

韩国也由于是燕昭王的恩人之国，一直是关系户，再加上也被齐湣王咬过，同意出兵。

魏国和齐国那是一天二地恨，三江四海仇。虽然"合纵"过，但当年将魏国从老大的位置拉下来的就是齐国，而且同样被齐湣王咬过，也同意出兵。

楚国由于同样被咬过，决定陈兵淮南，随时准备夺取齐国的淮北之地。

瞅瞅，全被齐国咬过。

乐毅又去游说燕昭王的舅舅秦昭王，说有肉吃、有地分，还能打击东方老大齐国，大舅自然也同意出兵。

在齐湣王自己作死的铺垫和燕昭王多年经营的好人缘下，天时已备。

就这样，首席外交官乐毅兼任了盟军总司令，率领五国大军前来向齐国宣战。

第八战　乐毅破齐：东方第一大国的疯狂与没落

肆：五国联军进山东

在得知乐毅带着五国大军来讨伐他后，齐湣王还没有感到恐惧，他认为齐国像秦国那样击败五国联军的机会到来了。他忽略了人家秦国有函谷关，你有吗？

虽然齐国也有济水、泰山之险，但并没有人家秦国的黄河、函谷关那么瓷实。

人家秦国在打一个国家时，给另外的国家好处，让自己一次只对付一个敌人，你这是一口气怼了多少个国家？

齐湣王表示无压力，还省得我挨个找了，挺好！

齐湣王起全国之兵前来决战，并在决战前为自己送上作死助攻的大礼。

灭宋名将触子率齐军与五国联军对峙于济水边，触子本想借着济水之险与联军对峙，待联军有变，再予以行动。但业余军事爱好者齐湣王却催促他决战："我大齐将士天下无敌，我是要赶跑周天子的人，打那帮乌合之众还用这么费劲吗！给我打！狠狠地打！"

齐湣王还派使者辱骂、呵斥触子道："你要是不尽力作战，我就灭你的族，掘你家的坟！"

齐湣王再次神助攻，居然对出征大将如此态度。触子十分寒心。

触子不再僵持，开拔来找联军决战。两军一交战，齐军刚冲到了一半，触子就鸣金收兵，战场上剩下了一群蒙了的齐军士兵。

被夺了士气的齐军开始扭头快跑，兵无斗志，联军乘胜追击。

触子踢完假球后早早就驾一辆车而去，不知去向。联军杀猪宰羊一样地攻破了齐军精锐部队，突破了济水防线。

在得到兵败的消息后，齐湣王派触子的副将达子聚敛残兵继续阻击五国联军。

情势危急，为了激励战士，达子派人向齐湣王请求赏金。

齐湣王大怒："你们这些无用的东西，怎能给你们赏钱！"

齐军最后的力量被联军血洗，达子战死沙场。

齐军主力被灭后，乐毅开始主持外援四国的利益分割，因为齐地远不能守。乐毅先是重赏路远的韩、秦两国，令其撤军，还将富庶的陶邑分给了秦国，再请魏国去攻打齐占据的宋地，赵攻打原来齐占领中山国的东边河间之地。

记住这个陶邑，这个富裕的小地方，最终成为后面那场决定战国时代大结局的旷世之战的总源头。

四国都安排完后，乐毅自率燕军长驱直入，深入齐国境内。

此时，燕国司令部产生了两种意见。

将领剧辛说："齐强而燕弱，此时幸运得到了他国相助，我们打败了齐国，应该见好就收，把和我们临界的齐国北部城池拿下来，扩张我们的实力，而不应该再进行追击了。"

乐毅则持不同意见，并做出了他职业生涯最精准的一次判断，也是此次伐齐含金量最高的一次抉择。

乐毅指出，齐湣王自认为功勋盖世，向来一意孤行，这些年更是横征暴敛，闹得天怒人怨，现在我们如果乘胜再给他施加压力，他们内部必然破裂，整个齐国内部必然乱成一团。

齐国虽大，却并非不能征服！如果我们现在不乘胜追击，将来它一定会觉悟到自己曾经的作死之处，再励精图治，那个时候我们就前功尽弃了。

乐毅说服了剧辛，率大军深入，围攻齐国首都临淄。

齐湣王没有了继续玩下去的筹码，仓促逃跑，逃到了齐国的南都莒城。

乐毅攻破了临淄，将齐国王室多年的财宝、祭品，包括三十年前齐国从燕国抢来的那些宝物统统打包运回了燕国。

得到捷报后的燕昭王欣喜若狂，三十年国仇家恨得报，他兴奋地亲自到济水以西劳军，大赏三军，并封乐毅为昌国君，命他继续扫平齐国。

乐毅在进入临淄之后，有三十年前的齐国做教训警示，他做了这么几件事：

一、禁止侵掠。

二、访求齐国在野的人才，给他们官爵，敬以上宾之礼。

三、减少人民的赋税。

四、取消齐湣王时的暴政，恢复齐国的旧政（"田氏代齐"前，一下子倒退了近百年）。

五、祭祀齐桓公、管仲。

乐毅的种种举措，不仅安抚了当地百姓，还在昭告天下，你们老田家的统治压根儿就是非法的！

在乐毅对齐都进行安抚后，兵分五路，乘胜追击。六个月内，齐国的七十余座城池被燕国攻下并被改造成了燕国的郡县，有二十多个有功之人在燕国获得了采邑，被封爵的有一百多人，只有东都即墨和南都莒城两座城还在齐国人手里。

我们先来说一下齐湣王的下场。齐湣王在主力大败后曾求救于想要夹攻他的楚国，但还没等到回信，燕国人就打进来了，他开始了逃亡。

齐湣王先是逃到了曾经的傀儡卫国，卫侯很够意思，让出了自己的王宫让他下榻。但他在混成那样的时候，还不忘四处嘚瑟，口出恶言，很快他在卫国待不下去了，被人家踢出来了。

接着齐湣王又投奔邹国、鲁国，态度依旧牛气哄哄，也被人家给轰出来了。

最后，他逃到了自己的最后归宿——南都莒城。

楚国收到齐国求救消息后权衡了一下，派将领淖齿带兵去救齐，因为楚国也不愿意燕国强大。

淖齿被齐湣王任命为相。但淖齿却有自己的打算，他无心救齐，而是派人与燕国勾结，打算瓜分齐国。最终，齐湣王被淖齿所杀。

关于他的被杀，还是倒霉在自己的嘴上，本已穷途末路，却还在耍大牌，对救星淖齿态度极其傲慢。与他见面不久、本无大仇的淖齿最后将齐湣王吊起来扒皮抽筋，可见他有多么招人恨。

说完这个现世报，我们再来看一下燕国的大好形势。此时的燕国围困了两座孤岛，似乎只需要临门一脚，就可以彻底踢散齐国这个只剩最后一口气的、连国君都被杀了的无头之国。

但这一脚，一踢就是五年。

中国历史上最大的"敦刻尔克谜案"，即将上演。

伍：中国历史上的"敦刻尔克谜案"

1940 年 5 月，高歌猛进的德军将四十万英法联军逼入敦刻尔克，马上就能包饺子的时候，上演了世界战争史的谜之一刻。

德国的装甲部队在即将把英法联军赶入英吉利海的最后一刻戛然而止，希特勒神奇地宣布：赶紧给我打住。

古德里安仰天长叹！

这给英法联军留了关键的两天时间做调整。

英国人民也在这之后的九天时间里，展示了为何大英帝国之所以可以称霸世界三百年的民族人格。

载入史册的"发电机计划"实施，英国所有能出动的军舰、私人游艇、渔船，只要能漂上海的船，全部开往敦刻尔克港，世界战争史上可歌可泣的敦刻尔克大撤退上演了。

九天时间里，英国人接回了三十三万八千二百二十六个英法老兵，其中英军大约二十一万五千人。

这次莫名其妙的"打住"也成为希特勒有生之年犯下的两个最大的错误之一。（另一个错误是从英国还没拔出腿来，就去攻打苏联。）

用丘吉尔的话讲：如果这二十万英国老兵全折进去了，那么我们就只能派童子兵上战场了。

如果这二十万英国老兵被消灭，也许那道短短的英吉利海峡就拦不住希特勒了。世界历史就会被改写。

对于此案，有诸多说法。

有说法是戈林的空军看不得陆军的辉煌战绩，要争功；有说法是希特勒怕敦刻尔克的沙滩坑了他的宝贵装甲军；有说法是希特勒不想跟英国彻底撕破脸。

说法有很多，具体原因已经被淹没在历史的黄沙里了，谁也不知道那位独裁者是怎么想的了。

总之，那个命令，彻底改变了历史。

此时的乐毅，就好像希特勒一样令人看不懂。

首先，他在六个月里席卷了齐国的七十余座城，但最后的这两座城池却打了一年多，始终攻不下来。

那么问题就来了，这两座城并不接壤，而是两座孤城，不应该在一年多内两座孤城都打不下来。

有可能是这两个城市是人家的东都和南都，类似于上海和深圳，大城市不好打。

不过，即便真的打不下来，就剩最后两座城了，直接使用围城战术，饿死城中的守军，或者和里面的人去谈投降条件也可以。不投降其实是很不合理的，要知道此时齐国基本上已经亡国了，抵抗根本没有意义。在全部退路被封死的情况下，根本没有理由拿不下来这两座城。

如果说莒城因为离楚国近，可能有楚国势力外援；那么即墨就完全没有理由打不下来，因为此时的即墨就是个标准的孤岛，连指定的国家公务员长官都战死了。

要知道，四年后的"最炫民族风"可是从标准孤岛即墨刮起来的。

其次，是第二个看不懂。围城一年后，乐毅命围城守军解围，距城九里驻营，并下令：居民出城，不许侵犯，生活困难的人一律赈济。

有人会说，这是乐毅想感化齐人。

但这一点，其实并不成立。这五年，他的占领军的感化效果并不好，我们将在田单复国时会分析阐述。以当时的条件，无论这两座城有多么固若金汤，只要围上一段时间，里面的粮食一尽，守军自然会束手就擒。为什么乐毅在围了一年多城后，也许是城里即将粮尽的时候，莫名其妙地下令解围呢？

这道解围命令，是齐国最终剩下一口气的关键原因！

也许乐毅的想法并不单纯。

唯一合理的解释就是，乐毅想既"剿匪"，又"养匪"。

两千年后，吴三桂领兵南下，大清坐金銮。随后就是"三藩"耗天下税赋之半。两千年前，其实历史也演过类似的这么一出。

乐毅留给后世的，是一个有能力、受迫害的大忠臣形象，但他当初的种种做法，却真的让人很难不对此人产生极大的怀疑。

乐毅也许很明白鸟尽弓藏的道理。开始还打算以未灭齐为借口争取时间，但战争的过程太过于顺利，随着他在齐地的势力越来越大，他对齐地有了想法。他的这份心思也并不是不能引起别人的怀疑，燕国国内的很多人都在谈论乐毅的动机。

燕昭王的太子就对昭王说过："乐毅智谋过人，短短时间便连克七十余城，现在剩下两座孤城却没有办法，并不是他没有能力攻取，而是这三年来他压根儿就没有打！他要靠着我们燕国的军威，使齐国人心服口服地拥护他当国王罢了。他现在所顾虑的只是自己的妻子、老小还在我们这儿。您得抓紧时间想办法，齐国美女多，不久他就会置办一个新家了。"

人家太子其实分析得没错，搁谁都会这么想。

不过，燕昭王的招法却万分高明，几百年后的刘备也用过一次。

燕昭王先是把太子打了一顿，大骂道："没有人家乐毅，咱们家的大仇能报吗？忘恩负义的东西！乐毅就是当了齐王，也是他应得的！"

打完太子，燕昭王还将乐毅的家小用王室的待遇进行装扮，并派宰相带着一百辆战车护送到了乐毅处，还封乐毅为齐国国王。

多高明的一招，我把你的想法都给你挑明了，不用你说，我给你都送过去，把你架得高高的，看你怎么办。你要是没这想法，你会效忠于我，那两座城不得快拿下来吗；你要是真有自立门户这个想法，我这样做，你将来也会顾念我的恩情。

杜月笙死之前，在他的儿女面前烧欠条时说的那句话非常经典："感我们杜家恩的，没有这欠条也会报答我们；不感我们家恩的，这欠条反而会害了你们。"

恩要等着他人主动报，千万别去要！

如果你对某人有大恩义，千万要闭紧嘴，并争取忘掉此事，否则你很可能会遇到奇祸。千百年来，无不如此。

做好人，要积阴德。

啥叫阴德？干了好事不让别人知道，帮了别人不让他心里有压力，永远不提

这茬。总结起来就是，施恩不图报。

天道自然公平，千载无不如此！

杜月笙用自己一生的智慧给他的子女们上了最后一课，燕昭王也是如此。

乐毅接到封王的烫手山芋后诚惶诚恐，表示誓死拒绝。燕昭王用他最后的智慧成全了乐毅的忠勇之名。

相比绝大多数的历史人物，乐毅是幸运的，得其主，得其时，也得到了身后之名。

在演完封王这一出戏之后，燕昭王很快就死了。

燕昭王这一生，就像一支持续上涨的股票，在他人生的最后时刻，燕国的大盘涨到了历史上的最高点。

他虽没有赵武灵王那般上马管军、下马管民的雄才大略，但他也将一个接手时残破不堪的燕国，打造成了一个壮大的北方大国，并最终报了灭国之仇。

燕国中兴之主的离世也正式宣布：乐毅的时间不多了。

因为因乐毅挨过打的太子继位了，也就是后来的燕惠王。

与此同时，齐国人似乎看到了希望，即墨城中的田单趁燕国即将刮起政治风暴前，进行着最后的准备。

我们先来介绍一下田单。田单本是齐国王室的远亲，在燕围临淄时，他感觉到了危险即将降临，于是用铁罩住了车的轴。因为逃跑时车太多，别人家的车轮子都被挤散架的时候，田单率领家族在高质量车队的保护下，于城破之时一路逃到了即墨。

即墨的最高长官大夫早在乐毅围攻即墨的第一年时就已经战死了，即墨人推选撤退高手田单做他们的领头人。

田单一直在等待，他发现乐毅并没有把他们逼得太狠，所以一直配合着不投降。他在等待时局的变化。这个变化，终于等来了。

燕国那边忙着办国丧，齐国人民终于看到了希望。

陆：田单复国

即墨民选最高长官田单是一个做局高手，他下了四步棋，每一步都高妙无比，且环环相扣。

第一步，田单在燕昭王死后，先是派出了间谍在燕国散播谣言，把曾经大家怀疑的那堆车辕辘话又都说了一遍，最后还画龙点睛地加了一笔，说乐毅一直就有自立之心，但老王尚在世，乐毅只是一直不忍心罢了。

其实，有没有这个谣言，燕惠王都会对乐毅动手，国家不会无限期地等着他攻下这两座城。

毕竟就像这谣言中最贴心的那句话说的那样：老王尚在世，乐毅只是一直不忍心罢了。

燕惠王的心理其实很好推测：你手握大兵在他乡经营这么多年，谁知道你是什么心思。

你又不是我的人，我是不允许有这样大的不确定的威胁的。

燕惠王派大将骑劫去接替乐毅，让乐毅回国接受封赏。

乐毅并没有像吴三桂那样被削藩后就反了，也许他想到了自己的知遇之主燕昭王的封王之；也许他也知道，这几年他并没有像预想的那样，在齐地播下多少恩泽。最终，他选择了逝如冬雪般地离开齐国这片自己的传奇之地。

他虽然选择了离开，但他不傻，他知道燕惠王是什么意思，因此他没有北上回燕，而是西去奔赵。

乐毅一走，燕国军心大变。

田单的第一步棋走完，开始走第二步。他搞起了封建迷信。

他单命令城里的百姓每家在吃饭的时候，必须在庭院中摆上饭菜来祭祀他们的祖先。

祖先吃没吃到不一定，反正各种鸟却都被吸引到即墨城上空盘旋，时不时地飞下来和人抢食。

城外的燕军对此开始感到奇怪，各种传言开始流传。

田单扬言说："这是有神仙来教导我，让我拯救孤城。"

这时，有一名士兵没有控制住自己的幽默情绪，说："我可以当你的神仙导师吗？"这个大兵说完就意识到自己闯祸了，于是回身就跑。

田单马上以百米冲刺的速度将那个士兵拽了回来，倒头便拜，还请他面朝东坐着，导师长导师短地侍奉他。

那个士兵傻眼了，说："我是闹着玩的。"

田单说："小点儿声！别废话！说你是你就是，说破了我就宰了你！"

今后，每当田单发布约束军民的命令时，一定宣称是这位神仙导师的旨意。

第二步棋，增加了己方的信念，打击了城外面燕军的信心，让燕军以为毕竟人家有神仙下凡指引，这仗还怎么打？

第三步，同仇敌忾。

他先是派人扬言说："齐国人非常在乎鼻子，死都不怕，但鼻子没了就活不了了。"

大将骑劫于是下命令，把所有齐军俘虏的鼻子都给我割了。

即墨城中的百姓愤怒异常，民意被激发了出来，誓与城池共存亡。

紧接着，田单又散播谣言说："燕军如果挖掘我们城外的坟墓，侮辱我们的祖先，齐人就失去了精神支柱，更活不下去了。"

骑劫拿到剧本后，马上命令燕军挖掘城外的全部坟墓，焚烧死尸。

被刨坟掘墓的即墨人从城上望见，都流泪哭泣，恨得咬牙切齿，纷纷向田单请求："咱们爷儿们誓与燕军决一死战！"

田单一看，民意可用，下了最后一步棋。

田单先是麻痹燕军，命精壮甲士隐伏城内，让老弱、妇女登城守望。他又派出使者诈降，并让一个城内富豪持重金贿赂燕将，假称即墨守不下去了，准备投降，希望到时能够保全他的妻小。

此时已经围城三年多的燕军，急欲停战回乡，见大功将成，只等受降，更加懈怠。

在一个漆黑的夜晚，田单集中了即墨城中的千余头牛，牛角绑上利刃，牛尾扎浸油的芦苇，并在牛身上画上了五彩花纹。准备完毕后，田单下令点燃牛尾上的芦苇。

牛负痛从城脚预挖的数十个通道狂奔燕营，即墨的五千勇士紧随于后，城内军民擂鼓击器，呐喊助威。一时间，杀声震天。

燕军见火光中无数角上有刀、身后冒火的怪物直冲而来，惊慌失措，以为真的是神兵天降。即墨勇士乘势冲杀，城内军民能上战场的全部尾随出战。燕军大乱，夺路逃命，互相践踏，骑劫在混乱中被杀。

田单率军乘胜追击，所经过的城市纷纷起义，田单的部队像滚雪球一样迅速壮大，节节进击，很快燕军被逐出了齐境，尽复失地七十余城。

田单的复国过程，其实比乐毅破齐更为传奇，但这也有一个重大的疑点。

为什么齐人会纷纷响应？

战国时期，人们心中并没有祖国这个概念。那时候，除了各国王室，人们都是以天下为概念的，这个国待不下去了，就去那个国。

之前，我们详细介绍过了，比如乐毅在燕国混不下去了就跑到了赵国，并没有丝毫犹豫；比如各国前线的那些城，今天秦国打下来了，我们就是秦人，明年魏国光复了，我们又变成了魏国人，无所谓，只要能吃饱，有田种，剩下的都好说。

我们在这一章中讲了两场迅速灭国的战争，之所以齐灭燕、燕破齐如此迅速，都有一个最重要的原因：**百姓离心离德。**

燕国内乱多年，所以齐宣王可以钻空子；齐国穷兵黩武，所以乐毅可以半年攻克七十余城。

在古代，所有"闪电战"能够取得胜利，其实都是因为失了民心。

如今，燕国人也是如此。

乐毅拿下临淄后，颁布了各项法令、新政、削减赋税、任用贤能，将所有占领的齐国的土地变成了燕国的郡县。

这看起来很美好，但这五年燕国的占领军究竟是怎样做的，史书上却没有记载。

我们从乐毅的法令中看到，虽然他选拔了齐国在野的人才，但也冷落了那些曾经的既得利益者。他一直喊出的口号是恢复旧法，但那都是上百年前的制度了，根本不适应现在的日常生活。但这都并非最重要的。

秦国每占领一个地方也是将过去的贵族等既得利益者连根拔起，但秦国治下的老百姓始终有饭吃，有地种，而且想奋发向上还有渠道，去砍脑袋嘛！有那扯闲篇的工夫，早成战斗英雄了！

所以，秦国每打下一个地方，都能守住那个地方，也从没见哪个地方的百姓配合前政府去反对秦国的。

说到底，还是那句话，燕国人做的和乐毅说的并不一致。在那五年多的时间里，燕国人早已失去了齐国民心。

在这五年多的时间中，乐毅作为占领军总司令，并没有说到做到，而是相当失败。说到底，是因为乐毅并没有让齐国人民过上好日子。

再来复盘一下乐毅破齐，除了当初力主深入攻齐的决定外，所有攻齐的天时、地利、人和都是提前摆好的，中期的攻齐变成了劳民伤财的围而不困，让燕军一直师老于外，后期对于开疆拓土后的消化吸收也做得并不成功。

这也是为什么诸葛亮每每自比管仲、乐毅，笔者都觉得他的这个自比，其实有点儿自污的效果。这乐毅是大才，却并非顶尖高手。

最后说说乐毅的结局吧。

毕竟田单是从骑劫手上复的国，所以乐毅还是那尊"神"，赵国非常看重乐毅这位灭国名将，将他封在了燕赵交界的观津。

燕惠王有点儿怕这位他得罪过的名将带着赵国人再来打他，于是让他的儿子乐闲继承了他之前在燕国的昌国君爵位。乐毅也乐得忠臣之名，与燕王和好，最终在赵国逝世。

每提到乐毅，笔者的脑海中总是浮现出白居易曾经在《放言》中写过的这么一首诗：

赠君一法决狐疑，不用钻龟与祝蓍。

试玉要烧三日满，辨材须待七年期。

周公恐惧流言日，王莽谦恭未篡时。

向使当初身便死，一生真伪复谁知？

齐虽然复国了，但元气经此五年大耗，再也没有缓过来。

"东秦"的衰落，让西秦开始肆无忌惮，有一个"巨无霸"就要成为下一个目标了。

鄢郢之战：
『杀神』横扫汉江平原

壹：论"巨无霸"的吃法

很多时候，饭是要一口一口吃的。"欲速则不达。"

就在田单复国的前一年，十处敲锣，有九处是秦国对楚国展开的战略性打击。这次秦国的战略目标是：将楚国赶出汉江平原。

为什么要将楚国赶出汉江平原？

因为楚国太大了！

楚国的疆域按今天的地名来说，东到大海，西到重庆，北抵洛阳、山东，相当于现在十一个省份的大小。

为什么它会这么大呢？

因为周朝分封的时候，南方是蛮荒之地，道路也不通，地也不好种，远离我们的母亲河黄河，所以周王朝分封采邑和领地，根本没把高门大姓的关系户往那边分。先上车的那一帮诸侯都集中在地皮比较值钱的河南、山东、山西这些地方，所以每个国家的领地就不大。楚国作为后上车、没关系的，被分到了不受人待见的南方。

不过，楚国却由最早的一小块不毛之地，自己一点点地扩张成了一大块不毛之地。

这个过程比较轻松。

扫码回复 10，即可查阅高清地图

因为南方在当时有文化的人的嘴里，叫"荒蛮烟瘴"之地。北边的文化人不屑于去占领南方那帮穿树叶人待的地方，而且那个地方也不好种粮食，要那破地干啥！

所以，楚国最开始扩张时，几乎没有什么竞争对手。

后来，随着时代在发展，社会在进步，楚国发现在铁器和耕牛的逐渐普及下，自己的这块不毛之地，居然可以种庄稼了，再一算自己的国土面积，哇！太大了。

不过，楚国虽然大，但一直谈不上非常强。

有两个原因，一个是地广人稀，另一个是贵族的腐败政治对国家影响的程度太深。

春秋末期，南方在吴国起来之后，楚国还让吴国把首都都给打下来了。虽然吴国当时有能人，又是孙武，又是伍子胥的，但相对于楚国，吴国就是个弹丸之地！

楚国的国土纵深那么大，让一个弹丸在那个年代从东海边一路向西打到了荆州。

要知道自长江逆江而上自古就是逆天而动，当年侵华日军拥有着不同维度的国力优势，沿着这条路打都没能打过去，但吴国却做到了。

吴国再强，能比楚国强一个维度吗？

其实，这和楚国本身就是个虚胖子有很大的关系。（关于吴国把楚国干掉的前传起源，是个小人将楚王的准儿媳妇过户给老公公，随后引起的一大串"蝴蝶效应"的狗血故事，有兴趣的朋友可以自行了解下。）

楚国最大的优势，其实就是得益于当年祖宗混得差，最开始创业是在没有竞争对手的老少边穷地区。

虽然竞争力一般，但架不住逐渐扩大的体量优势，只要对方不是太强，就能不断拿屁股坐死它。

也因为竞争对手少，混得还不错，所以楚国始终也没有一个合适的土壤和环境，在特殊的时机进行靠谱的改革。

凡事皆有双面性啊！

郭德纲曾经满眼含泪地说过："有钱男子汉，无钱汉子难，大英雄手中枪翻江倒海，抵挡不住饥、寒、穷三个字。"

英雄至此，未必英雄。

但凡说得过去，谁愿意受那些受不了的罪啊！

但凡说得过去，谁愿意进行那些要人命的改革啊！

几千年来的诸多改革，其实都是被逼得啊！

你一直日子安好，说得过去，你也就永远无法鲤鱼跃龙门。

几百年下来，贵族的既得利益者成为这个国家最大的绊脚石。

当年的著名军事家吴起在魏国闹了很多不愉快后来到了楚国，模仿李悝进行改革，本来收效不错，但得罪了庞大的既得利益群体。一直想有点儿成就的楚悼王去世后，楚国贵族们就发动了兵变。吴起被箭射杀，死后尸身还被处以车裂肢解之刑，随后人亡政息。

政治腐败、经济落后，这是始终缠在楚国脚上的锁链。

不过，楚国虽然有种种问题，但它还是太大了。

对于战略投放能力非常弱的那个年代来说，一口气想吃成个大胖子，非撑死不可。当年吴国虽然打下了楚国的首都，但最后也因为孤军深入了几千里，被楚国人喊来的亲戚秦国人给打跑了。

所以，对于楚国，战略上最好的办法就是"把大象装冰箱，拢共分几步"的阶段性搞法。

秦国看上了楚国，然后人家的调子定得特别好：先把西边的势力给消除了。

秦国一直是一个具有大战略性眼光的国家，它之所以在这个时候选择对楚国动手，是因为这又是一个最佳时机。

魏、韩两国，在伊阙之战后，就被打成半残废了，自此几乎只能自保，一提起秦国就肝颤。三年前，秦国又敲了敲魏国，打下了魏国的安城，然后顺道去魏都大梁散了散步。

无险可守的魏国人眼看着秦国的部队开到了自家的大门口，耀武扬威地进行了武装示威，竟然连个屁都不敢放。

赵国自赵武灵王死后，这个饿死自己老爹的赵惠文王也走上了"稳重"的道路。秦时不时地也敲打敲打他，今年攻两座城，明天占俩村，著名的"渑池会"就是在这个时期发生的。

赵惠文王被秦昭王各种调戏，最后还是蔺相如不怕老流氓替他将面子找了回来。如果让他那个惦记着从北方灭秦的老爹知道，估计会气得从坟里爬出来。

本来齐国是让秦国挺头疼的一股势力，这个东方大国一直是楚国的盟友。不过，感谢自家晚辈燕昭王争气，齐国被折腾得现在只剩下了不到半口气。现在攻打楚国，国际环境好，没人瞎掺和。

贰：名将的隐性素养

公元前 280 年，司马错自蜀地出兵攻楚。

在取蜀的二十五年后，司马错带着他的成果进行了阶段性展示。

早在当年伐蜀之前，司马错就已经向秦惠王提出"得蜀即得楚"的战略主张。极具战略眼光的司马错不仅看到了蜀地富庶，还看到了蜀地的上水优势，届时对攻打楚国将拥有绝对的战略主动权。

但司马错一上来却并没有从长江而下，而是选择了一条谁也想不到的路。

司马错率大军由陇西进入四川，然后增补了当地的巴、蜀军队十万余人，接着乘坐大船万艘，载米六百万斛（一斛大概相当于二十七斤，可以想象川府之国的物资动员能力），从巴地延涪水南下，进攻楚国。

这是中国战争史上最早的一次如此长距离、大范围的迂回攻击。

秦军战胜重重困难，翻越了今天的岷山山脉、摩天岭山脉、"地无三里平"的云贵高原，以及章鱼触爪一样曲折泥泞的武陵山脉，出其不意地插到了楚国后方。

具体路线大致为今天重庆翻高原到常德。

这条路，现在走下来都不容易。

为什么贵州部分地区到今天为止仍然较落后？

路非常不好走占很大一部分原因。

两千年前的云贵高原，当时沿途一片荒芜，烟瘴蛇虫、鸟道险苦，这又再一次显示了名将司马错的另一素养——行军才能。

战争中，有很多看不到的事情是具有决定性因素的，比如说行军。

例如，打遍欧洲大陆无敌手的一米五七"小巨人"拿破仑曾经说过："行军就是战争，战争的才能就是行军的才能。"

拿破仑当年最重要的背后工作，就是研究行军速度。我们百战百胜的粟裕大将，也是脑子里装着活地图，一进战区就各种穿插，什么时候快，什么时候慢，什么时候连辎重都扔了要强行军，随时随地做出调整，总是能在最恰到好处的时刻出现在最合适的地点，指挥出庖丁解牛的战役。

当然，行军也不仅仅止于此，它**还有最重要一点，就是保持战斗力。**

带着十几万人、几百万斛粮草，在山区里走上成百上千公里，绝对是非常可怕的考验。

一会儿通讯员过来告诉你，前面没路了，得铺；一会儿通讯员告诉你，前面的桥塌了；一会儿通讯员向你报告，大军迷路了；一会儿通讯员发现水源不干净，还得往前走；一会儿通讯员又说蚊子太多了，给将士们都叮傻了；一会儿通讯员又说环境太潮了，都得传染病了；一会儿通讯员告诉你，由于走的路太多，看不见希望，将士们怨言四起，要哗变了。

在当时那个没有导航的年代，即便走大路官道，带领十几万队伍到达指定地点，还能保证战斗力，也不是一件容易的事儿。

更何况司马错在重峦叠嶂中的千里迂回呢？

《孙子兵法》中有一句话说得特别好：**善战者，无智名，无勇功。**

人们对于战争故事往往特别爱听"刘关张三英战吕布"，"赵子龙七进又七出"的个人英雄主义，或者周瑜火烧八十三万的以少胜多。但实际上，那往往不是战争，而是戏说，或者说我们仅仅看到了冰山的一角。

像白起那样的人，实属"神仙"，毕竟一个朝代往往才出一个。

有这样的名将，我们很少看到他们大获全胜，但也几乎看不到他们大败。就像我们看 CBA 爱看扣篮，但真正的有意思的却是每一回合的套路与球员的基本功。

有的人数据上从来不怎么样，却是成事的关键拼图。司马错就是这样的名将。你虽然看不到他如何以少胜多，或者枪挑敌军大将，但他能够将十几万人没毛病、没差错、活蹦乱跳地从荒蛮烟瘴中带出来，这就是一位名将的完美体现。

司马错神兵天降后，黔中的楚国人马上就傻眼了。当时楚军的主力大部分集结在西北部的秦、楚边境前线，导致后方空虚，根本就想不到还会有人从那个方向杀出来。

楚军猝不及防，无法形成抵抗，损失了大片土地，秦军直接攻占了楚国的黔中郡。

在一击得手后，秦国又有两路兵进行配合攻楚，一路兵从长江东下，准备东出巫峡攻击楚国首都郢都西边。

一路兵从北面由武关南下攻打上庸之地。

在这种恐怖的形势下，楚顷襄王献出了上庸和汉水以北地区给秦，以求罢兵。

大家会说在二十多年前张仪要老赖的时候，上庸地区就已经被秦国打下来了呀！怎么还又打一遍呢？

并不是楚国多有能耐去收复了失地，而是秦国自己还回去了。为什么呢？

因为秦昭王的老娘宣太后是楚国人，国舅魏冉也是楚国人，所以欺负了人家楚国一通后又力主秦楚亲善。不过，这并不是主要原因。

主要还是因为当时秦国在东方战线比较吃紧，楚国还和齐国、韩国结了盟，打一个棒子，要给个枣吃，不能把人给逼急了，要对这三个国家进行分化、瓦解，所以秦国又将上庸地还给了楚国。

此时，张仪已经不在秦国了，但这种"连横"的招数照样使得漂亮无比。**可见国与国之间的博弈，只要知道自己在干什么，知道自己的战略方向，是很容易做出行动的。**

根本用不着某位导师大尾巴狼似的瞎指导。

按当时的形势，秦国应该再接再厉、一鼓作气拿下楚国。因为秦国已经对楚国从三个战略方向进行了包围，黔中的丢失更是在楚国的背后插了一刀。但秦国选择了同意楚国割地、休兵。

这里正史没有说为什么，但很有可能是因为司马错病逝了。

首先，后来的黔中又被楚国拿回去了，没有任何地方说秦国是拿黔中与上庸、汉北进行的交换。

其次，自此司马错再也没出现在任何史料的记载上，生卒年份也一直找不到。

所以，比较合理的解释就是司马错在拿下黔中后就死了。秦国缺乏一个比较过硬的将领去指挥如此宏大的三路攻楚的战役，在司马错死后，很遗憾地又被楚国夺回了黔中。

如果司马错不死，秦国应该是不会放弃这次大好时机的，至少在转过年来继续攻楚时，还会让他出战。

无论怎样，这是司马错的最后一次亮相登场，他的一生似乎一直在不被人重视的地方辛勤耕耘，以致没有什么后世之名。

人们知道"纸上谈兵"的赵括，知道"维权斗士"蔺相如，却很少知道这位从战略上、战术上，都极尽巅妙的将军。

善战者，无智名，无勇功。司马错用他的一生完美地进行了诠释。

叁:"杀神"水攻

在公元前 280 年的第一轮攻楚后,秦国调回了在赵国刚刚夺取光狼城、杀了两万人的白起。

这哥儿们一来,就好像有乔布斯的苹果、诺兰导演的电影一样,在品质上是有保障的。区别就是杀多少的问题。

白起接到任务指标后,分析了两军形势,认为不用搞多路出击,当地百姓去年辛苦了,都歇了吧,我一个人趟一路没问题。

白起决定直接沿着汉江往下打,直捣楚国的统治中心地区,后世给此次战役起了一个很形象的名字——掏心战术。

公元前 279 年,白起率军数万沿着去年楚国献出的汉水北地顺汉江东下,攻取沿岸重镇,掠取汉水流域丰饶的粮草补给军需,出敌不意地突入了楚境。

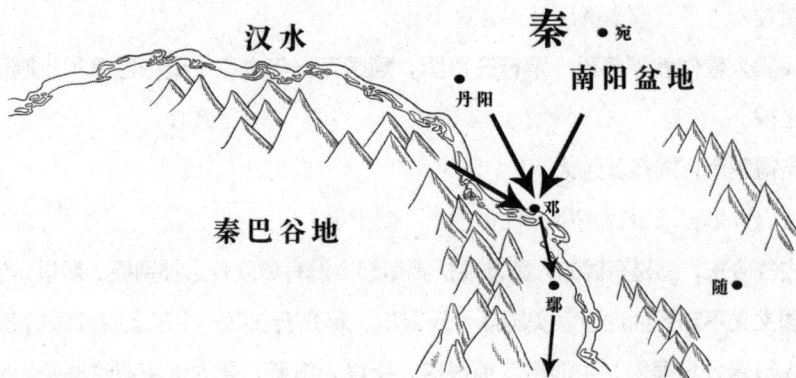

在这里有两点值得我们注意。

第一，白起的兵力有数万。

笔者查了很多史料，也没有找到具体的数字。不过，既然是数万，就应该不会是一万，也不会是九万，七八万肯定就吹成十万大军了，所以笔者估计应该在五六万人左右。

带着五六万人就敢深入敌境，去掏人家的心脏，后来王翦灭楚时可是死活非得要六十万人的。这种高危工程，估计只有白起这个包工头敢接。

第二，白起没带多少粮草，主要是掠夺了楚国的粮草进行补给。

过去形容一位大将让国家省心是怎么说的呢？叫"役不再籍，粮不三载"。

什么意思呢？

"役不再籍"是指出征前一次征兵就解决问题，别打了一半人没了，又回国再临时征，那样民心不仅不稳，对于行政效率的考验也非常大，万一到时候凑不齐人去填窟窿呢？"粮不三载"就是指粮食最多两载。出征时带一载的粮食，走的路上吃，回军时再送过去一载，返乡道上吃。中间打仗时，吃敌人的。

尤其"粮不三载"，太重要了。

粮食是重物，要运粮食，有水路还好，成本会降下来；如果没有靠谱的水路，就要人推车、牛拉车地走陆运。人和牛被征用去运粮食，地的生产力就上不去，百姓就不会富裕，来年的粮食就没着落，国家的整体实力就容易完蛋。

所以，一定要尽可能地在别人家的土地上吃别人家的粮食。

吃敌人一斤粮食相当于从后方运二十斤粮食上来。

别疑惑，卡车出来之前就是这么高的运输成本。一般来说，当时如果商人运粮食超过六十里，成本就已经不合算了。

买卖人管仲就测算过，粟行三百里，则国无一年之积；粟行四百里，则国无两年之积。

走得越远，损耗就越大。

所以，形容战争往往用"日费千金"四个字。

古往今来，都是有钱的人家才能折腾得起，没有钱就什么都别提。所以，当日本军国主义不知死活地惹了美国后，丘吉尔、蒋介石在同一个晚上就都睡得着了。

人很贵，马很贵，牛很贵，粮很贵，所以为将者，要为国家算这些账。后面我们说到王翦时，再算算他带着六十万大军灭楚，这一年对国家的损耗有多大。除了秦国，谁也打不起这种仗。

看人家白起首先是带走的士兵不多，其次吃的还是敌人的。

秦军长驱直入，迅速攻打并占领了楚国在汉水流域的要地邓（今湖北襄阳北），一直攻到了楚国的别都鄢（今宜城）。

荆襄地区这个天下之腹，首次进入我们的视野中。

自古从北面打，基本只有三条路：西边蜀道难，中间襄阳难，东面合肥难。

襄阳为汉水咽喉，左右都是山和水，从中国中部南下没有别的道，卡在这儿就过不去，自古兵家必争，并在南宋末年达到巅峰，成为"世界灯塔"。

此时，我们暂做了解，这块地方在三国时代扛后腰时会迎来它的关键舞台。

此前的剧情均不足以引出这位"名角"。

鄢城（宜城）距离楚国都城郢（荆州市）很近，从地图上仅相隔了一小段直线，是拱卫郢都的最后一道军事防线。楚人也早已集结重兵在鄢城（宜城），准备和白起死磕。

白起听说后也不含糊，在渡过汉水，逼近鄢城后，命令秦军在过河之后拆除桥梁，烧毁船只，自断归路。看着熟悉吗？

后来，有一个楚国小伙子率领着数量上属于劣势的楚国健儿破釜沉舟后，彻底打残了秦国的最后军事力量。

一个是秦攻楚，一个是楚伐秦，还都是关键性战役。历史是具有对称之美的。

双方在鄢城进行了激战，最后白起发现打不动。

楚军凭城坚守，并集中优势兵力跟秦军死磕，秦军在此地遭到了入楚后最顽强的抵抗。

此时，秦军已经深入楚地较深，不太适宜与对方打持久战，但这个地点又绕不过去，**汉江线对于军需补给以及撤退和调兵来说又太过于重要。**

要是绕过去就成孤军了。

时间一天天过去，形势对白起越来越不利。白起看向了军帐之外。

那一年，夷水高涨。

白起望着白浪翻腾，想到了办法。秦军先是在鄢城四周的关键地势筑起了高坝，蓄池拦水，并将战斗部队改造成了工程部队，自夷水修筑了一条到达鄢城的长渠。

等水渠修到一定程度后，白起下令开始放水。

秦军开渠灌城，鄢城的东北角直接被强大的水力冲塌，汹涌的洪水将鄢城变成了泽国，死伤军民达到数十万，楚军精锐尽丧，城中到处漂浮着尸体。鄢城随后被秦军占领。

有时候看起来挺混蛋的做法，却反而会对后世产生始料未及的影响。白起引汉水灌鄢，水从城西灌到城东，城中的尸体腐烂，臭气冲天，以致人们称这里为"臭池"。

当时这里成了闹鬼圣地，后来，这条杀人的水渠却被开发利用，成为一项水利工程。流水百余里，溉田数千顷，人们幽默地将这里称为"白起渠"。随后的千百年，宜城人民受益无穷。

后来，东汉的南郡太守王宠在此基础上又开挖木里沟渠，使灌区面积进一步扩大，宜城从此成为"鱼米之乡"。

白起这个恐怖工头专接大项目，是非功过暂且不讨论，不过有一点可以确定，就像之前说的，白起打仗是有品质保障的。

这回淹死几十万人，又是大手笔。

秦军攻克邓、鄢城后，楚国国都郢的门户洞开。白起原地休整部队，补充兵员和军资，同时将秦国的罪人、刑徒迁徙到了新得的邓、鄢两地，以此为进一步攻楚的基地。

此时，楚国人比较伤感。他们要和自己的百年古都话别了。

白起打下鄢城休整之后，又率军攻打并占领西陵（今湖北宜昌西），扼住长江江口，截断郢与西面巫郡的联系。

准备工作做完，转过年来，即公元前278年，白起再次出兵攻打楚国。这次势如破竹不废话，没有悬念地攻陷了楚国国都郢。

楚国的国都本该拿出点儿像样的兵力抵抗的，毕竟此处是千年名城，它的另一个名字大家应该比较熟悉——江陵。

所谓的后来刘备借荆州，实际就是找孙权借江陵。

此城是后来曹仁在曹操赤壁大败后，跟周瑜先生死磕了一年才主动撤出的，还不是周瑜打下来的。与此同时，关二爷还在江陵到襄阳的"北道"上打了一年游击战，搞牵制。冬天里放一把火的周瑜先生可是费了老劲了。

我们还是等待三国时代吧，届时此地发生的故事将无比精彩。

当然，也不能全赖楚国人民保卫首都不够热情，那个年代谁碰上白起都白给。非战之罪，谁让你倒霉赶上他了呢！

拿下郢都后，白起往西又打到夷陵（今湖北省宜昌市夷陵区），烧了楚国的祖坟（真缺德），向东进兵至竟陵（今湖北省潜江市东北），向南再次拿回了黔中郡。

这次白起将整片占领区连成了一片，扫平了整块汉江平原，设立南郡、巫郡、黔中郡。

楚襄王在兵败后，向东北方溃逃至陈（今河南省淮阳县），并迁都于此以自保，相当于向秦国承认让出了半壁江山。

白起仅仅用了几万人，就将楚国打得迁都避祸，让出了经营了数百年的鱼米之乡——汉江平原。

千军易得，一将难求！

此战过后，白起因功高，被封为武安君，也有人的下场不太好，因此战后悲愤投江。这个人就是伟大的爱国主义政治家屈原。

扫码回复11，即可查阅高清地图

第九战　鄢郢之战：「杀神」横扫汉江平原

肆：战国时代的忠义担当

屈原这辈子，一直都在与腐朽的楚国贵族集团进行斗争，屡战屡败，不过这人的可敬之处还在于他屡败屡战。他也搞过改革，但失败了，之后不断地被放逐。

虽然被流放，但他并没有那个时代人们"天下为仕"的想法，始终以祖国的兴亡、人民的疾苦为念。

他就像祥林嫂一样每天叨叨叨地希望楚王幡然悔悟、奋发图强，做个中兴之主。这个人可以说是战国时代非常少见的忠臣。

无论在哪个时代，历史给忠臣的评价都很高，比如屈原、关羽，这俩人盖棺定论时都是失败者，但都忠得感天动地。

很多坚持并非没有意义，只是把话筒交给了时间。

屈原明知忠贞耿直会招致祸患，却始终"忍而不能舍也"。他明知自己面临着许许多多的危险，在"楚材晋用"的时代完全可以去别国寻求出路，而他却始终不肯离开楚国半步。

有这样一种人，他在的时候，你会用怪异的眼神看他，对他的诸多行为无法理解，对他所经历的那些苦难视而不见，甚至认为他在这个世界上是多余的。但是，如果有一天这个人真的不在了，你会发现，这个世界最不多余的就是他。

有些人很罕见，属于"人中熊猫"，容易灭绝。我们虽然无力保护，但内心要珍惜。

屈原对祖国的无限忠诚和他"可与日月争光"的人格与意志，感动了当时的百姓和后世的子子孙孙。

他投江后，人们用包粽子、赛龙舟来纪念这位伟大的爱国主义政治家。

虽然从政很失败，但屈原无意间开创了一个伟大的"独创作诗"流派。

屈原的出现，不仅标志着中国诗歌进入了一个由集体歌唱到个人独创的新时代，而且他还开创了一种新诗体——楚辞。

楚辞突破了《诗经》的表现形式，极大地丰富了诗歌的表现力，为中国古代的诗歌创作开辟了一片新天地。

后人也因此将《楚辞》与《诗经》并称为"风、骚"。

"风、骚"是中国诗歌史上现实主义和浪漫主义两大优良传统的源头。与此同时，以屈原为代表的楚辞还影响到了汉赋的形成。

政治抱负未得施展的屈原却一不小心成为文学担当，影响了华夏上千年。当我们每一次回顾《离骚》时，都会深刻地感受到屈原对于祖国的那种热爱，对于那帮不争气的贵族的那种无奈。

大厦将倾，无奈也没有用，屈原就算浑身是铁能打几根钉子啊。

楚国衰落的国运，无可挽回地沉沦下去了。贵族问题虽然每个国家都有，但其他国家都没有楚国这么严重。

就连商鞅变法后的秦国，号称政治多么的清明，其实最核心的圈子还都是由贵族们把控着。但秦国与其他六国的不同之处在于，底层的人可以通过选拔提升上来，队伍可以吸纳新鲜血液，大政方针连贵族们都必须遵守。

例如，在秦国，无论你是谁，哪怕是王子，没有军功也是不能封侯的。这一套游戏规则各方面都能遵守，国家机器就能开动起来。

楚国最大的问题是贵族们的眼界太浅，只能看到自己的那一亩三分地，实力又都太强，也从没有一个像秦孝公那样铁了心要改革富强的一把手，或像秦惠王那样明白的继任者。

楚国先是迁都到了陈邑，后来因为离中原太近了，缺乏安全感，又搬到了寿春，延续了几十年的生命，不过总算暂时避开了秦国，避开了可怕的白起。

白起，已经成为其他诸侯各国人民的噩梦。每个国家都在等待"杀神"的老去，等待他过早地离开秦国人民。

但有一个国家，却最终没有避开秦国和白起。

中国战争史上最大规模的会战，就要打响了。

长平之战：
秦为什么冒险发动长平之战？

壹：大风起于青萍之末

这场战役，是整个战国时代的巅峰之战。

这场大战参战的人数达到百万，再算上后续秦国河东所有适龄男子投入长平战场，这场战争成为中国古代历史上规模最大的战役，几乎没有之一。

这一战，彻底加速了中国的第一次大一统的步伐，秦统一中国的最后一块大石头被搬开，东方六国的最后一根大梁被凿塌，北方最后的一个强国赵国被打残，再也没有缓过劲来。

这一战，也是当时的"世界公敌"白起的"封神"之战。

虽然当时并没有纸，但战败方赵括却被永久地冠上了"纸上谈兵"的臭名声。可见后世多少次提起这场战役，多少次演绎这场战役，连跨年代的纸都进入成语了。

此战名声之大，几乎成为战国时代的形象代言。

大家可能对此战的印象是："猪对手"赵括"纸上谈兵"，"神对手"白起诱敌深入，可怜的四十万赵军被坑杀。

这都是高光时刻。实际上，此战的前因后果非常错综复杂，来龙去脉、前前后后、机缘巧合地一共涵盖了十几年。

这一切都要从一个小地方说起，这个小地方，叫作陶邑。

还记得前面我们讲过乐毅的五国伐齐吗？

在打败齐军主力后，原来被齐国吞并的宋国土地本应该是魏国占领，但秦国却拿到了宋国最富庶的陶邑。

这块远离秦国本土的经济特区，后来成为当时秦国的大权在握者，国舅魏冉的封邑。

后来，这个小地方一度影响了秦国的战略方向。

先来介绍一下陶邑。

陶邑，今天的山东菏泽定陶区，现在它名声不大，但在战国时代，陶邑却闻名全国。

陶邑地处古菏水、济水系的交通要道，**济水贯穿东西，菏水往南延伸能到彭城，向北延伸能到山东半岛**，在春秋时期就已经是中原地区的一大商业都会了，地位相当于今天的上海。

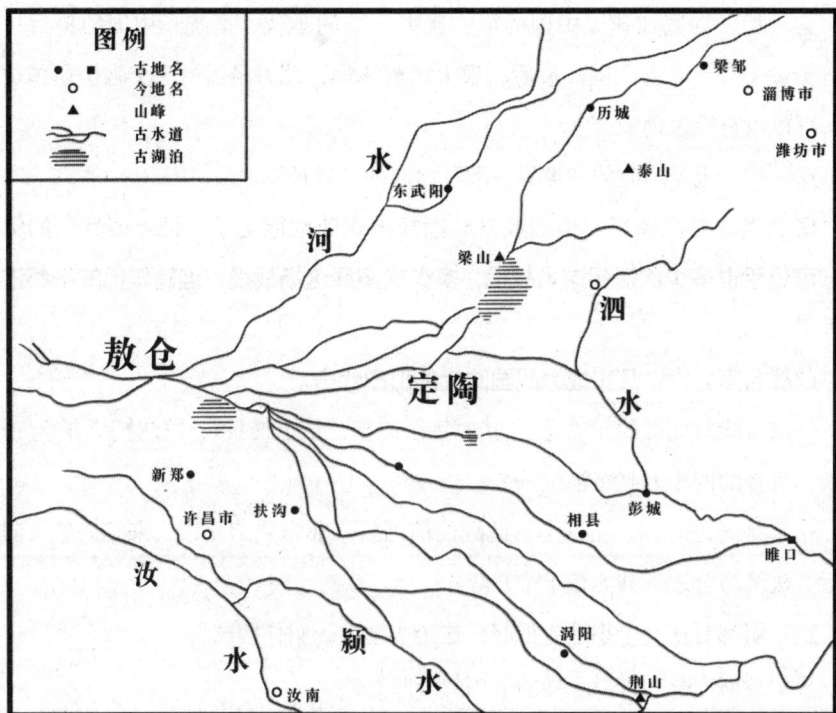

图例
- 古地名
○ 今地名
▲ 山峰
古水道
古湖泊

著名的政治家、军事家、预言家、买卖人、"鸡汤熬制者"，范蠡先生在帮助勾践灭吴后，也是弃官至陶邑发家致富而被称为"陶朱公"的。这个陶，就是陶邑的陶。

在首富的思维里，之所以选择这块地方创业，是因为这里商业繁荣、经济兴旺，软硬件各方面都较好，陶邑也因此成为商业世界的"天下之中"。

这也就弄明白了为什么魏冉要将这块宝地当作自己的封邑。

秦国在得到楚国半壁江山后，将主要攻击目标又对准魏国。陶邑和秦国本土间隔着韩、魏。

之所以这样做，有两个原因。

第一个原因，就是为了要打通秦国和陶邑间的战略通道。

陶邑夹在齐国、魏国中间，远离秦国本土。魏国一直横在秦国与陶邑之间，这也让富裕的经济特区成为秦国本土之外的一块"飞地"。

所谓"飞地"，就是脱离本国的土地。

战国时代"飞地"众多，各国间犬牙交错，比如当年魏国的四块国土中，河内地就是"飞地"，和另外三块国土是不挨着的，只不过地方比较大。

当然，往战略高度上说，灭魏以后可以隔绝燕、赵、楚、韩的联系，给所谓对付秦国的"合纵"予以打击。

第二个原因，则是韩国在伊阙之战后，基本上成了秦国的"胁从军"。

本来韩国和魏国都是秦国要打击的对象，当初在三晋分家的时候，韩国的中心地带极具优势，**就因为它掌握了东面的战略通道，所以无论是当初在黄土高原上占尽优势的魏国，还是现在如日中天的秦国，如果想顺畅地进出华北平原，都必须从韩国所控制的上党高地、轵关陉（豫北通道）或洛阳、荥阳（豫西通道）这两条通道通过。**

这两条战略通道，渐渐变成了韩国人做国际买卖的重要筹码。

无论秦、魏、齐还是谁，爱谁谁！如果你想从我这儿通过，用不着喊打喊杀，我可以借道给你。条件优厚时，我还能派出同盟军给你壮壮声势，跟着还能一块儿顺点儿战利品。如果你看上了我的这条道，想灭了我，我就会满世界拉赞助。

韩国经常对秦国说："大哥我可是抗魏第一线、抗齐第一线！你得对我好点儿！"

临汾市　　　　　长治市

鹤壁市

豫北通道　　韩国控制　　中原

焦作市

鹤壁市

豫西通道

郑州市　　开封市

洛阳市

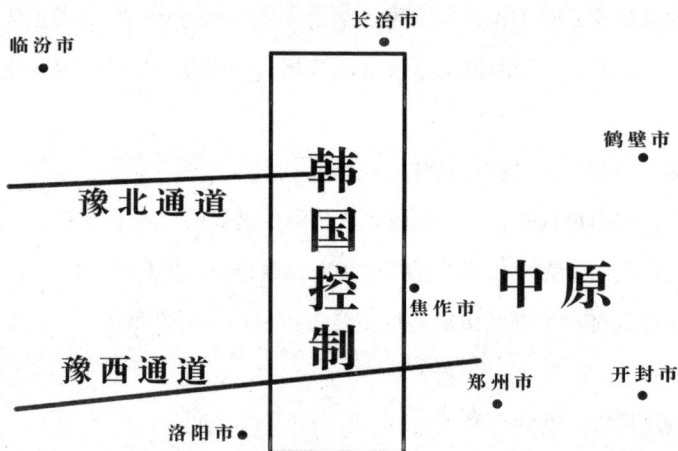

韩国又经常对关东六国说："我在抗秦第一线！如果作为第一道防线的我撑不住的话，秦国这只大老虎一出来，你们可就都完蛋了！"

正是凭借这种左右逢源的手法，韩国才能够靠着原本国力最弱小、地盘最贫瘠的可怜筹码，在残酷的战国时代坚持到了最后。

韩国在伊阙之战后被秦国打出了心理阴影，一听见白起的名字，整个国家的小孩都不敢哭，一向"两面倒"的韩国马上站队成了秦国的乖宝宝。

大哥您想往哪儿走就往哪儿走，我的地盘您随便，就当我们不存在，您可以越过我们攻打任何地方。您对我可以为所欲为。

韩国的"识时务"，让魏国倒了霉。

公元前 276 年，白起彻底扫平楚国半壁的转年，魏冉又让爱将拉着队伍往东边"散散步"，白起"散步"到魏国，占了两座城。

公元前 275 年，魏冉亲自带队，直接攻打魏国首都大梁。眼看魏国被打得实在没办法了，明白唇亡齿寒的道理后，一直借道的乖宝宝韩国居然斗起胆子派出了援军去救魏。

韩国一直在钢丝上游走，也实在是不容易。

不过，魏冉这个大领导可不是草包，无论是政务还是军事，都是一把好手。韩国援军上去就让魏冉杀了四万，魏国割让了八个城市求和。魏冉觉得少，再度攻击，占领了北宅（今郑州市北），魏国又割出了温城（今温县），他这才回军。

舍不得看完的中国史

公元前274年，魏国找齐国成为"战略合作伙伴"，签署同盟条约，宣布一致对秦。

魏冉很生气，这明显对陶邑产生了巨大的威胁，于是再次出兵攻打魏国，又夺了四座城，杀了四万人。

连着三年被秦国打蒙了的魏国终于想明白了，烂根子出在韩国这儿。因为韩国人每次都放秦国的魔鬼出关，还经常提供军需供应，这才让无险可守的魏国一个劲儿地被屠宰。

魏国明白了，韩国要是不死，它也没法活了。

公元前273年，魏国拉来了盟军赵国，倾全国之力准备搞死韩国。

两国军队包围了韩国的重要城邑华阳（今新郑北）。

韩国一看魏国来势汹汹，马上求救大哥秦国，但秦王拒绝了，我们什么时候吃过亏？救你对我有什么好处？

找错了人的韩国马上调整方向，猛求相国魏冉。魏冉当然明白韩国对于他的陶邑来讲有多重要，就说动了秦王。

"世界公敌"武安君白起率军救韩。

故事，就这样开始了。

贰：华阳之战的神话解析

魏赵联军与韩军胶着于华阳，而华阳距咸阳较远，大约五百公里。

由于路远，白起认为魏、赵会对秦军到来估计不足，因而疏于防范。

于是，白起这次又玩出了新花样，觉得采取"出其不意、攻其不备"的方针会收到奇效，于是决定强行军奔袭华阳战场。

大军由咸阳出发，以平均每日百里的急行军进行远途奔袭，仅八天就到达了华阳城下。

到达战场后，白起立即向魏军发起攻击，一举歼灭魏军十三万人，生擒三名魏将，魏国宰相芒卯败逃。

紧接着，秦军又进攻赵将贾偃。经激战，秦军大败赵军，将两万多赵军赶入黄河。这还没完呢！

白起接着乘胜直逼魏都大梁！

魏军主力被歼，无力再战，割让南阳（太行山以南、黄河以北地区）之地向秦求和。

秦国闻知燕、赵联合起兵救魏，便接受魏国南阳地后退兵。

"杀神"出手，就有品质保障，武安君这次又杀十五万，还玩出了新花样，千里急行军，前所未有的长途奔袭，被后世再次赞叹其为"军神"。

人一旦干出不可思议的事儿后，往往就容易被神化。

此时的白起，就是如此。

所有的史料中都在说，白起自咸阳驰援华阳，八天急行军赶到战场，兵贵神速，打了魏、赵一个措手不及。

不过，要是仔细算一下他的行程，就会觉得事有儿蹊跷。五百公里，八天的时间，相当于每天六十多公里。这是一个很匪夷所思的数据。

同一年代出品的畅销书《孙子兵法》（此书应该并非春秋年间孙武所作，诸多书中描写的兵器、言语皆像战国年间所著）中，有这么一段描写：

是故卷甲而趋，日夜不处，倍道兼行，百里而争利，则擒三将军，劲者先，疲者后，其法十一而至；五十里而争力，则蹶上将军，其法半至；三十里而争利，则三分之二至。是故军无辎重则亡，无粮食则亡，无委积则亡。

把铠甲卷起来，轻装前进，日夜不休，急行一百里去争利，那么三军将领都要被俘获，因为壮的先到，弱的后到，只有大约十分之一能够先到战场。这时大部队变为小部队，累得都跟傻狗一样，敌人以逸待劳，等着一口一口地吃掉你。

五十里急行军，先到一半，先锋部队就被人干掉了。三十里急行军，三分之二先到。

更何况装备、粮食、被服、物资都扔后面了，军队很脆弱，很容易被摧毁。

古代行军，三十里为一舍，里面蕴含的大道理就是：**正常行军速度，能兼顾战斗力的行军，一天就三十里。**

同时代出品的跨越千年的经典中说的话还是比较靠谱的。

急行军一百里就已经很考验人了，更别提一系列辎重还肯定跟不上，跑上去就是送死。

我们再对比下白起的急行八天八夜，今天从西安到郑州接近五百公里，那个年代的路只会更曲折、更难走，困了累了既没有士力架，也没有红牛。八天八夜一路跑过去，哪怕你的战士个个是"战神"下凡，人家都不用拿刀砍，踢都能踢死你。

所以，这段故事，肯定是后人编的，至少并不真实。

由于此时的白起战无不克，攻无不胜，从未有败绩，所以很多神话故事就通通往他的身上招呼了。

比较可能的解释是，有可能白起确实是八天八夜强行军，但仅限于他自己和少数警卫员。

魏冉在下令支援时，有可能白起是拿着虎符直接前往秦东前线，再调集已经驻守在那里的大军出发。从秦朝的东部前线到华阳战场，大约一百五十公里，这个距离人使使劲，快到之前再集结队伍休息，吃饱喝足后再去砍十三万人是有可能的。

无论怎样驰援华阳，白起这一仗杀得魏国彻底没脾气了，从此也成了秦国的附属国，跟韩国一样。

叁：秦被拉回黄土高坡

魏国彻底成附庸国后，对秦国产生了一个极其重大的战略影响。

由于陶邑的存在和收益，秦国慢慢地发现了中原之地富得流油，就好像今天的江浙、长三角地区虽然不大，但 GDP 比西部所有省份加一块儿还多的道理一样。

无论是魏冉的私心，还是秦国的战略考虑，都在犯当年魏国的战略错误！

秦国开始对魏、韩两国在山西高原上那些油水不多的土地失去了兴趣，而对华北平原上的土地产生了兴趣。

尤其在如今韩、魏都已经被打服了的情况下，随时可以借道，让秦国越来越想绕过三晋直接进攻中原。对中原之地的重视，甚至让秦国做出了一个令人瞠目的决定。

秦国要放弃白起在晋北的吕梁山区和太原盆地辛苦打下的赵国城邑，而想用它们去交换赵、魏联盟在河北平原的同等数量的土地。

最开始司马错攻打楚国的时候，白起在山西高原攻打赵国，秦国的势力已经扩张到了太原盆地，对赵国的老牌根据地太原产生了极大的威胁。

虽然太原扛造，历史上已经多次证明，但白起的不断逼近却让赵王怎么也睡不着觉。

转过年，白起被南调去伐楚，让赵国的西线得到了拯救，秦、赵就在之前的势力线上继续对峙。

此时，秦国却要拿这块战略要地去交换和本国领土并不接壤的中原之地。

往好处想，是因为秦国已经极其认可自己的作战能力，想中原、关中两面开花、双线突击，外加上中原油水多，收益大；往坏处想，就是权臣魏冉在盘算自

己的小九九，扩大自己在陶邑以外的中原势力。

无论往哪个方面想，这个战略决定都不是一个好决定。

第一，由于和本土不接壤，虽然你的武力威慑在，但在中原的"四战之地"，这片土地无险可守，维护成本太高，参考当年魏国是怎么由盛转衰的。

第二，韩、魏都是墙头草，中间门一关，这两块地方马上就被断绝联系。

第三，权臣的私人势力越来越大，内耗会加剧。这个换地的决定后来也是导致魏冉失势的最大原因。

看起来秦国要犯战略错误，但这一次，上天再次眷顾秦国。

历史并没有给秦国一个像魏国那样打造另一个"河内地"的机会，而是将秦国的眼光从已经流了半天口水的中原之地硬生生地拉回了黄土高坡！

因为赵国反悔了。

而且一贯玩鹰的秦国，这次让鹰把眼给啄了。一贯胡作非为的秦国，被赵国摆了一道。

如果是在双方交割土地之前，赵国反悔的话，对秦国来说损失倒也不大。赵国在秦军撤出蔺、离石、祁等晋北领土后，在还没有接收交换的中原领土的这个时间点时，马上反悔了。

等于赵国收了秦国交回的土地，却没有把自己的土地交出去。真是"耗子给猫当三陪，挣钱不要命"。

本来赵国已经远离了秦国的视线，这一回，冤家该上门了。

公元前 270 年，秦国派大将胡阳率十万大军攻打赵国的阏与地区，著名的阏与之战开打。

此一战，最终成为十年后那场世纪之战的最关键的药引子。

肆：反面典型的父亲出场

这次秦国是悄悄地进村，不打枪，又借道韩、魏，穿过上党地区，直插赵国腹地阏与（今山西和顺县）。

阏与离赵国的国都邯郸有多远呢？大约一百六十公里。

为什么要打这个地方呢？因为秦国想一口气切断赵国山西高原与华北平原两块领土之间的联系。

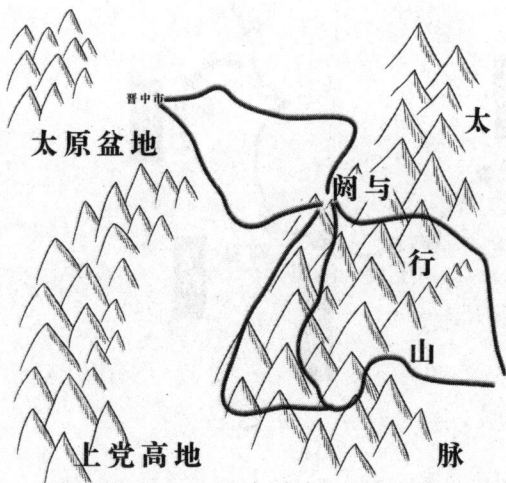

看看阏与地区的地势，我们就清楚了，图中的几条黑线，是太原盆地和华北平原的主要联络线，阏与则是中间的总枢纽。

南边就是上党高地了，那是韩国的地盘。

无论是魏国、韩国，还是赵国，他们在黄土高原上的国土和在华北平原的扩展区之间的联系，其实是十分脆弱的。

主要原因是那条南北纵横、切割了山西高原与华北平原的太行山脉。

无论是几千年前，还是现在，要想穿越这条"天下之脊"，必须仰仗那几条被概括成"太行八陉"的孔道，"八陉"听着挺多，但我们要知道，太行山延绵很长。

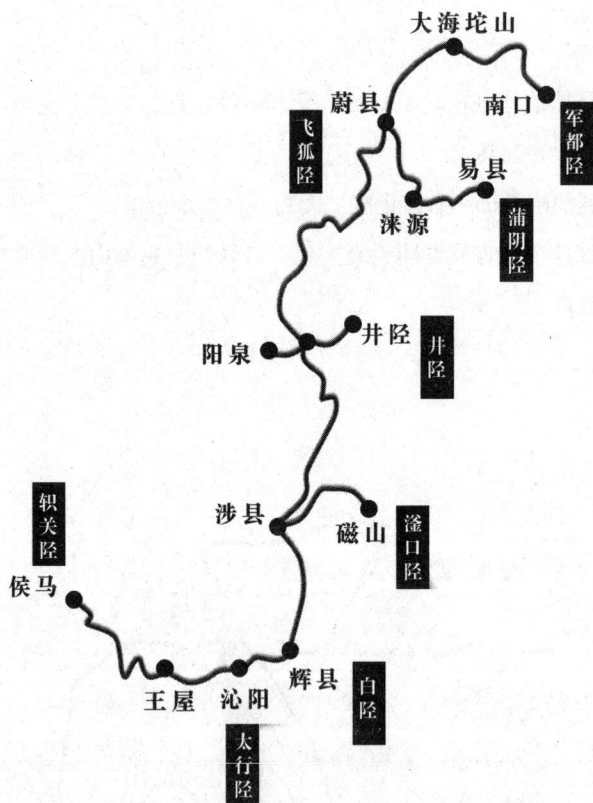

如果秦国能够想办法切断太原盆地与河北平原之间的交通线，也就是占领阔与地区，那么他们就可以对从西、南、东三个方向，同时对以晋阳为核心的、赵国所控制的太原盆地形成夹攻之势。

秦国也就很快可以从不守承诺的赵人那里，不仅拿回他们被骗走的晋西北，还能拿下赵国的老根据地——太原。

阏与地区，就是这个关键的联系点。

秦国如果占领了这个地区，基本上就切断了邯郸与太原之间的联系。所以，对于赵国来说，此地万不可失。但当时，赵国内部已经倾向于无法救援了。

因为秦国打来得太过于突然，韩国直接让出了上党高地，秦军在没有任何阻力的情况下就直接插进了这个枢纽之地。但这块地方又太过重要，赵惠文王在得到消息后急召大将廉颇、乐乘，询问到底该怎么办。两人均认为阏与距邯郸路远，道路狭窄、崎岖险阻，此时已经难以救援。

但这个时候，财政大臣赵奢却站了出来，对赵王说："可救！"

中国历史上著名的"老子英雄儿混蛋"的典范模型中的老子上场了。

赵奢是从基层干起来的，最早干的岗位是田部吏（征收田赋的小官），收租税，执法铁面无私，谁的面子也不给。

按说在基层，这种不上道的工作方式是会给自己惹下很大麻烦的。随着赵奢执法的深入，他发现在他的辖内，最大的"税老鼠"就是当今赵王的弟弟，"战国四公子"之一的平原君赵胜。

赵奢去赵胜家收税，管事的不仅不交税，反而态度嚣张，也不睁眼看看这是谁家！他们认为赵奢是寻常小吏，吓唬吓唬就傻了。但"法律斗士"赵奢马上细数法律条文，然后又当场执法，杀掉了赵胜家管事的九个人。

有原则、手还黑的赵奢惹恼了赵国的领导赵胜，这位平原君将赵奢抓到了府邸，打算给赵奢放放血。

不过，赵奢却义正词严地说道："您本身就是赵国的贵族，你家逃税，咱们国家的法制地位就会越来越低，老百姓就会离心离德，到时候你不交税，我不扛枪，谁来保卫祖国？谁来保卫家？谁来保卫家？！赵国要是完蛋了，你还能有什么富贵可求呢？但以你崇高的地位，如果带头奉公守法，那么上下必然一片祥和，国家也会随之强大，到时候，你的地位也会越来越高。"

赵胜听完，感觉赵奢说得真好，向他表示了自己的惭愧之情。赵胜还利用自己的影响力，向赵王力荐赵奢，赵奢也由基层税管员一跃成为全国赋税一把手。

主抓经济后的赵奢在赵国建立起了完善的法制法规，打击偷税漏税行为。国家赋税因为公平合理，说收多少就收多少，百姓开始富裕起来；赵国的国库也在赵奢的治理下，一天天地充实起来。

赵奢是个人才，有能力、有原则，**但他这辈子最牛的还是运气**，他得罪的赵胜作为"战国四公子"之一，心胸是非常宽广的。

正所谓"千里马常有而伯乐不常有"，自家吃了亏，哪怕知道了，为了大局自己也需要忍着，千百年来有几人能做到呢？

明朝嘉靖年间江浙总督胡宗宪的儿子酷爱旅游，经常在自己老爹的辖区搞自助游。一次，他不长眼地来到了海瑞的那个县，本以为能按照老规矩吃、拿、卡，要"三温暖"，却让海瑞给打了一顿。然后，"海青天"还给胡宗宪写信，说有人冒充你儿子招摇撞骗，让我给教训了，领导请放心。（谁说海瑞一根筋是个傻子，傻子会写这封信吗？）

但打也就打了，胡宗宪是个明白人，自此约束儿子。

其实，海瑞之所以能够千古留名，运气是最重要的。后来，要是没有徐阶多次保他，他绝对活不到进入"门神"编制的那一天。

你要是得罪了小肚鸡肠、记恨你一辈子的那种人，你有几条命也躲不开不断的明枪暗箭向你射来。

我们应该时时刻刻地审时度势，妥善地处理好各种人际关系。这是为了保护自己，同时也是为了让自己的理想离现实能够更近一步。

人生最重要的，永远是参赛资格！

赵奢是个好人，但他这辈子最重要的应该是拥有好运气。

总揽经济大权十年后，赵奢又被发觉是个将才，跨界打进了军事指挥行列。

第一次军事行动，他就带兵攻取了齐国的麦丘。赵王因得城大喜，也因有这样一位下马能管民、上马能管军的复合型人才而高兴。

在军界大佬廉颇都认为赵国不可救的时候，赵奢又使出了他的愣劲儿，反驳道："道路狭窄，布满荆棘，双方就像在狭小洞穴中碰头的两只老鼠，谁勇敢谁就能赢。"这也是"狭路相逢勇者胜"的由来。

赵惠文王听到了这个提气的比喻，命令赵奢率军救援阏与。但赵奢后来的做法，却并没有他说得那么好听。

伍：阏与之战

从赵奢后来的表现来看，他是想把兵权骗来的。他根本没搞什么"狭路相逢勇者胜"，而是有另一套方案的，只不过那个方案可能搞不定大领导以及投资方，所以他就编了一份"融资标书"。

赵奢率军出了邯郸三十里就歇了，一步也不往前走了。

此时的秦军在围困阏与的同时，已经做好了防止赵军出兵救援的准备。他们发兵一支，向东直插武安，以成掎角之势，来牵制赵军行动。

武安在阏与的东南、邯郸的西北，离邯郸仅仅八十公里。

赵奢在歇了之后，就干了一件事，搞工程。

他下令在军中不断加固营垒，在营区周围修筑了许多屏障，那架势根本就不像是去救援，反而大有"有本事你来打我"的意思。在搞好军中工程的同时，他还对所有的军中将领、参谋说："有敢跟我提军事的人死。"

很快就等到了一个想树立典型的人。有人建议他火速去救武安，赵奢立即把他杀掉了。

就这样，"赵军长"，不对，"赵工头"一直在增筑营垒，一干就是二十八天，终于等来了秦军的间谍。

赵奢任由他各种打探、观察。在秦军间谍走了以后，赵奢突然下令集合部队，全军由工程队变长跑队，卷甲而趋，向西急进一百公里，仅两日一夜便抵达距离阏与五十公里的地方。

距离阏与五十公里后，赵奢再次下令全军停下，继续干工程，修建营寨。

本以为赵奢的目的是保卫首都，被抛在武安的秦军听说赵奢一个没看住已经偷跑到了阙与。武安的秦军如梦方醒，知道前面这一个月赵奢是在装蒜，慌忙调集兵力奔向阙与。

阙与的秦军在得知赵奢星夜前来后，也紧急调集军队向赵奢杀来，准备打赵奢一个立足未稳。

两队秦军开始强行军，前来夹击赵奢。

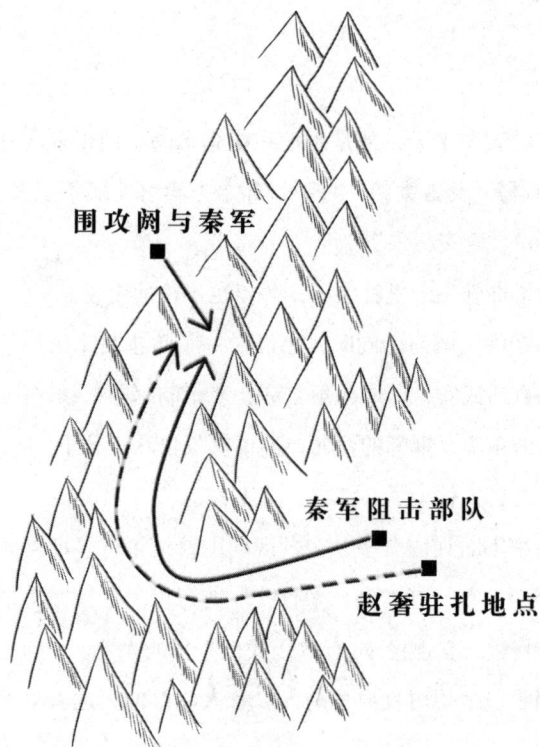

围攻阙与秦军

秦军阻击部队

赵奢驻扎地点

从这次战役就可以看出来，赵奢一定是《孙子兵法》的忠实读者。刚刚华阳大战说白起的时候，我们就讲过，急行军一百里前去杀敌就是找死。

赵奢之所以狂奔二百里后，选择了这个离敌五十公里的地方又歇了，就是为了让自己歇口气，同时让秦军跑这五十公里。

秦军的大将胡阳估计没看过《孙子兵法》，所以就上了赵奢的当。

赵军有一名参谋叫许历，建议赵奢立刻发兵万人抢占北山的制高点，说完就等着领死了。没想到赵奢马上就听从了他的建议，拿下了北山。

许历问："什么时候宰我？"

赵奢说道："少废话，赶紧干活儿去！"

秦军赶到后，上气不接下气，想争夺北山却根本攻不上去，拥挤于山下。

赵奢看准机会，打了秦军一个立足未稳，并利用有利地势，居高临下，俯击秦军。

秦军大败，四散溃逃，但逃跑也跑不过已经歇过来的赵军。

十万秦军几乎全军覆没，阏与之围也随之解除。

这一战，意义非同小可。

赵军打破了"秦军不可战胜"的神话，秦军吃了罕见的大败仗，各诸侯国纷纷将期待的眼神看向了赵国。

例如，已经被打成附庸国的韩国就再次站队，团结在了以赵国为中心的三晋周围，表态再也不让秦国想来就来、想走就走了！

这还只是当下的影响，其最深刻的影响在于赵国战略眼光的升级。

此次大胜实在是太险了！如果不是赵奢态度坚决，还抖机灵，阏与早就不姓赵了。

这一切的根源，都在于韩国让出了上党高地！

对上党开始重新认识的赵国高层，最终左右了十年后的那场巅峰之战！

赵奢班师回朝后，赵惠文王封赵奢为马服君，也因此其后世子孙以马为姓，汉族中的"马"姓也是由此而来，后来的东汉名将伏波将军马援即为其后人。

姓赵和姓马的人见面可能会感到亲切，因为两千年前你们是一家。

阏与之战，秦国虽然大败，但谁家过年不吃顿饺子，而且这一年，老天还补偿给了秦国一个关键性的人才。

又一个魏国人来到了秦国。

新来的这个人成为继商鞅、张仪后，魏国又一次的人才助攻。（魏国多才，简直就是各国的人才储备库。）

这个人的到来，帮助秦昭王解决了贵族权重的重大威胁，同时也成为"战神"白起的命中苦主。

正所谓"一物降一物，卤水点豆腐"，万事万物终究不可能永远无往而不利。

情花虽毒，七步内的断肠草就是其克星。这个人，叫作范雎。

关于范雎，要从田单复国说起。

齐国复国后，魏国打算修复两国间的关系，于是魏王派中大夫须贾出使齐国，议和修好。

去了以后，齐襄王对魏国使臣须贾很不礼貌，责问魏国为何反复无常，早干什么去了，我爸爸的死就跟你们有关系！

由于魏国是乐毅灭齐的第二大分赃者（瓜分了宋境），须贾让人家问得很没脾气。

但这时，须贾身后站出一人，义正词严地辩驳道："齐湣王当年暴虐，五国同仇，岂独魏国！今大王光武盖世，应思重振齐桓公、齐威王之余烈，如果斤斤计较齐湣王时的恩恩怨怨，但知责人而不知自责，恐怕又要重蹈齐湣王的覆辙了！"

齐襄王听完后，不但没有发怒，反而心中暗自赞叹此人的胆识和辩才。他仔细地打量了一番眼前的这个年轻人，什么也没有说。

这个人就是范雎。

齐襄王退朝以后，脑子里满满都是这个小伙子的雄辩，挥之不去。于是，他派人去找范雎，赐给了他很多礼物，想让他留下来，但范雎却拒绝了。相反，对于正使须贾，齐国却不怎么待见。

回到魏国后，须贾越想越生气，他把这次出使齐国之所以受到冷遇的原因全部归罪于范雎，并把范雎在齐国受到齐王厚赐的情况报告给了魏相魏齐。

魏齐大怒，命人将范雎抓来，严刑拷打。他们把范雎打得遍体鳞伤，血肉模糊，肋折齿落，惨不忍睹。

范雎眼看自己就要被打死了，于是屏息僵卧，直挺挺地在血泊中不动，佯装已死。

看守误以为范雎已死，便去禀告正在饮酒的魏齐。这时，魏齐正喝得面红耳热，便命仆人用苇席裹尸，将范雎弃于茅厕之中，还让家中宾客轮番向席中撒尿，故意凌辱范雎。

忍辱未死的范雎，后来在好友郑安平的帮助下藏匿了起来，并偷渡来到了秦国，终于在面见秦昭王的时候闪闪发光了。

范雎见面后抓住秦昭王最痛的难言之隐，说："现在外面的人只知道宣太后和魏冉，根本就不知道您的威名。"

咱们得想办法让世人知道知道谁才是当家的！

瞅瞅战国一条街，打听打听谁是爹！

秦昭王开始重用没有根基的范雎，打压传统实权派贵族们。

范雎在帮助秦昭王完成分权的职能时，还提出了一条非常具有实用性的战略方向——"远交近攻"。

离得远的，咱们跟人家客气点儿；专门找离得近的国家揍。

因为离你远的国家，你给它打残了也是便宜别人，又没有飞机，你的战略投放能力根本就达不到。

范雎用这个最质朴的战略方向把魏冉主导的"跨过韩魏，出击中原"的思路进行了纠偏。

秦国的主要眼光再次瞄准了东出中原的咽喉——韩与魏。

这回，三晋彻底跑不了了。

第十战　长平之战：秦为什么冒险发动长平之战？

陆：上党的抉择

公元前265年，秦国最长寿的老太后宣太后（芈月）逝世了。

同年九月，老太后的弟弟魏冉被解除了所有职务，返回了封地陶邑养老。

魏冉这辈子对于秦国可谓劳苦功高，秦国在他当政期间，整体国力又上了一个台阶；他还慧眼发现提拔了几百年才出一个的白起，并上演了秦国版的"将相和"。

白起在他的全力支持下，用伊阙之战、鄢郢之战、华阳之战等一系列重大战役为四十年后的秦国统一六国扫平了障碍。

可以说，始皇灭六国，其功七八在昭王一朝。而昭王一朝，其功七八又在魏冉。

魏冉当政四十年，向东突破了函谷关，将触角伸到了洛邑；向南将汉江平原纳入了秦国的版图。秦成霸业，魏冉大功！

虽然后期权柄被废，但昭王对他的这位舅舅也可谓仁至义尽，执掌权柄四十年的权臣还能得善终，自古罕见。

后面这两千年我们捋下来后就会发现，这在古代有多么的难得。

因为权力的游戏，有它自己的规则！

秦昭王还是能够想得起当初他的这个舅舅，是用怎样的血腥镇压才将他扶上王位的。

一次赌注赢得四十年风光，老年在诸侯国中最富裕的地方颐养天年，魏冉这辈子也是人生赢家。

干倒魏冉的范雎，或者说帮秦昭王达成目的范雎，在魏冉退休后，开始逐步实施他的"远交近攻"的战略思路。

韩、魏两国由于离秦国最近，开始了更加惨淡的岁月，过去倒向秦国的外交手

舍不得看完的中国史

250

段已经不管用了，说啥也不好使，所以只能硬着头皮扛下去，但扛得越来越费劲。

公元前 268 年，秦攻魏，占领怀邑。

公元前 266 年，秦攻魏，占领邢丘。

公元前 264 年，秦攻韩，白起拿下了韩国重镇南阳地区（河南修武地区），将大军挺进太行山脚下，封锁了太行山道。

公元前 262 年，秦攻韩，白起再次拿下韩国重镇野王（河南沁阳地区），彻底将韩国南北分割，南边的中原地区和北边的上党地区被秦国拦腰截断。

随即秦军北上，准备吃掉已经孤立无援的山西高原的西南角——上党高地。

就在秦军准备北上之际，发生了小人物改变历史进程的事情。

韩国上党郡的最高领导冯亭和一众官员，在得知韩国本土已经无法进行救援的时候，决定：宁死不降秦！

冯亭将上党地区献给了赵国。

他可能是这么考虑的，上党此时已经无法单独抵抗秦军了，如果不想便宜秦国人，则只有两条路，**要么奔赵，要么投魏。**

看起来好像有得选，但其实根本没得选。

此时的魏国在山西高原上的地盘已经所剩不多，基本上就是河内地区。

这片地无险可守，而且和中原本土的联系非常弱，并没有比韩国好到哪里去。上党送到了魏国人手里，他敢不敢接是一回事，接了守不守得住又是另一回事。

而赵国在整个黄土高原的领土比较完整，能够连成一片，国力也较强，八年前还在阏与打破了"秦军不可战胜"的神话，**而且更重要的是，上党地区对于赵国来说意义重大。**

八年前的阏与之战开始时之所以那么被动，就是因为韩国让出了上党高地！

所以，秦国才可以迅速、顺利地插进了赵国腹地攻打阏与，妄图切割掉赵国太行山两侧间的联系。

这块战略要地，赵国不可能不接手。

冯亭的想法挺好，但当时由于秦国的恐怖名头，赵国对于这块烫手的山芋接与不接，内部分歧很大。

此时，赵国的领导人已经变成了赵孝成王，孝成王刚刚继位不久，就向赵豹征求意见。

赵豹是这么建议的："圣人说，得到平白无故的好处，是一种灾难。秦国将韩国拦腰砍断，目的就是上党地区，那帮上党地区的韩国人就是想把灾祸引到我们赵国人身上。秦人辛苦耕种，赵人轻松收割，到时我们就该倒霉啦！"

赵豹的分析很有道理。史学界一直也有一种说法，就是冯亭献上党，是韩国高层"祸水北引"的阴谋。这种说法有一定的可能性。

孝成王又向平原君赵胜问计，就是提拔赵奢的那位。赵胜则意见不同，建议马上接收上党，**因为此地关系重大，是赵国西南的最重要屏障。**

面对两个针锋相对的建议，孝成王最终采纳了赵胜的建议，并派他去接收韩国上党大小十七座城，将上党纳入了赵国的版图。

后世学者、看客等诸多人士在看到这段历史时无不扼腕叹息，说赵孝成王没有脑子、贪小便宜，赵胜误国，连赵豹这么明智的意见都不采纳，活该他在长平之战败得那么惨。

但如果我们深入了解这段历史，**从当时的情况进行分析就会发现，吞下上党高地固然会惹火上身，但这片战略要地如果被秦国控制，今后的战略主动权就不在赵国的手里了！**

如果上党高地掌握在赵国的手里，自晋东南到晋西北，赵国就将连成一个有效的防御体系。黄土高原千沟万壑，赵国可以设下重重抵抗，秦国每往前走一步，都将付出很大的代价。

事实上，廉颇在长平对峙初期就做得挺好的。

再说了，忘了当年的阏与之战是多么被动了吗？要不是赵奢抖机灵，赵国几年前就被挤出山西高原了。所以，哪怕知道是火，赵国也得吞，因为不吞的下场更惨！

上天既然让你能够兵不血刃地得到这个战略要地，绝没有不拿下的道理。

如果后来的长平之战赵国胜了，也许它接收上党这件事就会被捧到天上去，上党地区也将成为赵国的"斯大林格勒"。

只不过，最后赵国败了，所以赵豹的建议才会显得那么"英明"。

赵国"截胡"了上党地区，让秦国很恼火。赵国这些年，也一直让秦国很没面子。

太原市

太
原
盆
地

吕梁市

邯郸市

长治市

上党高地

运城平原　　　　新乡市　华北平原

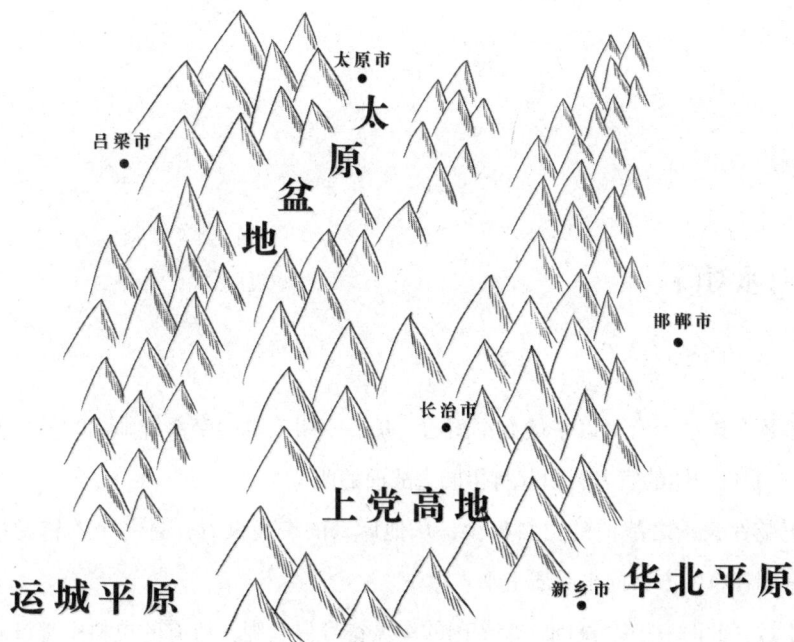

想空手套白狼、玩恐吓，和氏璧没弄到手；在渑池，蔺相如又把秦昭王弄得上不来下不去；想换地又让赵国给耍了流氓；在阏与，又被赵奢打得几乎全军覆没；如今自己辛勤耕耘的上党地区，又让赵国给"截了胡"。

赵国对秦国，这是五连杀啊！

比较让人感到意外的是，上党被"盗"后的一年多时间里，秦国一直没什么动静。

不是秦国忘了这个第三者，而是人家正在家里磨刀呢。

这回高低整死你，要不爷儿们没法混了！

公元前260年，愤怒的秦国这次使出了"洪荒之力"，准备老账新账一块儿算，倾全国之兵四十万杀向了上党。

改变中国命运的世纪大战一触即发。

第十战　长平之战：秦为什么冒险发动长平之战？

柒：丹水对峙

率领秦国这个有史以来最大军团的，是一个叫王龁的秦军统帅，时任左庶长（爵位、职位一体的官名，白起打伊阙之战前的职位）。

王龁在长平之战前的史料很少，从他后来的表现来看，是一个不错的指挥官，秦国在将领方面向来品质上乘。

不过，此时有一个疑问，秦帝国的军事符号白起呢？所有的史料中都没有说此时的白起干什么去了。

秦国有史以来的最大规模出征，没有理由将最有把握的"万人敌"放在一边。有可能是白起生病了，但以白起的资历和作战把握，秦王不会等不起他，毕竟千军易得，一将难求。战争本就是国之大事、生死之道，秦昭王也不可能不察。

比较合理的解释就是，白起此时已经渐渐失宠，这种关键性的大阵仗不再交给他了。因为他是魏冉一路提拔起来的人。

无论是秦昭王，还是范雎，都不希望白起继续获得功勋与影响力，这个王龁则是领导班子着力培养的下一代将领骨干。

没办法，不仅是一朝天子一朝臣的问题，白起此时已经是功高难再赏，这是个很尴尬的位置。

在皇权时代，不世的功勋是不能总立的！

后来的事实也证明，领导们的眼光往往不会错。王龁率领秦军一路势如破竹，一举拿下西上党，并迅速向以长平（今山西高平市）为中心的东上党进发。

赵国此时的应对之策，是派出老将廉颇。但是，这个任命颇有争议。

按说老行为艺术家廉颇作为赵国的军事符号，应该是众望所归，但此时的赵国政坛却有很大一部分势力认为，应该让赵奢的儿子赵括为将。

这是为什么呢？

首先，廉颇的所有扬名战例几乎是从齐国那里得来的，而且他作为"胡服骑射"时代的将领，最拿手的就是骑兵作战。平原或北方的草原，是最适合廉颇发挥的战场，但秦国这次打的是上党高地。

而上党地势千沟万壑，并不适合骑兵作战，主要的还是仰仗步兵的力量，所以廉颇并不是最佳人选。

其次，十年前大败秦军的赵奢已经病逝，但他的儿子赵括已经渐渐崭露头角。

大家千万不要被一些史书误导，认为赵括是个草包，草包是不会有机会带着几十万人上战场的。（当然极个别时刻会有个例，比如明初的李景隆。）

世界杯期间买彩票、赌冠军时，我们只会在德国、巴西、法国、西班牙等少数几个国家队中去猜测。

赵括实际上是很有韬略的，赵奢多次军事行动的成功，基本上都是赵括在后面做参谋帮衬的。

脑子活、理论强，这是当时人们对赵括的评价，再结合后面他在绝境时刻的表现，都证明这个人具有高超的统军、御军水准。

十年前的阏与之战，赵括的老爹就打破了"秦军不可战胜"的神话，赵括则被誉为连他老爹跟他辩论兵法都不是对手的军中翘楚，虎父无犬子的呼声一直也很高。所以，赵王在廉颇和赵括中选择其实是有一定难度的。

所以，再次重申，赵括并非大草包。

不过，在经过思想斗争后，赵王还是决定让老成持重的廉颇挂帅，因为这场战役他输不起，谨慎与经验还是第一要考虑的因素。

廉颇也带着赵国的四十多万人出来了。作为老司机，廉颇迅速地选择了上党地区的长平作为防守迎击的主战场。他凭借险要的地形布置了三条防线，分别是空仓岭防线、丹水防线和百里石防线，可谓层层设防。

第一道防线由廉颇的副将赵茄坐镇指挥。前沿阵地是沿空仓岭一线修筑的长城壁垒，壁垒的关卡是高平关。

第二道防线是沿丹水东岸修筑的壁垒。南部有两座山，分别是韩王山和大粮山。韩王山海拔较高，视野开阔，整个战场形势尽收眼底，廉颇就把指挥所设在

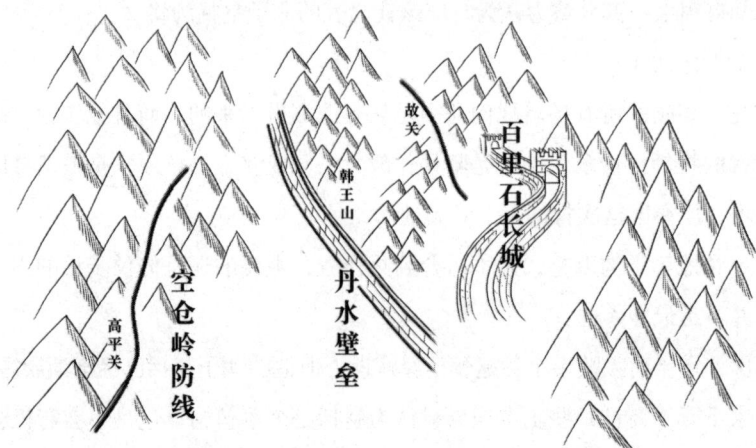

此处；大粮山则用于囤积赵军主力的粮食辎重。

第三道防线是沿着丹朱岭一线修筑的百里石长城。其中，最为重要的关口故关，是邯郸向长平进行补给的关键通道。

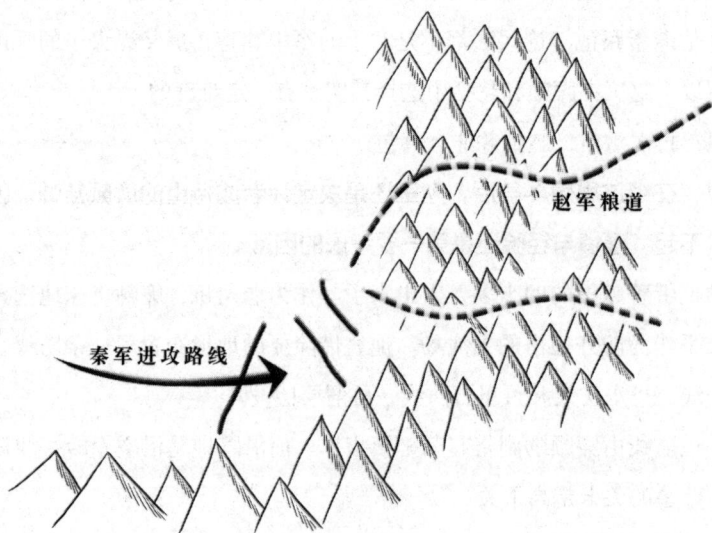

这是宏观图，重点是右边的赵军粮道。

第一道防线，守了三个月。秦国将士嗷嗷地大干一百天，突破了廉颇精细布置的第一道空仓岭防线。

照这个速度，廉颇离被打回家还有半年。

对方这个名不见经传的后生一上来把廉颇打得有点蒙，廉颇没想到第一条防线这么不禁打，秦军的战斗力让他深感意外。

于是，他采取了本土作战的最经典打法——拒不出战，耗死你。

秦军远途作战，无论是从老根据地关中平原调物资，还是从新消化的汉江平原调物资，粮草和兵力补给都比较困难；而长平作为赵国本土，后勤补给的优势要强于秦国。

廉颇看准了这一点，先是下令：擅自出战者斩。然后，他沿着第二道防线依托丹水险阻，开始搞工程，当"包工头"。

第二条防线是长平之战的关键之处。

于是，几十万赵军一层一层地筑垒防御，廉总工时不时地还要验收工程质量。廉总工的"不务正业"让王龁感到很绝望。

几百年后的司马懿大都督在面对诸葛亮丞相时用的也是这个套路。每次诸葛亮一杀出来，司马懿就跟上贴身紧逼，驻扎在那里，既不挪窝，也不跟你打，因为打也不一定打得过。

粮食总会运不上来的，蜀道就是天然的运粮噩梦，反正每次把粮食一耗尽，怎么着都得撤，所以不用费那个劲儿，打就有可能输，不打肯定能赢。

廉颇此时就是如此做的。

不过，有一个问题，廉颇忽略了。

赵国的后方主场有一座太行山，而不是人家司马懿后来死活玩贴身紧逼的关中平原。

要知道，司马懿这辈子总共碰上过两次诸葛亮，第一次是在陇西相遇，在诸葛亮虚晃一枪，割走上邽军屯的小麦后。由于那道陇山的存在，司马懿也是差点儿闹粮食危机的。

这道巍峨的太行山脉，最终成为决定胜负的关键因素之一。

王龁也不是诸葛亮，何况诸葛亮拿这个也没办法。你天纵英才，奈何他就是不出来，这一道道防线又绕不过去，冲上去就让赵军的防御工事给撅回来了。

为啥长平绕不过去呢？

因为时至今日，交通路线图上，长平地区仍然是当地的交通枢纽，根本绕不过去。

就这样，双方在丹水展开了漫长的对峙。

时间一天天过去，赵军的防御工事越修越高，秦军也越来越沉默，近百万人对峙的长平战场，陷入了僵局。

捌：战争的恐怖成本

沉默的丹水两岸，空气中是可怕的寂静。

这种百万级别的僵局，双方渐渐都无法接受了。

因为不光秦国耗不起，赵国渐渐发现，他们也耗不起了。

秦国自商鞅变法后，整个国家就只有两种职业：农民、战士。这也就导致了整个国家的战时资源动员能力极强，虽然路远艰苦，补给线长，但还是能够源源不断地送上来。

赵国发现开始时耗死秦军的想法，在战争开始后，其实已经行不通了。

还是要再次翻开同时代的兵书经典《孙子兵法》。在作战篇中，浓墨重彩地描写了作战的成本：

> 凡用兵之法，驰车千驷，革车千乘，带甲十万，千里馈粮，则内外之费，宾客之用，胶漆之材，车甲之奉，日费千金，然后十万之师举矣。其用战也胜，久则钝兵挫锐，攻城则力屈，久暴师则国用不足。

驰车是作战车，革车是辎重车。一辆驰车，配备七十五人的作战方队。一辆革车，配备二十五人的后勤团队，包括炊事兵、养马的、人医、兽医、修补工匠、砍柴打水的等。这样一千辆车的军队加起来，就是十万人。所谓"千乘之国"，就是指能武装出十万人部队的国家。

由于此时的车战已经不是主旋律，所以后勤部队的配备会更高，人吃、马喂都是钱，所以大军只要一开动，十万大军日费千金是标配消耗。

打仗的本质，是为了获利！

如果旷日持久，兵会疲敝，国家会被拖垮。

像秦国此时的千里运粮，需要耗费二十个人的粮食，才能运一个人的粮食上前线。

而且，更重要的是，别看秦国远，但有着大量的水路可以占便宜，陆运的距离并不比赵国多走上多少。

水路运输极大地将物流成本降下来！

别看赵国那边是主场作战，但它的地形却讨不上主场的什么便宜。

由于跨越太行山区的路不好走，很多都是羊肠小道，看起来短，其实这种穿越山脉往前线送粮食的消耗非常大。

"井陉"中间有两条深深的印，这是车辙。后面的"揭竿大泽乡"时有重点篇幅介绍，届时会详细介绍古代物流的真实操作。

而且，更重要的是，赵国并不是一个产粮大国。它的国土面积有一半还是在北边的游牧区。

再对比下两国的国力差距吧。

双方在几十万大军的消耗下，物资像热锅里的雪一样迅速消融。

赵国耗不起了。

在这个节骨眼儿上，双方都做出了破局的应对。

先是赵孝成王这边出招了。他与楼昌和虞卿两个宠臣商议，打算御驾亲征。

楼昌认为这样做无济于事，应该派使臣去秦国议和。

而虞卿则持不同的态度，秦国付出了血本，这是奔着灭我们来的，议和肯定没戏，应该去楚国、魏国活动，使秦国畏惧各国的"合纵"抗秦，这样再去议

扫码回复 13，即可查阅高清地图

舍不得看完的中国史

和才有成功的可能。

在两个选择中，赵孝成王并没有看清楚事情的本质。

就像虞卿所说的，**秦国下了这么大的血本，是为了大赌，怎样的议和条件能让此时的秦国离场呢？**

他选择了楼昌的建议，派郑朱前去秦国议和。

秦国却利用赵国求和的机会，对赵国使者郑朱殷勤接待，并刻意地向各国宣传秦、赵已经和解，借以防止各国出兵救赵。

本来其余各国就害怕得罪秦国，赵国的处境因此变得更加孤立。

赵国的这道破局题选错了，秦国接下来这道题却得了满分。

接下来，秦国出招了。

秦国此时的处境也是极其难受，大军已经僵在这儿了，如果撤军就前功尽弃，但由着仗这么打下去，越来越多的人被动员到这场战争中，庄稼地就都荒了，来年吃什么就成了很大的问题。

事实上，此战过后，秦国十多年内再没有出现过大规模的战争，也是因为这场战争的成本太高了。转年，秦国就出现了大饥荒，国家根本缓不过劲儿来。

秦国想速战，再这么拖下去会越来越危险。速战的关键点就是越来越稳重的廉颇。

为了搞定廉颇，范雎从秦昭王那儿申请了二十四万两黄金的巨款，相当于大军一个礼拜的成本。他派人去赵国用反间计，大肆宣传廉颇老了不敢出击、马上要投降的流言，并旁敲侧击秦国人现在想起赵奢来还害怕，他的儿子赵括就有着优良的抗秦基因，天生就是秦国人的克星。

流言经过层层地放大，在赵国的决策圈里引发了巨大的效应，廉颇打不过而畏战的说法越来越多地出现在朝堂的讨论中。

面对秦国扔过来的这道选择题，其实赵孝成王已经没有太多选择了。

一方面，如果接着耗下去，眼下赵国的国家机器已经看出了耗竭的趋势，打仗就是撒钱，穷的国家就是打不过富的国家。

以秦、赵两国目前的疆域面积，赵国基本上是在以一隅敌半个中国，再加上并没有什么国际力量能够指望得上，任由廉颇继续耗下去是不现实的！

不是廉颇的方式不对，而是不同量级的国家条件，已经无法允许再进行如此

的消耗战了。

当年第二次世界大战的转折点，在欧洲战场上，公认的是斯大林格勒战役；太平洋战场上，公认的是中途岛海战。

一方面，是有座大金山的大胖子，他输一百把也没关系！他每输一把，就说"别走，咱接着来"，而且赌注越压越大，你越往后赢就越没底，因为对方的实力深不见底，你永远也探不到他的下线在哪儿，他只要赢回来一把，你就完了。

更何况你的牌技也许还不如人家。

在赵国人的眼中，秦国就是那个有着大金山的胖子，秦国的动员实力有多少，你根本就不知道！你只会看到他对你深不可测的谜之微笑。

反观秦国那边，虽然补给线很长，但由于商鞅变法后，对所有的国家户籍进行造册，土地进行丈量，国家有多少壮丁、有多少土地，能打出多少粮食、能征调多少资源运到长平前线，在秦王和他的决策层中，是有一笔账的。

商鞅当年最伟大的地方，就是帮助秦国拿到了那个时代的"大数据"！

这场败家烧钱的仗，秦国还能支撑多久，秦国的决策高层是可以估算出来的。所以，他们敢稳住赵国的使者，给别的国家做样子，但并不提谈和的事儿，就是要接着跟赵国打下去。

仗打到最后，国家的体制建设等一系列深层次的底牌都被摆到了明面上！

战场上的较量仅仅是冰山一角，战争的"冰山效应"开始显现无疑！

由于此时摸不着对方的底，自己的底牌却快翻干净了，其实有没有这些流言，赵孝成王都要进行改变了。在和谈之前，他还想御驾亲征呢，这本身就是已经坐不住了的表现。

与其说是范雎的谣言起了作用，倒不如说是换将的举措更符合赵国现在的实际情况。

赵国需要一个善于进攻、脑子活泛的将领去和秦国进行正面厮杀，从而尽快结束这场战争。这个时候，赵孝成王只能选择赵括。

我们看历史书时，要秉持一个很重要的态度：不要盲目相信史书中的描述，尤其是史书中的因果逻辑。

例如，秦国人一用反间计，赵王就上当了，白痴赵括就上场了，赵国的四十万人就被埋了。

还原到历史中，我们就会发现，很多重要的决策，都包含着诸多综合考量。做决策的历史人物也并非都是二百五，看似很莫名其妙的决定，其实都有着很深的逻辑和原因。

拨开历史的迷雾，你会发现，很多时候，他们真的是不得已。

在赵孝成王做出换将的决定后，有两个很关键的人表达了反对意见。

第一个是蔺相如，这个廉颇的"刎颈之交"说出了一句很短但很有智慧的话："括徒能读其父书传不知合变也。"意思是，赵括虽然能把书上的兵法读得滚瓜烂熟，却不知道临阵的应变。

第二个是赵括的老娘，这个老娘可以说是中国历史上比较著名的母亲，因为她把她的儿子分析得一清二楚。

括母对赵王说："赵括他爸爸当初就说过，这小子绝对不可为大将。"

赵王说："为何？"

括母说："这小子确实是从小就学习兵法、谈论军事，而且特别聪明，他爸爸总让他撅得一愣一愣的。我当初也以为这小子挺厉害的，但他爹却不这么认为。"

我家老赵说："**用兵打仗是关乎生死的事儿，他却把生死这么严肃的事儿说得这么轻而易举，所以这小子一定不可以为将，为将必是国家的祸害。**

"尤其当我看到现在您让他当大将后，他把头都快抬到天上去了，把您赏赐他的财物全置了房子、置了地，我就更觉得他不行了！

"当初他爸爸统军时，和手下的所有官兵都打成一片，将赏赐的东西全都分给手下人，接到命令的那天起就不再过问家事。

"赵括哪有要打仗的样子，您一定不要派他去。"

赵王说："这事我已经决定了。"

赵括的母亲看没有劝动，最后给自己上了一道保险："要是这小子将来打败了，请大王不要株连我们家族的人。"

赵王答应了。

能把自己的儿子看得这么明白的母亲其实并不多见。老话说"知子莫若父"，别看当爹的很多时候并不像当妈的那样跟孩子在一块儿的时间多，但当爹的往往比当妈的更能评判自己的孩子质量。

当初赵奢判断他这个儿子时，并没有从军事专业素养上着手，而是说他对生

死之事看得太过轻松。

这个人缺乏恭敬心。

要知道一旦带兵出发，就是民之司命，每一个指令都关系到千万将士的生死，所以每一个决定，都要深思熟虑；每一个决定，都要郑重其事。

这确实是需要一颗恭敬心的！

就这样，赵括带着他的踌躇满志与理论战术，志得意满地来到了长平战场。

赵母与蔺相如在邯郸的黄昏里，默默地一声叹息。

玖："杀神"出山

得到赵括挂帅出战替换廉颇的消息，秦国那边可以说是狂喜。

赵国的临阵换将实际上在用明码给全世界发了一封电报：赵军要出击了。

在这个生死时刻，秦国体现出了对国家命运的最大恭敬，将把握最大的底牌掀开，摒弃一切不同思想，请出了之前被放在一边的帝国符号！

"杀神"白起登场，来到了他这一生最后，也是最波澜壮阔的长平战场！

秦昭王在命令白起挂帅后，进行了全面的消息封锁，胆敢泄露白起为将者斩！

此时，白起的名头太大了，万一把赵括吓得畏首畏尾了，前面就都白折腾了。

赵括上任之后，为了尽快树立自己的威信，换掉了此前廉颇的老部下，提拔了一批少壮派军官。这个可以理解，一个人一套班子，这是咱中国人的老规矩。

人可以随便换，但事儿必须得办！他明白，他是带着任务来的，赵王之所以换他来是让他又好又快地解决战斗。但比较出人意料的是，他还没下手，沉默了很久的秦军就率先发动了进攻。

白起的第一步是，给赵括"送礼"、找自信。秦国的进攻被赵军打退了，而且秦军的表现给赵括的感觉是，这支秦军真的并非不可战胜，还是十年前让我爹揍了的那支秦军。

他忘了十年前的那支秦军在开战前，已经跑了好几十公里路了。

赵括初战告捷。消息传到赵国朝堂之上，赵王大喜，下令嘉奖赵括，同时命令赵括全线出击，速战速决。

初战告捷的赵括也同样认为，兵贵神速，应该趁此时秦军新败、军心未稳，赵军士气大振而冲上去和秦军决战。

按说他的这个想法没有错，但他应该先分兵去试探进攻来印证这个想法，而不是将所有筹码全部押上去。

当然，双方都是等量齐观的五十万人，试探性进攻很有可能会变成"添油战术"，被秦军挨个吃掉。

战争最大的魅力在于，你有多种多样的选择，面对瞬息万变的变化，每一个选择看起来都是机会无限，每一个选择的背后又都是陷阱暗藏。

在重重迷雾中，你该怎么选？这可比我在这儿说难太多了。

要不第一流的人才永远是在军界和商界呢！

人家那是瞬间的抉择，筹码都是惊心动魄的分量！

最终，赵括并不意外地选择了全军出击，宜将剩勇追穷寇！

赵括的一声令下，赵军的全部精锐就渡过了稳固的丹河防线，与丹河西岸的秦军展开激战。

交战后，赵括发现，秦军死伤甚重，逐渐不支，这更印证了他最初的想法：秦军是可以战胜的。

再次大胜的赵括并没有就此停止追击，而是继续突进，追杀秦军。

赵括大军一直追到了秦军大本营，并迅速展开了攻击，赵军和秦军在营垒间展开厮杀。一直到此时，赵军仍是占上风的。

那么，此时的白起在干什么呢？

他在等待。等待赵括掉入自己预先设计好的口袋之中。

他派出两支骑兵，一支两万五千人，绕到百里石长城后，突袭赵军，攻下了本该无比坚固，此时却仅有少数人驻守的长平关；随后又向百里石长城防线上的故关发动攻击，堵死了赵军连接邯郸最为重要的关口。

另一支五千人的骑兵，则准确地穿插至赵军的前后两军之间，将赵军的主力部队与后勤补给部队一分为二，截断了赵军主力的粮道。

此时，守营的秦军死命地拖住了正面的赵军精锐，但赵军势猛，秦军防守得很艰辛。

白起看到两支骑兵都已经达到了战略构想，于是还是从正面硬扛赵军的守军中挤出了援兵，迅速驰援刚刚形成的两条包围线。

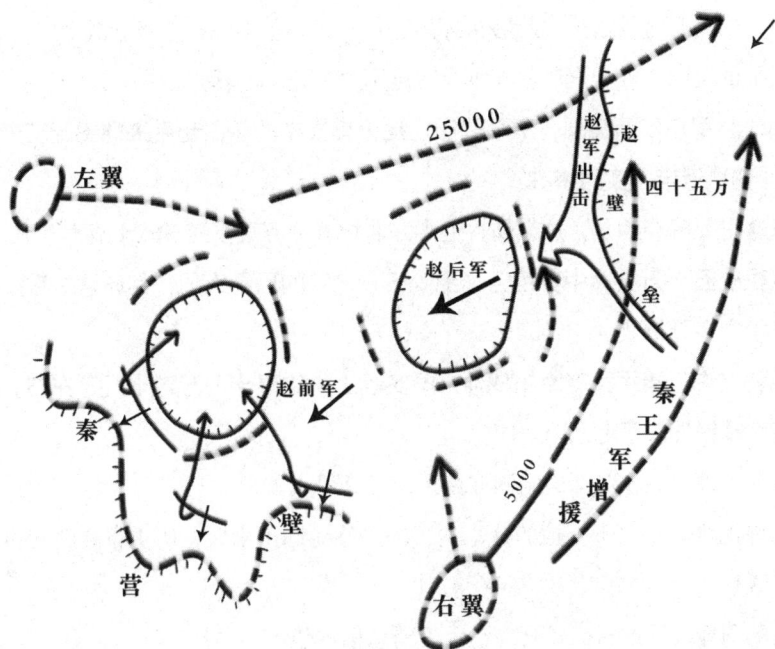

至此，依托着秦军本部壁垒，丹水、长平当地的地势，白起"三段论、八字形"地对四十万赵军完成了精准切割。

中国历史上技战术水平最高的包围战术成功了。

这可是四十多万人围了四十多万人之战！

非长平之地势！非丹水之险阻！非秦军壁垒质量达标！非秦军技战术素养过硬！非"杀神"出鞘鲸吞的大手笔！

上述缺一，长平之围均不可能实现！

等赵括得到被围的消息时，白起已经依托长平的地势和前方自身的营垒完成了包围。赵括急忙率军突围，连续猛攻，仍然未能突破秦军的包围圈。白起咬着牙扛下了赵军一波又一波的突围。

按理说，如《孙子兵法》中所说，十倍于敌军，才能围，因为被围的人会困兽犹斗地集中所有力量进行突围！

白起手中的兵力并不比赵括多，进行围歼战，压力是极大的。

如果包饺子的皮儿太薄的话，这个饺子就会让馅给撑破。

只有白起有这种水平，能够指挥出这种一比一包围的百万级会战！

眼下的秦国"饺子皮"就在承受着赵国"大馅"的猛烈冲击。

面对赵军的不断突围，秦军的伤亡是极其惨重的。白起后来向秦昭王做战后汇报："伤亡近半，实为惨胜。"

在这里要解释的是，这个伤亡近半并非指五十万秦军死了二十五万。

这里的五十万秦军中，包含了至少三分之二的后勤人员，具体这个数字在未来的战役中会分析。

也就是说，秦军和赵军的战斗人员实际上大约是十七万对十五万左右，此战秦军战士精锐损失了七八万。

猛冲不破之后，赵括决定固守待援，下令停止攻击。

也许他再坚持一下，他的这个"大馅"就能逃出生天，历史将在瞬间掀开另一幅篇章！

他的固守待援此时已成奢望，因为消息根本传不出去！

此时此刻，赵军能够支援的那两条绿线的汇总点故关，已经被白起堵死了！即便消息能够传出去，你们家还能凑得出人来吗？

赵括消停后，白起开始派轻兵骚扰，同时马上回国找增援。秦昭王在听说白起得手后，马上一路飞车。

秦昭王亲自赶到了河内，下令将所有河东、河内地区的十五岁以上男子，全部升了一级爵位，悉数火速开往长平战场！

两郡百姓开始源源不断地加固包围圈，并固守故关，阻断了赵国所有的救援企图！

在战役的最后时刻，秦国的举国体制再一次显示出了巨大的动员优势。这样规模的包围战，在古代史上仅此一例。

可能也只有秦国的举国体制，才能有这如此大的手笔！

随后到底有多少河东百姓被动员上了长平前线去加厚"饺子皮"，史书无载，**历史在最后一刻，最终选择了实力更强的那一位！**

长平大包围，一围就是四十多天。

在这四十多天里，其实赵括展现出了非常高的指挥素养，远非后世所评判的那样一无是处。在这四十多天里，**赵军没有出现内乱，没有出现投敌，而是成建制地始终让秦军高度紧张。**

这种对军队的掌控力不是谁都有的。

在被围困的第四十六天，赵括决定突围，**最后他将部队分为四个梯队，轮番冲杀，循环往复。兵分奇正**，这也再次体现出了他的用兵手段。

其实，如果他没有遇到白起，胜负也许真的不好说，至少这个包围圈不见得冲不出去。

在突围的过程中，赵括被射杀。

赵括死后，赵军投降，近百万人参与的长平之战终于落幕。

如今已经没有人能知道赵括当初的想法了。在他的整个指挥过程中，确实犯了冒进的错误，没有谨慎地分兵追击，而是主观地认为决战则必胜，没有给自己留退路，更没有想到一万中的那个一，最后身死留下千古骂名，也是咎由自取，怨不得旁人。

赵括背负千古骂名并不冤，因为他把赵国的老本全都赔进去了。

正如他老爹当初对他的评语：兵，死地也，而括易言之。

这句话，也许才是长平之战留给我们的最大收获。

其实，无论是什么事儿，说起来和做起来都是有着巨大区别的。一件事往往说起来容易，而一旦真做起来，就会发现有千头万绪需要解决的问题，每个问题都不是简简单单地能解决的。

伟大的明代圣人思想家王阳明说的那句"知行合一"，正是我们要用终身去体悟的。

每当做事心绪沉浮之时，请想想赵括，然后带着一颗恭敬之心去处理每一件事。

善莫大焉！

拾："杀神"谢幕

赵括死了，他省心了，但剩下的四十万赵国降军给白起留下了很大的难题。

按规矩来说，有两个办法：放回去或者带走。

大家应该都知道，白起没有按规矩来，最后将这四十万赵军全部坑杀，背上了千古骂名。

后世无数人谈到此事时，大体上持这两种态度：白起嗜杀；秦军嗜杀，脑袋很重要。

因为白起的影响力以及他的悲惨结局和这次中国历史上规模最大的杀降卒案件，自此诞生了一个著名的诅咒——杀降者不祥。

确实如此，古往今来，几乎没有一个杀降者能得善终的。

但白起在下达坑杀命令时，他就像对面的赵王换将那样，路怎么走，他根本没得选！赵军的这四十万降卒，此时成为白起手中无可奈何的烫手山芋。

他不得已这样做的第一个原因，是这帮赵国人不能放回去。

自打白起进入军界后，秦国的整体眼界已经往上进行了一个大提升。秦国已经不在乎一城一地的得失了。

得动真格的！

要聚焦对敌国的有生力量进行消耗！

白起在不断地大打歼灭战之后，秦国突然发现，每一次歼灭战后，会得到很长一段时间的敌国国防真空。或者说这个国家会在很长的一段时间内，对他们无法形成威胁。

这次秦国举国下了血本，上千万人次的千里馈粮（不要怀疑这个数字，供应

舍不得看完的中国史

270

几十万大军的人吃、马喂，尤其前线是千沟万壑的黄土高原，是需要下血本的），秦昭王还亲自征调了所有河内、河东之地的壮丁上前线，此战的消耗极其惊人！

这不是没有风险的！万一另外五国在别的方向捅秦一刀呢？

这可是拼着"内力"呢，秦昭王是在豁出命去打大牌！

这把牌最终一把翻牌，如果能灭了赵国最好；如果灭不了，秦昭王的最低接受目标也是必须把赵国的四十万有生力量全部摧毁！

一旦这几十万赵国棒小伙子放回去，后果不堪设想。

一旦龙归大海，没俩月，赵国又能组织出几十万大军跟秦国死磕！

下一场大战时，幸运女神还能如此眷顾秦国吗？

很多人会说："可以收编啊！或者说把他们迁往别的地方去当农民啊！"

这还真的做不到。

如果几万人，你可以打散收编，因为体量小，可以消化。但几十万人，怎么在短时间内进行消化？这几十万人怎么迁往本土？哪里有这么大块的土地去安置几十万小伙子？又有哪个地方可以消化几十万人的社会不安定因素？

即便有，这几十万人万一又跑回故土了呢？要知道人家可是有家的。

还有人说，可以把这几十万人打散，分往几十个地方分别消化。

在今天，这样的社会分工与行政效率都很难做好这种高危民生工程！

当时的四十万赵人大约相当于秦国人口的二十分之一。最重要的问题是，即便能够照单全收，也没有粮食能应付突然多出的这几十万张嘴！

当时的白起，除了坑杀掉这四十万赵军降卒之外，别无选择。

甚至还有一种可能，也许下令坑杀的是秦国高层传来的命令。

再者说，几十万秦军出来打了这么久的仗，眼睁睁地看着有那么多脑袋可以领军功了，白起怎么面对帐外这几十万如狼似虎的秦国小伙子！

当然，还有一个因素。

当时的人们对杀降根本没有概念！

社会的进步是在不断地演化下，在大量的规律与事实约定俗成后才产生的。

白起此时就是"杀降不祥"的第一个顶级反面教材！

公元前 300 年到公元前 200 年，是非常波澜壮阔的一百年，这一百年的浓度甚至比全民普及的三国时代还要高！浓到根本化不开！

五十多年后，又有一个和白起一样分量，在中国古代史上排名前三的古代"杀神"，扮演了这种反面典型。这两尊神一摆在那儿，今后的执兵大将就老实多了。

总之，透过历史的迷雾，我们可以想象到，在白起的军帐里，在下达那个命令时，其实他根本没有选择。

旷日持久的长平之战结束了。可以说，秦国自此战后终于打垮了六国中的最后一个劲敌。但是，大胜后的秦军反而退军了，并没有将利益最大化，趁机一口气灭掉赵国。

白起在坑杀四十万赵军后，曾下达了"三路灭赵"的部署。

他令司马梗北定太原，攻略赵国北部；命王龁攻打武安和皮牢；自己则率精锐主力，直奔邯郸而来。

此时的赵国，危在旦夕。

可能是赵国国运未竟，有一个国际掮客受赵王的重托，带着重金来到了秦国。他找到了范雎，向范雎进行了分析，这个人是苏秦的弟弟苏代。

纵横江湖多少年的苏家人给范雎阐明了一个白起灭赵后的程序推演。

首先，白起灭了赵国后，因大功必会再度封赏，地位一定会在他之上。白起的老领导魏冉就是你搞下去的，白起会容得下你吗？

其次，这场仗之所以会打起来，是因为韩国人的上党归顺了赵国，如果你灭了赵，北方的赵地会投降燕国，东边的赵地会投降齐国，南边的赵地会投降韩国、魏国，秦国又能获利多少呢？

范雎被说动了，也确实如苏代所说，此时对于他来讲，灭赵并不是最优解。于是，他对秦王说："倾国出战，暴师于外，不如允许割地、讲和，休养战士，来年再战。"

秦昭王被说动了，允许了赵国的割地求和，下令班师。

白起很愤怒，因为作为大将，**他明白在将敌人的有效反抗打垮后，一定要乘胜追击，在对手布置第二层防御之前迅速扩大战果。**

此时，赵国能动员的有生力量都打没了，现在的邯郸几乎就是不设防的城**市，不趁着这个时候再向前拱一步，他日再想灭它，又将付出多少代价！**

不过，他没有办法，只能回师。

这从侧面凸显了秦国体制建设的伟大之处，多大的腕儿，也得听宣！

舍不得看完的中国史

事实也确实如白起所言，秦昭王失去了在他有生之年灭赵的机会。九个月后，想明白了的秦昭王再度兴兵，因白起生病，就由王陵带兵伐赵，被赵军打败。

白起病愈后，秦昭王令白起为将，白起说："邯郸实未易攻，且恐诸侯之救将至。诸侯怨秦日久，秦虽胜于长平，士卒损失过半，国内空虚，今远绝河山而争人国都，赵应其内，诸侯攻其外，破秦军必矣。"

白起在分析过后，推辞再三，不肯为将。

白起作为一代名将，很明白地将战争的成本进行了阐明：现在再度兴兵，成本太高，国家已经受不了了，国际势力群狼环伺，咱们很危险。

其实，他的潜台词是：灭赵的好时机已经错过了。

老将军请不动，秦昭王闷了一口气，只好让王龁替换了王陵，继续进攻邯郸。

不过，这一仗又变成了旷日持久的消耗战。魏国的信陵君和楚国的春申君这两位公子还带来了兵马援赵，让这场战争持续的时间更加没完没了。

其实，这两国来得都比较偶然。楚国之所以来，是因为平原君赵胜在求援时，最后带上了自我推荐的毛遂。毛遂在楚国犹如蔺相如附体，三步贴到楚王跟前，又是恐吓又是讲道理地逼出了赵、楚的歃血为盟。

魏国那边本来被秦国吓得已经尿了裤子，如何也不肯出兵。但平原君赵胜的媳妇是信陵君魏无忌的姐姐，魏无忌最后通过魏王宠爱的如姬，将调兵的虎符偷了出来（魏无忌曾帮如姬报杀父之仇）。

在调兵时，大将晋鄙生疑，魏无忌的门客侯嬴的朋友——杀手朱亥又干掉了晋鄙，魏无忌成功偷得兵权，自行北上援赵。

此时的王龁已经围攻了邯郸一年有余，自长平大战后，秦国的这台战争机器由于连年的大规模攻伐，也露出了疲惫之态。各国援军到来后，秦国打得越来越艰难。

秦昭王听到风言风语，说白起在说风凉话，但他还是忍下怒气，再次征召白起去扭转局面。

按说无论怎样，秦昭王一再下令，白起都应该以国事为重，毕竟能力越大，责任越大。

不过，白起却忘了"功高必震主"的铁律，没有收敛自己的锋芒。当然，他也有自己的理由，他毕竟太特殊了，他的军功在那个时代属于开天辟地第一人的存在。

他认为自己是有资格任性的，于是选择了在国之生死大事上再一次任性，继续称病。

同年十月，秦昭王一怒之下将白起贬做士兵，放逐到了阴密（甘肃灵台）。

同年十二月，白起被秦昭王赐宝剑，自刎而死。

杀降不祥，古代"杀神"终于被他自己带走了。

后来，秦军一再战败。最后，魏无忌大破秦军主力，解邯郸之围，第二次旷日持久的攻赵行动宣告失败。秦国也由于连年远征大战，大伤元气，二十年内再没有大的军事动作。

白起死后六年，一代雄主秦昭王病逝。

秦昭王在位共五十六年，这五十六年是秦国彻底奠定统一优势的时期。

所有的统一准备，在昭王一朝基本已经做完。

历史的接力棒，交到了下一位秦王手中。

似乎冥冥中自有安排，秦、赵之间注定有千丝万缕的联系。在四十万赵军被坑杀的同时，邯郸诞生了一个婴儿。

这个孩子自出生之日起，就带着一大堆谜团。

从他被戏说的身世开始，拉开了他谜一样波澜壮阔、气吞山河、横扫八荒、唯我独尊的人生。

在王龁围困邯郸时，这个婴儿还差点儿被愤怒的赵国人杀死，惊险异常！但在他度过严冬般的童年后，命运向他展示了他的剧本。

他成为秦国诸代创业，奋六世之余烈后的最终收尾人。在他的手下，古老的中国第一次完成了统一！

他给自己起了一个非常响亮的标杆性名号——皇帝！

后世再没有创造出比这更气派的词语进行代替和更改，这个词一用就是两千多年！

这个孩子，叫作嬴政！

嫪毐之乱：
秦灭六国的隐藏大线

壹：迷之叛乱的主要成员介绍

从严格意义上来说，这根本不算战争，它仅仅是一次内部叛乱。

当然，叛乱与政变这种类型在百战中还是占有一定份额的，比如大名鼎鼎的"高平陵之变"和"玄武门之变"，这都是让历史转舵的惊天大事件。

不过，今天的这个叛乱，"咖位"实在是比较小，绝大多数人甚至根本没听说过，史书中的记载也仅是短短一段，在历史长河中连沧海之一粟都算不上。

它被很小心地隐藏起来了。

实际上，这场叛乱在战国末年极其重要！

它对于我们理解整个战国时代的权力结构，有着极其关键的钥匙效果！

只有从这场叛乱入手，我们才能准确地拆分、理解，整个战国时代中一条非常重要但被隐藏起来的线索：各国王室在不断通婚后，错综复杂的外戚政治！

笔者本来是应该从春秋时代开始写的，但由于史料稀少且散乱，准确度不高，笔者没有把握把一个更为精准的春秋时代给大家呈现出来，所以选择了从《资治通鉴》的开始——"三家分晋"写起。

但写到秦始皇时，笔者同样发现了这种根本无头绪的困扰。这位始皇帝留下的谜团太多了。他的身世是个谜；他的始皇后是个谜；他的弟弟叛逃是个谜；他灭六国时的宰相是个谜；等等。

他留下了太多的谜团。我们了解的往往是他的功绩，但对于他的创业阶段，尤其是亲政之前的这二十年，历史中却出现了大段的空白。

在这里，要万分感谢李开元教授。李开元教授的《秦迷》，将这些隐藏在历史深处的谜题抽丝剥茧地解开，呈现在了我们的面前。没有他，这段历史真的接不上。

先来看一下《秦始皇本纪》中，司马迁的描写：

> 四月，上宿雍。己酉，王冠，带剑。长信侯毐作乱而觉，矫王御玺及太后玺以发县卒及卫卒、官骑、戎翟君公、舍人，将欲攻蕲年宫为乱。王知之，令相国昌平君、昌文君发卒攻毐。战咸阳，斩首数百，皆拜爵，及宦者皆在战中，亦拜爵一级。毐等败走。即令国中：有生得毐，赐钱百万；杀之，五十万。尽得毐等。卫尉竭、内史肆、佐弋竭、中大夫令齐等二十人皆枭首。车裂以徇，灭其宗。及其舍人，轻者为鬼薪。及夺爵迁蜀四千余家。

秦王政九年（公元前 238 年），也就是他二十二岁的那年，四月，嬴政正式亲政。在亲政之前，嬴政必须要去祖宗发祥之地的雍城进行冠礼，佩剑戴上王冠，宣布自己成年。按秦国的制度，那天之后，他就将收回大权，正式亲政。就在这个时候，秦王朝的权力中心咸阳发生了叛乱，长信侯嫪毐作乱。秦王得知后，令吕不韦、昌平君、昌国君平乱，嫪毐一派被彻底清除。

这是我们的整个"百战系列"中最短的一场战斗描写。但这也可能是我们这个"百战系列"最错综复杂的一场战斗。

这次大乱有一个前提，嬴政不在咸阳。

嬴政十三岁时就继王位了，此时是去进行亲政前的身份认证，那么在这之前的十年，秦国的大权主要掌握在谁的手里呢？

秦国大权掌握在三股势力手中，分别是赵国势力、楚国势力、韩国势力。

赵国势力的代表人物：吕不韦，嬴政的亲生母亲赵姬。

楚国势力的代表人物：嬴政父亲名义上的母亲华阳太后，以及昌平君，昌国君。

韩国势力的代表人物：嬴政父亲的亲生母亲夏太后。

到嬴政亲政之时，韩国的势力已经被彻底打没了，具体为什么，我们暂时不表。我们先来看看这次作乱的主角——嫪毐。

嫪毐是谁呢？

按照《史记》的记载，嫪毐有一个特长。这个特长比较名副其实，真的是特别长。

史载，嫪毐的阳物巨大，而且为了体现他的这个特长，《史记·吕不韦列传》还做了具体示例，这哥儿们可以用阳具转动桐木车轮，这个画面想想就觉得壮观。

他的这个特长，后来被吕不韦发现了。他要让这个嫪毐接替自己扮演一个角色。

嬴政这个孩子早年的生活非常苦，刚出生时是在被自家打成残废的赵国，不仅物质短缺，性命还朝不保夕，天天被赵国人恐吓。后来，他的父亲又死得早，嬴政从小就缺乏父爱。

不过，缺爱的不仅是他。他母亲的这颗孤独的心也总是悸动。

于是，他的母亲就找到了之前的老情人吕不韦。

《史记》记载：秦王年少，太后时时窃私通吕不韦。

此时的吕不韦手中已有大权，贵为丞相。

大家可能觉得吕不韦挺美，一边大权在握，一边又和一国之母保持不正当关系。但吕不韦却不那么想，他十分想要结束这段不正当的男女关系。

因为吕不韦在这个高位上，比较容易面临身败名裂的政治风险。

首先，一旦秦王嬴政亲政，吕不韦容易被清算。

其次，赵姬的两位婆婆还都睁着眼睛盯着呢，这个"奇货可居"的精明人面对这样的风险，是不愿意冒的。

赵姬最早是吕不韦准备拿来自己享用的，最后却献给了嬴政的父亲。由于他的身份和历史原因，寡居的赵姬才会和他剪不断、理还乱。

如今如何从"三十如狼、四十如虎"的赵姬这边体面地拔出腿，是横在吕不韦面前的一大难题。

在这个大问题的前提下，嫪毐被吕不韦选中了。

选他有两个原因：第一，当然就是他有特长；第二，因为嫪毐也是赵国人，老乡见老乡，容易两眼泪汪汪。

前男友吕不韦把嫪毐引见给赵姬后，史书上说赵姬对他"绝爱之"。

唉！靠什么吃饭的都有啊！

吕不韦顺利脱身，摆脱了赵姬的纠缠。

再说回来，赵姬为什么会和吕不韦私通呢？

这就要从头说起了。成功商人吕不韦遇到了在赵国当人质的秦国公子子异。商人的直觉告诉他，他这辈子最大的一次机会来了。

买卖人吕不韦的野心极大，他打算用自己的全部资产干预"世界第一大国"秦国的国家继承人问题，投资子异，帮他上位，让自己飞黄腾达。

不过，他虽然两眼放光，但此时的现状，比起他打算通过眼前这位秦国公子飞黄腾达的愿望，还差着十万八千里。

子异的父亲是秦昭王立的太子，此时还没有上位。虽然子异具有能够争夺秦王继承权的资格，却碍于子异的父亲生殖能力比较强，他一共有二十多个兄弟。

子异的母亲又不受宠，娘家也没什么势力（韩国），这就让并不受宠的子异感到人生没什么奔头。

不过，作为商人，吕不韦打着"只要硬件够，软件我来凑"的口号不断安抚，让子异渐渐地树立起了信心。

吕不韦的出现，一步步地帮助这个绝望的公子找到了希望。吕不韦先是对子异投入巨资，帮子异壮大门厅，让他四处施展影响力，提升名声。

渐渐地，赵国的这位秦国公子声名鹊起。

名声、排场通过钱可以砸出来，但亲爹那边没有人，就不仅仅是砸钱就能砸出来的了。

面对这个困难，商人的作用就体现出来了。作为互通有无的具体实施者，创造需求是商人最大的本领。吕不韦找到了立储的关键点，子异父亲最宠爱的华阳夫人。

这个华阳夫人虽然受宠，但并没有生出孩子来。

吕不韦通过打通华阳夫人的弟弟阳泉君的门路，见到了华阳夫人，双方见面后就子异的继承人问题进行了深入的沟通与交流。

吕不韦详细地阐述了没有孩子的华阳夫人在他的男人死后，她们家族的悲惨结局；过继一个孩子并帮助他继承王位，对于华阳夫人未来的重要性，以及这个孩子都帮你挑好了，他的名字叫作子异。

在吕不韦的长袖善舞下，这个互取所需的交易最终得以达成。

子异过继给了华阳夫人当儿子，改名子楚（华阳夫人是楚人），华阳夫人则落实了子楚的继承文件。

这就是嬴政他爹从最开始的边缘人质，老母鸡变凤凰，一跃成为继承人的大致过程。

贰：新欢与旧爱的"零和博弈"

嬴政他爹的继承问题说完了，再回到赵姬身上。

这个赵姬和吕不韦最早就是情人，后来赵姬被子异看中了，所以吕不韦忍痛割爱，将她送给自己已经投入了血本的子异。

赵姬被献给子异后很快就怀孕了，因为这个原因使得秦始皇的身世成了千古之谜。

《史记》中，一向靠谱的太史公马迁直接就将这段写成，吕不韦知道被作为礼物送出之前的赵姬已经有了身孕。

因为《史记》的名气太大，再加上这种剧情太过于狗血，尤其是后来嬴政逼死了自己的"亲爹"吕不韦这种桥段太过于让人兴奋，越来越多的人认为这就是真的。

不过，还是要再次感谢李开元教授的《秦迷》，此书中有非常精确的证明与推导。

第一，吕不韦在已经投入巨资的情况下，没有必要在继承人问题上进行这样的冒险。

第二，哪怕吕不韦将"二手货"送出去了，赵姬就是有了身孕，那么在当时子异府邸的随行官员进行硬件检查时（包括"谨室"等一系列检查，"献姬"惯例），**也是不会允许赵姬带着有孕之身浑水摸鱼的**（当时我国医学对孕妇十月怀胎过程中的生理现象，已经描述得相当清楚）。

秦始皇的确是秦国王室的血脉。

老情人"进贡"的嫪毐在与赵姬私通之后，彻底拿下了这位太后，两人甚至还生下了两个儿子。

在这里要给大家进行一下科普讲座。在宋代以前，我国的男女关系其实一直比较开放，战国、秦汉时代，寡居的太后或公主养性伙伴那根本就不叫事儿，性伙伴们有一个统称，叫"面首"。

在那个时代，根本就没有什么所谓道德上的束缚，这种事不仅算不上丑事，有时反而会得到支持、鼓励，只要没有权力上的冲突，没有人会管你（吕不韦就是害怕这种关系影响到自己的权力，才会选择"进贡"嫪毐而脱身的）。

例如，著名的宣太后，就是芈月（秦昭王他母亲，秦始皇的曾曾祖母），就看上了西北面套马的汉子义渠王的威武雄壮，还私通生下了两个儿子。

不过，老太后生活、革命两不误，肉体、灵魂分得清，后来她把义渠王骗杀于秦，吞并了他的义渠之地，这事儿就是和儿子秦昭王密谋的。秦昭王丝毫没把他母亲这乱七八糟的事儿当回事。

嫪毐在得到太后的喜爱后，渐渐地，这位太后不仅给了他大量的封赏，还把所有的事儿都交给了他去处理。嫪毐的家中一度有奴仆数千人，各国的游士投靠到嫪毐这里做舍人的有一千多人。

嫪毐作为一个靠卖身起家的人，对于飞来的权势和财富丝毫没有收敛与不安，渐渐还有跻身战国第五大公子的架势，甚至在喝醉了酒后，他居然敢大吼："我是秦王的干爸爸，你们这穷鬼还敢跟我抗辩！"（寡人子何敢乃与我亢。）

嫪毐之所以狂妄至此，跟穷人乍富有关系，但身后有赵姬支持才是他狂悖的根本。

嫪毐，成为太后赵姬权力的具体实施者。

之前我们说过，在嬴政亲政之前，国家有三股势力，楚势力、赵势力、韩势力。

从古至今，托孤的势力无论最终有几股，最终都会被一股势力统一！

这是永恒不变的铁律。

很快，第一股势力被清扫出局。

秦王政七年（公元前240年），韩国势力的掌门人夏太后逝世。这位嬴政的亲奶奶病逝后，以赵姬为代表的赵国势力对有可能威胁到她儿子的韩国势力（嬴政同父异母的弟弟成蛟是韩国夫人生的），展开了打击。

转年后，成蛟叛逃赵国，秦国朝堂中的韩国势力被连根拔起。作为赵姬势力的首席打手，嫪毐甚至还因此封了长信侯。

赵姬的势力不断扩张，终于引起了两方面的不满。

一方面，就是以华阳太后为首的楚国势力；另一方面，就是她的老情人吕不韦。

华阳系不满容易理解，楚跟赵是两派，本来就尿不到一个壶里去。但作为"统一战线"的赵国势力，吕不韦的不满似乎并不应该。问题还是出在赵姬这个女人身上。

此时的嫪毐已经完全拿下了赵姬，老情人吕不韦被抛到了九霄云外。**权力的大饼就这么多，你有一块我就少吃一块，都是赵国势力的代表，吕不韦作为丞相，手中的权力对于赵姬集团来说是一个很大的稀释。**

例如，秦国进攻魏国，魏国求和、送礼、割地，找门路时就在权衡，是走吕不韦的门路，还是走嫪毐的门路？

在秦国国内的"赵国帮"中，也大致分成了两大派系：嫪毐派和吕不韦派。

一般来说，性能力强的人，雄性激素分泌得就比较多。像嫪毐这种人，估计分泌得更是超级多，所以攻击欲望较强，他越来越表现出不能与吕不韦共处于同一片屋檐下的决绝态度！

吕不韦根本没想到，当初自己给自己上的这个保险，却成了自己给自己绑的一颗定时炸弹！

时间来到了秦王政九年（公元前 238 年），韩国势力被扫平的转年，嬴政去雍城进行冠礼时，嫪毐在咸阳发动叛乱。

后世学者有很大一部分认为嫪毐想要自立为王，或者立他和赵姬生的那俩野孩子为王。这种可能性其实是没有的！

第一，秦王的继承具有非常严密的规矩和流程，任何没有秦王室血脉的人是根本不可能有资格染指王位的。

第二，做任何废立之事的前提是手中已经拥有架空中央的实质权力，秦自商鞅变法后，历代的秦王基本上都保有了核心的权力，以及最终的拍板权。

魏冉这么牛，当权了四十多年，秦昭王说废他，这位国舅就只有被废的命运。

白起功盖天下，秦昭王说让他自杀，他连逃跑都不敢。

此时，赵姬的势力并没有统一整个秦国的政局，况且她的合法性就来自自己的这个宝贝儿子，所以她和她的男朋友嫪毐是不敢对她的儿子有什么想法的。

第三，如果嫪毐是以嬴政为目标，绝对不会等嬴政不在咸阳时才下手，毕竟擒贼先擒王，嬴政在哪儿，哪里就是实际意义上的首都。

所以，综上所述，嫪毐的这次叛乱，绝对不是奔着嬴政的位子去的！

最可疑的可能被排除了，那到底是奔着谁去的，答案就比较明显了。

通过我们对秦国的三股势力的分析，大家应该可以猜到了，嫪毐此次叛乱是奔着楚国的势力和吕不韦去的。

嫪毐要趁着嬴政不在的这工夫，扫除所有的其他政治势力！

叁：嬴政收权

既然不是奔着自己去的，嬴政应该选择站在自己的母亲这边，毕竟在嫪毐的打击对象中，楚国的势力后患很大。虽然近些年楚国渐渐走向低迷，但毕竟华阳老太后还在，对其依旧不可小视。

但此时嬴政对局势的判断，以及他后来的应对，让我们看到了这个二十岁出头的小伙子展现出了极高的政治智慧及敏锐性。

他认为，嫪毐这股势力才是最不可控的。

嬴政选择了支持另一方，命令吕不韦和昌平君、昌国君（这"二昌"是楚国势力代表）去围剿嫪毐的势力。

最终，嫪毐兵败，逃脱后被悬赏捉拿，处以车裂，也就是五马分尸的酷刑，宗族被灭。参与叛乱的二十多位高官被枭首，依附嫪毐的家臣、门客，判刑的判刑，流放的流放，有四千多家。

后面的始作俑者，嬴政的母亲赵姬则被逐出咸阳，软禁在雍城，她和嫪毐生的那俩野孩子也被同时杀掉。

就此，整个以赵姬为首的赵国外戚集团被彻底打掉。赵姬这个本来拥有着最大优势的玩家，在这盘赌局输掉后，彻底退出了权力舞台。

虽然打垮了母亲的势力，权力被嬴政收回了很大一部分，但这仅仅是他走的第一步棋。

紧接着，借着这次嫪毐之乱，嬴政进行了最大程度的追究，将吕不韦与赵姬的那堆烂事儿全都翻了出来。

吕不韦作为推荐嫪毐的头号政治犯而受到了牵连。

秦王政十年（公元前 237 年），吕不韦被免去丞相职务，驱逐出咸阳，回到自己的封地河南洛阳。自此，赵国的所有外戚势力被全部打掉。

在嫪毐突发作乱的这件事上，秦王嬴政用精明的手腕、迅速的反应，将本可能会对他日后的执政、决策造成最大障碍的赵国势力连根拔起，并趁势将其相应的一系列权力收回手中！

至此，这场权力游戏的最终玩家还剩下两位：楚国势力和嬴政自己。

说楚国势力前，我们还是要先说一下吕不韦的最终结局。

罢相后转年，嬴政下书给吕不韦，笔法极其幽怨："君何功于秦？秦封君河南，食十万户。君何亲于秦？号称仲父。其与家属徙处蜀。"

你对我们家有什么功劳？封你十万户。你跟我们家有什么亲戚？还敢叫仲父（干爹）？都给我去四川待着去！

这回嬴政成为总导演，把男一号彻底地一竿子打翻在地。

吕不韦选择了自杀。

在古代，皇帝叫你自杀往往不是下明诏告诉你"你赶紧自己了结，别等我动手"，而是用一些比较委婉的方式。例如，过分地骂你啊，送你个小礼盒啊，赐你瓶功能性饮料啊，等等。

吕不韦就是赶上比较粗暴的"委婉式赐死"了。

后来，我们看到很多功臣宿将被骂了或收到什么礼物了闹自杀时要明白，不是臣下真的气性大，冤得慌，想不开，而是不死不行！

领导已经给你面子了！你要是不自觉，结局只会比你自己了结更恐怖！各种酷刑与株连等着你呢。

吕不韦之死也开启了商人干政无善终的先河。自此以后，包括后来的桑弘羊，再到胡雪岩，两千多年中，只要是商人掺和政治，最终下场都很惨。

这个教训，对今天仍然适用！

在打掉整个赵国势力后，吕不韦的相位谁来接替变成了一个谜。

在秦王政十年到二十一年间（公元前 237 年—公元前 226 年），秦国的相位在诸多史料中直接变成了空白。在如此重要的时间段出现了大量的空白，很明显是被人为地抹去了。

这又成了秦始皇一朝的一大谜案。这段谜案，我们在讲下一战时，再将它掀开。

先来说一下，在赵氏集团灭掉韩氏集团，嬴政又灭掉赵氏集团后，发生了什么。

秦王政十七年（公元前 230 年），秦灭韩；秦王政十九年（公元前 228 年），秦灭赵；秦王政二十一年（公元前 226 年），秦灭燕；秦王政二十二年（公元前 225 年），秦灭魏。

其中赵和燕都分别有残余势力逃到了代郡和辽东，但整体已被灭。

在这里，我们还是要稍微说一下赵国。

这个可敬的国家，在长平之战后，靠着打剩下的那点儿人，将想要占便宜的燕国人打得割地、赔款。

在嬴政的灭赵过程中，秦国先后出兵三次才将赵国拿下，前两次均被从北边调回来的李牧补防成功。最终，秦用反间计将李牧杀掉，才成功地将赵国灭掉。

之所以没写这段故事，是因为赵国的衰落已经不可逆转，无论李牧多么地扶大厦之将倾，赵国这个穿孔的大厦也终归会塌。

即便不反间赵王，李牧不被杀，秦国第三次进攻后，赵国还是会被灭。因为国力的差距太过巨大，李牧的抗秦并没有对历史造成多大的波澜，所以对于这段故事，我们选择了略过。

但我们还是要记住，"战国四大名将"中，有一个人叫李牧，他独揽危局，直到生命的最后一刻依然在抗争。有一个国家叫赵国，它是被灭六国中秦国最难啃的一块硬骨头。

自古称：燕赵多慷慨悲歌之士！

在燕国历史中没怎么看见慷慨悲歌之士，但赵国的慷慨悲歌之士却留给了我们太多血泪斑斑的历史。三晋之首、中原脊梁，实至名归！

嬴政在亲征后的十年内连续攻伐，一口气就灭了之前祖祖辈辈上百年都没有灭掉的国家。

这仅仅是因为嬴政运气好，祖宗都把基础打好了，还是嬴政的执行力强，能够把优势转化为胜势呢？

肯定都有关系，但有最重要的一项，其实是我们一直忽视的。

最重要的原因在于，嬴政消灭了一直盘根在朝堂之中以各国为代表的外戚势力！

例如，韩国这个国家，几百年来越打越小，但为什么总是不被灭呢？

虽然被赵国在上党占了便宜，但秦国如果把打长平之战的部队狠下心掉头打韩国和魏国，这哥儿俩肯定是扛不住的。

之所以秦国把六国打成了这个德行，却始终保留着各国的宗庙社稷，就是因为在朝堂之上，有着各国的外戚势力。

平时的攻伐战显现不出来，一旦上升到要灭国的高度，这些外戚势力就都会跳出来为自己的祖国做出最大的斡旋与反抗！

例如，嬴政他爹，为了讨好华阳太后，自己要穿楚人的衣服，连名字都改成了子楚。再如，当年可怜的楚怀王被张仪骗完，被秦昭王骗，直到被幽禁致死。他之所以会一再上当，就是因为秦昭王他母亲是楚国人，秦昭王他媳妇是也楚国人。秦、楚两家作为一直不被中原诸国待见的蛮夷，世代通婚，虽然之间互有摩擦、碰撞，甚至战争，但楚怀王根本就不会想到在秦国有这么大影响力的楚国势力，会眼睁睁地看着他受到如此对待（这当然和秦昭王他妈、宣太后这个人有关，这位老太太自从进入秦国后，真的就嫁狗随狗了）。

还记得秦昭王上位时，有一个关键人物，他的舅舅魏冉吗？

为什么这个魏冉如此关键？

当时秦昭王的上一任——秦武王的母亲是魏国人，王后也是魏国人，所以魏国外戚势力在秦国开始越来越大；和秦昭王竞争的那个公子壮，号为季君，也是魏国势力选出来的代表。

魏冉和宣太后是同母异父的兄弟，他姓魏，还在魏国外戚势力主导的情况下握有重权，说明魏冉的这个父亲，一定是魏国势力中很有分量的一个人。

所以，**拥有着两国贵族血统的魏冉，在双方相持不下时，具有一锤定音的关键作用。**

最终，魏冉倒向了自己的亲姐姐以宣太后为代表的楚系，秦昭王才得以顺利继位。

各国贵族多年间的相互通婚，导致外戚势力盘根错节地扎根在每个国家的朝堂之上。

有的势力大，有的势力小，这也就导致了，当想要将统一进行到底时，会面临着重重的阻挠。

也因此，嬴政此时的历史任务显得格外艰巨。

虽然自商鞅变法后，秦国的贵族官员比例越来越小，但分量最重的，却往往还是那些树大根深的贵族。

砍掉这些大树，拔掉这些巨根，成为嬴政统一前所要做的最大功课！

如果吕不韦和赵姬的势力在，嬴政可能连续三次出兵将赵国灭了吗？

要知道嬴政在亲政之前，在赵姬和吕不韦主导的赵国势力干预下，秦与赵可是有着相当长一段时间的蜜月期的，十多年都没动过一次干戈。

如果夏太后的韩国势力还在，嬴政可能轻轻松松地就把已经被打成了弹丸的韩国灭了吗？

都不会！

嬴政亲政这一年的这套内部组合拳，实际上是秦并六国最后一个步骤中的关键！

此时的"战国七雄"，除他嬴政，现在还剩下两个。

齐国就不说了，它不值一提，战国篇的最后笔者打算用一百字左右来描写它。另一个却不得不说，至少需要用一万字来描写它。

这个国家，就是楚国。

这个国家让秦国在一统天下前，吃了最后一次败仗，还是大败仗。

这场大败仗，和秦国灭那四国间空白的丞相位有着极大的关系，究竟有什么关系呢？

第十二战

王翦灭楚：
秦国搬开最后的大石

壹："秦国赵括"真的是二百五吗

秦王政二十年（公元前 227 年），"风萧萧兮易水寒，壮士一去兮不复还"。

荆轲在唱完这首歌后，告别了"买凶者"燕太子丹，刺秦而去。没过多久，荆轲天下闻名。

一条大龙的心灵受到了巨大的伤害！

转过年来，秦王政二十一年（公元前 226 年），王翦率军攻灭了燕国，燕王喜和太子丹仓皇逃亡辽东。

这一战中，年轻将领李信英勇果敢，率军深入追击，击杀了刺秦主谋太子丹，将太子丹的首级作为礼物献给了嬴政。

王心大悦！

无论干什么工作，干好领导重视的工作非常重要。

李信在获得嬴政的赏识后，机会来得太快，就像龙卷风。因为秦国在横扫北方后，准备南下灭楚了。

嬴政先是问灭赵、灭燕的王翦："老将军如果要灭楚的话，需要多少兵马？"

王翦回答："六十万。"

王翦的回答给嬴政吓了一个激灵，六十万几乎相当于全国的兵马，当年打赵国都没这么费劲。**而且，我们在讲长平之战时，给大家详细地讲过成本问题，六十万的兵马开销太过于浩大，一旦开战又将变成集全国之力向攻楚战场输血。**

不当家不知柴米贵，当家的嬴政对这个回答并不满意。

嬴政随后问李信："小将军如果要灭楚的话，需要多少兵马？"

李信将自己的政治生涯赌了进去，他选择了直接打老领导的脸："二十万就够了！"

嬴政对于这个回答很满意，本来就是兵不在多而在勇，二十万秦国棒小伙子还打不过楚国人？

在长平以几十万大军惨胜的白起当初用了几万人就把楚国打得迁都，楚跟赵根本就没法比，还用得了六十万兵马？

李信这小伙子从灭燕那天起，嬴政就觉得他有出息，决定灭楚的人选就是他了。

王翦随即称病回家，李信接替了老领导的工作。

李信没有想到，自己这么快就获得了千古留名的机会，但他没有想到这个名声不太好。

虽然后世把他当作了王翦灭楚前的欲扬先抑，把他当作了显示项羽他爷爷项燕英勇无敌的陪衬，把他当作了嬴政小家子气的可笑产物，把他当作了眼高手低的"秦国赵括"，但实际上，这些评价对李信并不公平。

至少，他败得很冤。在他当时的那种情况下，古往今来，能不输的人不多。

我们来看一下李信是如何指挥的吧。

在战事开始之时，秦国大军在颍川郡集结后，李信命蒙恬率一路军攻东南方向，沿汝水两岸向陈邑沿商水运动；自己则自西南方向出发，沿汝水以南做迂回运动。

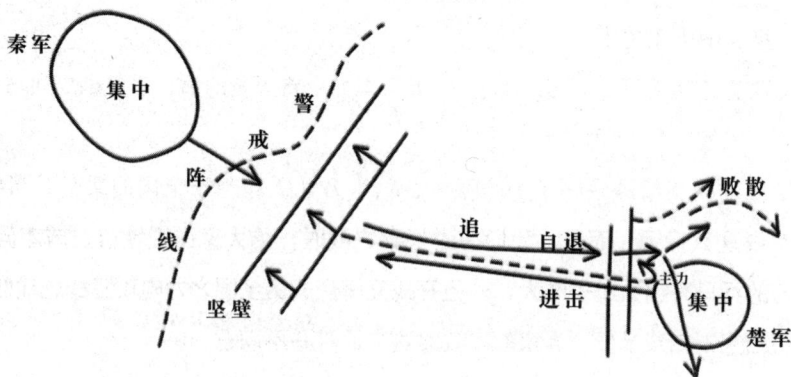

李信打算用"两翼钳子攻势"的战略包围楚军。

刚开始很顺利，平舆和寝丘两个楚国在淮北的据点，分别被两路秦军顺利地拔除。但接下来发生了一件事，就让人看不懂了。

在攻占平舆、寝丘两邑之后，李信大军并没有再按照正常的程序向东或者向南扩大战果，而是调头向北返回中原腹地，去攻击曾经的楚都"陈"（河南淮阳），以及之前位于魏、楚博弈区的"鄢陵"（今河南鄢陵县）。

这是干什么呀？

这两块地区，早就是秦国属地了啊？

再想仔细深究原因时，历史在这里给我们开了个玩笑，**秦王政二十二年到二十三年（公元前225年—公元前224年），"陈"这个关键的地方在所有史料中变成了一片空白！**

李信为什么要回军去打这个本国属地？李信是去打谁？在大军进入楚境后，在"陈"究竟发生了什么？

全是空白。

李信的这段故事，被深深地掩盖了起来！

史书中记载：荆人（楚国被称为荆人，因为要避讳嬴政的父亲，子楚的名讳）因随之，三日三夜不顿舍，大破李信军，入两壁，杀七都尉，秦军走。

史书中只记载了楚国军队一直跟随、追击秦国军队，三天三夜不休息，结果大破李信军队，突破了最开始在秦楚前线的两层防御壁垒，杀了七个都尉级别的指挥官。

后面嬴政在请王翦复出时说："寡人以不用将军计，李信果辱秦军。今闻荆兵日进而西，将军虽病，独忍弃寡人乎！"

他的意思是：您别病了，我想明白了，还是老将军您靠谱，咱不省钱了！咱还是造吧！

他仅仅说的是李信令秦军蒙受了耻辱，就直接让李信背了黑锅，所有涉及这段的史实全部成了空白。但纸却是包不住火的，无论怎样掩盖，总会露出蛛丝马迹。

当桩桩件件事情排列组合在一起后，真相逐渐大白。

在上一战中，我们埋了包袱。笔者认为这场大败仗，和秦王灭那四国间一直空白的丞相有着极大的关系，我们先来解密这个丞相是谁。

这个丞相，论辈分是嬴政的表叔，就是华阳太后的侄子昌平君。他就是和吕不韦、昌国君平定嫪毐之乱的那位昌平君。

最早的线索是从《史记·索隐》中展现出来的：昌平君，楚之公子，立以为相，后徒于郢。

1982年，天津文管所从一堆废旧的破烂中拣选出了一个铜戈，这个铜戈经鉴定是秦国出品，并从中发现了细如毫发的三行铭文，最重要的一行：十七年，丞相启、状。

在这两点证据的拼凑下，丞相昌平君、熊启就被我们锁定了。

那么下一个问题来了，嬴政为什么要对他这个表叔讳莫如深，几乎将所有的关于他的资料全部删除了呢？

从根儿上说，要从荆轲刺秦开始。

秦王政二十年（公元前227年），荆轲刺秦失败后，嬴政受了很大的刺激，过去他对待六国的君主还是比较厚道的。例如，韩国投降后，韩王就被允许留在了原首都新郑。

有两个原因，一个是为了显示秦国的厚道，为今后发动"侵略"树立美好形象。另一个是为了利用韩王的故旧影响力，减少新占领区的抵抗，方便消化吸收。

但燕太子丹布置的这个荆轲刺秦行动，却大大地伤害了嬴政的厚道心灵。他开始不再相信六国的这帮老贵族们。在这一年，他就把韩王从新郑迁到了郢陈。这个郢陈，就是李信回军攻打的那个陈邑。

时间来到了秦王政二十一年（公元前226年），这一年发生了这么几件事。

第一，新郑人民起义，但很快被镇压。

第二，王翦称病。

第三，昌平君徒于郢（还是那个陈邑）。

我们一件一件地来解读。第二件事和第三件事有关联，第一件事和第三件事有关联。

先来说这个年度的秦国第一大事，决定攻楚。

对于攻楚的决定，当时作为丞相的昌平君还是不出意外地一句话没留下，但从他和王翦的下场来看，他肯定没说什么"大秦必胜"之类的正能量的话，这两个人都被嬴政边缘化了。

还记得我们说过的外戚势力对于灭亡自己祖国的态度吗？

作为具有楚国王室血统的昌平君，被扫出最高决策圈是可以理解的，尤其楚国势力的靠山华阳老太后在四年前就死了。

嬴政要培养自己的新一代军政领导班子。在他的眼中，昌平君和王翦一个是反对派，一个是老败家子，所以这俩人出局也是嬴政的客观需要。

这是第二件事和第三件事的关联。

那么第一件事和第三件事的关联呢？

新郑人民在韩王被迁走的转年，就发动了起义，但这次复国运动却因仓促而失败。

韩王与其有什么关系，我们不清楚；他的下场如何，我们也不清楚。不过，无所谓，毕竟他不是历史大势中的主角。

昌平君此时被调到他的关押地郢陈，有可能就是带着干掉韩王的任务来的。这个任务的真实性，我们不得而知，但有一个任务却是非常有可能的。

当时的郢陈属于原来楚国的首都，也属于秦国刚刚吞并的领土。经过"新郑之乱"，秦王嬴政可能意识到了新占领区的民心工程是一个很重要的课题，于是他想到了自己的这位表叔。

他想利用昌平君具有楚国贵族血统的这个优势，去楚国施展怀柔政策，整合这些新征服的楚地。

这种事情在后来是非常常见的。一个国家征服另一个国家后，被推到前面控制地方的，往往就是那些服务于征服国的、被征服国的精英人物。

楚人治楚地，是嬴政希望避免再度出现"新郑之乱"的对策。

换句话说，他派昌平君去那里，是去当"政委"的。

但嬴政万万没想到，他的如意算盘打砸了，自己的好丞相、好表叔却选择在最关键的时刻背叛了自己。

在李信深入楚地后，昌平君利用自身的威望上演了"无间道"，起兵反秦，切断了李信的归路。

昌平君的突然"反水"，让李信陷入了极端的两难境地。如果再接着打，那么由于归路被断，后续的粮草运不上来，自己也容易面临被两线夹击的情况；如果回军打陈、鄢两地，那么后面又容易被楚军主力追击，同样还可能是被两线夹击。

在这种没有准备的、突然被友军断了归路的情况下，古往今来，几乎没有人能全身而退！

最著名的案例就是威震华夏的关二爷虽然斩庞德、捉于禁，水淹七军，在前方打得曹操差点儿迁都，但后面一旦被孙权捅了刀子，马上就扛不住了。

所以，李信这一战输得很冤。

真正的败笔，是赢政的关键人事任命！

"我这辈子怎么能有错呢？我可是前无古人、后无来者的始皇帝！"

这也是为什么，赢政要把锅都推到李信身上，还要掩盖自己这位表叔的所有痕迹！

昌平君的反戈一击，让李信在两瓶"毒药"中最终选择了去摆平陈、鄢两地的叛乱。毕竟中原若有失，自己在淮北就等于孤军深入了。

但正如我们已经知道的战争结果，李信回军后，楚军马上就咬上了秦军，一直紧紧跟随。在项燕的带领下，楚军一直不断地追击，三日夜不休。

可逮着你一回了！

在前有堵截、后又追兵的情况下，李信始终没有足够的时间来完善构筑秦军的防线。在形不成有效防御的情况下，秦军在楚军不断地冲击下损失惨重，大败而归。

项燕的这次胜利，并没有改变楚国最终被消灭的命运，不过却对历史造成了深远的影响！

当秦始皇死后，秦帝国起义军疯起的时候，**曾经在秦灭六国的终场哨响之前踢进一球的项燕和他率领的楚军，最终凭借他们在楚国将灭时的出色表现，成为反秦的符号担当！**

项燕的子孙也确实如宿命一般，成为秦帝国的命中克星，他家的一个年轻后生，以一己之力（真的是一己之力，没有丝毫夸大的成分），改变了整个中国的历史走向。

眼下还没有轮到他上场，不过曾经被嘲笑过于谨慎（其实就是被嘲笑老败家子）的老将王翦，被重新推到了前台，秦王认错般地找到了他，而他也如愿得到了六十万秦国大军。

真正的灭楚之战，拉开了序幕。

贰：老将军的计划

在灭楚之前，王翦干了一件事。他一路走，一路不断地派手下人找嬴政要爵位、要房子、要地。他竟先后要了五次之多。

王翦为自己树立的这个老鸡贼形象却被后世不断赞誉，说老将军会做官，知道怎样让领导放心。也因此，王翦老将军成为古往今来明哲保身者的祖师爷。

在史书中，王翦自己的解释是：夫秦王怛而不信人。今空秦国甲士而专委于我，我不多请田宅为子孙业以自坚，顾令秦王坐而疑我邪？

意思就是，秦王性情粗暴，对人多疑。现在大王把全国的部队委托给我，我不多多请求赏赐田宅给子孙们置份家产，来表示自己出征的坚定意志，难道让秦王来怀疑我吗？

这里的王翦说秦王"怛而不信人"，其实笔者怀疑是司马迁又一次在"黑"秦始皇。太史公好像跟秦始皇有仇，从嬴政出生的身份开始就没有停下对这位始皇帝"黑"的脚步。

其实，真实的嬴政并非这样。尤其是他和大臣之间的关系，可以说是两千年来君臣关系最好的时期之一。

在统一全国之后，嬴政并没有像刘邦和朱元璋这种平民出身的皇帝那样大开杀戒，也没有像贵族出身的宋太祖一样玩"杯酒释兵权"的把戏，而是对所有的功臣宿将全部该怎么用就怎么用。王翦、李斯、蒙恬等著名人物在他一朝全部善始善终；比如之前打了败仗的李信，回来后虽然背了黑锅，但嬴政该怎么用还是怎么用，后来李信才能在剿灭燕国最后势力的战役中俘虏燕王。

例外的似乎只有吕不韦。没办法，他的身份太特殊了，而且嬴政只是很"委婉"地让他搬家哦。

秦王对于大臣，无论是信任还是待遇，比绝大多数的帝王都要强。

王翦此时如此的小心谨慎，并非因为秦王的本性如此，而是无论哪个皇帝把全国的军队交给别人，都会提心吊胆。再加上从荆轲刺秦，到新郑造反，再到昌平君叛国，短短两年间，嬴政遭受了太多背叛。

老将军这么做也是不得已，其实换位想想，嬴政此时更不容易。

嬴政为这次攻楚之役配备的阵容，除了王翦，还有一个大将蒙武，上一次和李信打败仗的蒙恬的父亲。在李信、蒙恬这两位小青年失败后，嬴政选出了两位老将来实施此次的灭楚计划。

因为老将比较稳重，嬴政希望这二老步步为营、扎扎实实的，不要把家底给赔进去了。

二老没有辜负领导的期望，仍然按照上次李信的路线自颍川出发进入楚地。但刚刚进入楚境没多久，部队开到了平舆、上蔡、商水、陈邑一线后，王翦说什么也不肯再走一步了。

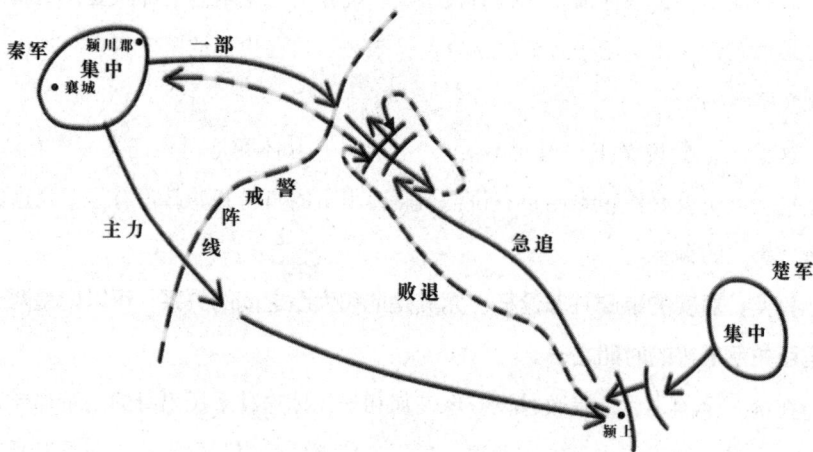

秦军到了坚壁就不动了，这才走了几步啊！

士兵们每天就干两件事，固守营盘和休息。

王翦每天就干两件事，去一线嘘寒问暖，鼓励将士们好好歇着和打报告让后

舍不得看完的中国史

方送好吃的来，然后和将士们一块儿吃。

对面的项燕听说王翦带了六十万大军前来，于是也把家底都带来了，将楚国所有能调动的兵力与所有资源集结于淮河以北，等待秦军的进攻。

但这一等，就是几个月。

项燕以为秦国下了这么大的本，会有很大的动作，作为防守反击的高手，他已经做好了准备，却根本没有等到如狼似虎的秦军扑来。

渐渐地，他明白了王翦的打算，王翦打算拖死他。

说白了，王翦的战略构想就是拿超大规模的兵力，逼着他调动出全国的有生力量进行抵抗，而他却不跟你打，就跟你耗下去，拼国力。

此时，除了齐国外，秦国已经占领了整个华北平原，再加上之前的关中平原、黄土高原、汉中平原、四川盆地，全国的各大产粮区都已经落到了秦国的手上。

楚国虽然实力仍然很强，地盘仍然很广，但从综合国力上来说，却远远比不上秦国。

而且，王翦并没有深入楚地，而是在离家门口不远处就打住了，再加上部队所处的位置能够依托颍川的大物流网络，后方的给养并不费力就能源源不断地送上来。

这也意味着，项燕无法通过断了王翦的粮道，把他的六十万大军饿死。

此时此刻，以许昌新郑为中心的颍川郡，作为这盘棋中关键的棋子，重要性开始凸显出来了。

这一道道交叉纵横的水网，使得王翦根本不用担心后勤的物流问题。

此刻，我们暂做了解，楚汉争霸时，关于这片土地会有巨大篇幅来描述。

项燕手中的兵力并没有王翦多，人少打人多，只能出奇计；或者等着王翦打他，他通过防守消耗王翦。

如果项燕想退一步，就打算长期对峙了，他还没办法裁一部分军队来减轻国家的消耗，因为如果他的人少了，王翦马上就会直接跟他死磕，用规模的优势来碾压吃掉他。

出奇计，王翦不上钩；想防守，他压根儿不跟你打，还不能裁军，只能跟他耗，这就让项燕感到非常绝望。

打也不是，退也不可能。这就好比两个男人追一个"女神"，一个有钱，一

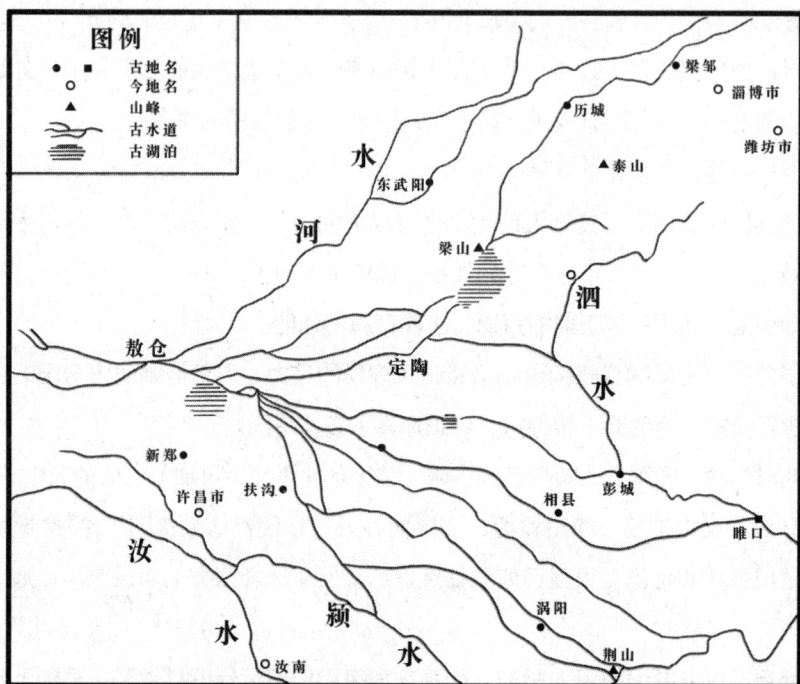

个没钱，没钱的那个只有展示自己的才华、特长、幽默等一堆别的东西，才能够打动"女神"。

　　但如果那个有钱的男人就是舍得花钱，就是跟那个没钱的比花钱，今天带"女神"吃西餐，明天送跑车，人家还就是不破产。那个没钱的男人基本上就没什么希望了。

　　秦国现在就是这个有钱的人，楚国就是那个没钱的人。

　　秦国赌的是能不能要你的命，楚国赌的是能不能保住命。

　　从战略优势上来讲，秦国就已经高出一大截了，再加上国力的比拼，楚国已经大比分落后了。

叁：秦并天下

其实，之前王翦在第一次嬴政询问灭楚对策之前，就已经想好了灭楚这一仗的打法。所以，他非要这六十万人不可。

不过，这个战略有两个非常大的弊端。一个是成本太高，另一个是领导会不会放心。

这就好比你们家有一个亿，你到结婚的岁数了，跟你爸妈要九千万去娶媳妇。不用问，你追女孩的成功率肯定会非常高。但你爸妈会问你，用不用花这么多钱？一千万行不行？

啥姑娘值九千万啊？这钱给你，你是用来娶媳妇的吗？你别直接把我们的钱套走，不理我们老两口了。

所以，嬴政最开始对王翦很不满，毕竟谁也不会给败家子好脸色看的！

不过，昌平君的背叛和李信的第一次失败让嬴政没有了选择，他只能选择相信老王并花这九千万。

说到这里，有一个我们忽略的问题：真给你这九千万，你会不会花？

要知道，王翦带着全国各地集结来的这六十万人，一待就是好几个月，没出任何事，士兵的斗志还能保持得特别高昂。

这本身就是一种极高的统军才能。

这种能力不是人人有的，比如有句非常著名的成语，"韩信带兵，多多益善"。这出自刘邦和韩信的一次聊天，韩信说刘邦最多带十万人，而他却是越多越好。

你可能会纳闷，带的兵当然是越多越好啊，人越多打起来优势才越大吗！给谁六十万士兵，谁都能灭了楚！

事情可没那么简单。

带兵的能力，人数后面每加一个"零"，都意味着有一段从二锅头到茅台的巨大差别！

现实中，当你带着六十万人出国去拼命，你要考虑如下事项：

第一，六十万人的吃、喝、拉、撒，衣、药，宿营地、水源地；

第二，如何让这六十万老爷们不无聊、不闹事、不饥渴，还要保证训练、保证士气，战机到来时，战斗力随打随有；

第三，六十万人攻击时如何形成组织，如何追击与防御，部队间如何形成默契，而不是自相踩踏，等等。

每一项都不是容易的事情，有一项处理不好，整个大军就会面临以下处境：

要么战斗力打折；要么遭遇传染病，士兵死一大半；要么被敌人发现弱点，各个击破；要么还没打，自己的军队就哗变了。

所以，看着王翦是个败家子，但除了王翦，还真的很难有人敢去张这个嘴，说自己能带六十万人。

真以为花钱容易啊？花大钱可是需要艺术的！

几个月过去了，楚王坐不住了，官方记载是：楚王认项燕为怯，数遣使催促其出战。

楚王认为项燕胆怯，派了好几拨使者催促其出战。

其实长平之战时，赵王换廉颇和楚王逼项燕出战的原因都是一样的。

甭提什么胆怯了，说点儿实在的吧，就是没钱、没粮，国家耗不下去了。

项燕没有办法，也没法蹲点了，只能率大军进攻西线的秦军。

在"老王工头"加固了大半年优良工事的防御下，楚军根本就没有任何斩获，但秦军仍然不反攻，就打算跟你耗下去了。

项燕反复叫阵，不得，于是引军东去。

就在这时，老将军王翦就像鲨鱼嗅到了血腥味一样，感觉到了战机。

王翦先是问部将，将士们天天在干什么？

部将回答说："孩子们天天在玩游戏。"

老王随后做总结性发言："士卒可用矣！"

随即王翦马上点起六十万大军，下令紧紧咬上楚军，全线展开决战。

在涡河之南，秦军追上了楚军，展开了大战。楚军背后是涡河，秩序大乱。在此地，王翦毕其功于一役，消灭了楚军主力，剩下的残余楚军向东溃散。

王翦令蒙武率一部军队攻略淮北之地，自己带主力开始直击楚国首都寿春，并俘虏了楚王。

至此，楚国被灭。

后世在评论这场大战时，评价最多的就是：不"作"就不会死！打仗就是比耐心！你项燕瞎动什么，你倒是跟王翦那老小子耗啊！打了一次胜仗，就不知道姓啥，我大楚都让你搭进去了！

不过，你要是仔细回想一下整个战国时期的十二次大战呢？

回顾整个战国中晚期的历史，实际上就是在不断地重复一句话：打仗就是拼国力！

如果我们深入来看，王翦没错，项燕没错，甚至逼战的楚王也没错，因为他当家，他知柴米贵。

全都没犯错，只是弱者不得已而为之！

这场大战给我们的最大启发就是：当你具有巨大的国力优势时，如果你还有稳重靠谱的将军，就应该选择进行消耗战。

我们曾经一再说秦国幸运，它幸运在哪里了？

这个国家幸运在了始终有人或者事儿，莫名其妙或天作之合地将它始终绑定在一个正确的战略上！

魏国犯了战略错误，秦国也犯了，但赵国和范雎给它拉回了黄土高坡。

楚国那边也搞了改革，但吴起不是商鞅，楚国贵族也不是魏冉。

齐国让乐毅打败了，亡在了"作"上；没问题，秦也"作"，但秦武王自己砸脚丫子走人了。

赵武灵王一世英明，最后死在了接班人的抉择上。要知道秦国在这方面也有过大虚惊，武王死后，秦国内部乱成粥了，但猛人魏冉以铁腕血腥与慧眼独具，为秦国最终统一华夏奠定了稳定之基。

这一系列的幸运，除了白起外，综合起来就是一句话：

用我越来越大的屁股，不断地坐死你！

古往今来，太多的优势者，并没有琢磨明白这句话。后面两千年下来，太多

的人之所以失败，就是因为违背了"秦国式幸运"！

对了，还有一个人的下落没有交代——昌平君。

昌平君在楚王被俘后，被项燕立为新的楚王，建立起了流亡政府。

这个流亡政府并没有支撑太长时间，在王翦俘获楚王的转年，即秦王政二十四年（公元前223年），被王翦消灭。

昌平君和项燕全部战死，楚国各地被王翦平定，楚国也因此"暂时地"成为历史。

在这段历史中，自己的表叔昌平君的背叛让嬴政愤怒且悲伤，还有那场不光彩的大败，以至于他删除了昌平君的所有资料，所有涉及昌平君的事情均进行了掩盖。

千年后，我们看到这段历史，看到了莫名其妙的李信，看到了老谋深算的王翦，看到了用人不疑的嬴政，其实也应该看到为了自己的祖国楚国战斗到最后一刻的这个秦国贵族——昌平君。

我们还剩下了一个国家没有说，这就是齐国。

嬴政实行"远交近攻"的策略，总是忽悠齐王："虽然我欺负他们，但是你对于我来讲太重要了，你，我是绝对不会碰的。"

这个国家如蠢猪一样，眼睁睁地看着秦国一个又一个地消灭了自己身边的国家。

它就在那杵着。

在王翦灭楚后，他的儿子王贲率军将燕国在辽东的残存势力剿灭后，捎带脚地打入了临淄。

齐王投降。

自此，秦国统一六国。

嬴政打下的这份家业大得吓人，以至于他在给自己起封号时煞费苦心。

最早群臣的上表中，这个封号是"泰皇"。

明显不好听。

祖龙嬴政将"泰"字圈掉，后面加了个"帝"字。

自此"皇帝"这个封号被后面的两千多年中的数百位统治者所珍爱，一直沿袭。

出处是"三皇"和"五帝"中各取一字。

皇者，大也，煌煌盛美；帝者，德象天地，父天母地，为天下主！

嬴政的这份家产是具有划时代意义的！

嬴政的伟大在于，他几乎统一了所有的已知文明，统一了所有的已知区域。

这在当时，还是开天辟地的头一遭。

不过，这个华夏大地上的第一次大一统，却又如同绽放的烟花般绚烂而短暂。

仅仅十几年后，一个叫刘邦的沛县"街道居委会治保主任"就打进了咸阳，秦始皇嬴政的万世基业仅仅经历了两世就走向了衰亡。

战国的历史已经翻页了，秦在一统天下后，发生了什么事情？

历史的车轮滚滚向前，华夏大地迎来了中国古代历史上浓度最高的五年大戏。

没有之一！

刘老三、楚霸王、萧主任、张指导、韩半仙、陈老板、彭队长、沛县老小子天团……

麻溜跑步前进！

赶紧都来候场！

到你们的戏了！

第十二战 王翦灭楚：秦国搬开最后的大石